Toutes les folies ne sont que des messages

La collection « Hypothèses » est dirigée par Jean-Richard Freymann

DÉJÀ PARUS

Jean-Richard Freymann
La naissance du désir
Essai psychanalytique

Serge Lesourd
La construction adolescente

Bruno Jeanmart,
Isabelle Durand Pilat,
Thierry Vincent,
Philippe Choulet
Au jeu du miroir :
le nouveau monde de l'image

Pascal Guingand
Anorexie et inédie :
une même passion du rien ?

Christine Loisel-Buet
La danse à l'écoute
d'une langue naufragée

Sous la direction de
Janine Abécassis
L'enfant à l'épreuve de la famille

Jean-Richard Freymann
L'Amer amour

Jean-Richard Freymann
Frères humains qui...
Essai sur la férocité

Jean-Richard Freymann
Introduction à l'écoute
Illustrations de Michel Weckel

Jean-Richard Freymann
et Michel Patris
Du délire au désir
Les dix propriétés de la clinique psychanalytique

Richard Helbrunn
À poings nommés
La violence à bras-le-corps

Claude Escande
Passions des drogues

Lucien Israël
Le désir à l'œil
Deux séminaires :
La perversion de Z à A (1975)
et Le désir à l'œil (1976)

Lucien Israël
Marguerite D. au risque de la psychanalyse
Deux séminaires :
Détruire dit-elle (1979)
et Franchir le pas (1980)

Thierry Vincent
L'indifférence des sexes
Critique psychanalytique de Bourdieu et de l'idée de domination masculine

Sous la direction de Thierry Vincent
La jeune fille et la mort
Soigner les anorexies graves

Jean-Marie Jadin

Toutes les folies ne sont que des messages

Névrose, perversion et psychose

Collection « Hypothèses »

érès

Arcanes

Conception de la couverture :
Anne Hébert

ISBN : 2-910729-53-2

16, avenue de la Paix 67000 Strasbourg
ISBN : 2-7492-0478-X
CF –1100

11, rue des Alouettes 31520 Ramonville Saint-Agne
www.edition-eres.com

À Catherine Minh Nguyet.

À Sandrine, Véronique et Mathieu, mes enfants,
Elijah, Noah et Léonard, mes petits-fils.

Avec mes plus vifs remerciements à toutes celles et tous ceux qui ont participé à l'élaboration de ce livre : Linette Kuntzel, toujours disponible et sans faille, Dominique Platier-Zeitoun, qui a remanié mon texte pour le rendre lisible, Richard Azra et Jalil Hihi qui se sont occupés des schémas, mon fils Mathieu qui a peaufiné le tout avec son ordinateur.

Introduction

Pourquoi ce pluriel si abrasé de « folies » pour désigner la triade névrose, perversion, psychose qui contient l'essentiel de la tradition psychiatrique occidentale ? Nombreux sont les auteurs qui aujourd'hui encore usent de ce terme profane et ancien, tant celui de « maladies mentales » semble inconvenant aux oreilles exercées par la psychanalyse. La référence médicale, fondée sur des tableaux qui s'offrent au regard, s'avère de toute évidence totalement inadéquate à exprimer la souffrance et la déviance psychiques. Il y manque les mots venus d'une discipline autre et autonome. Aucun psychanalyste, en tout cas, ne songerait en leur présence à les réduire au simple négatif d'une anomalie. Pour un analyste, il s'agit avant tout de recueillir la richesse, la leçon, et plus précisément le message du désir inconscient et sa contribution à la vérité des hommes.

De par ce pouvoir d'enseigner, d'élargir, d'épaissir, quasiment comme une œuvre d'art qui dirait le plus humain de l'humain, ces trois catégories relèvent plutôt de cette « folie » que le poète a toujours tenté de préserver de la science. Notre propos bien sûr est non pas d'y déceler un art mais d'en délivrer la parole incluse, celle d'un sujet à la fois singulière et riche d'invariants qui, présents chez les uns et les autres, tout comme dans le langage, permettent d'en classer les discours. Ainsi se justifient les termes de névrose, de perversion et de psychose.

Si toutes ces folies ne sont que messages, elles n'ont dans le flux des paroles singulières que la fixité des figures de l'eau d'un torrent qui coule autour des rochers, tel l'ordre dans le chaos. Bien qu'ils puissent être classés, leurs invariants n'ont pas pour autant la permanence d'une essence réelle. Ce ne sont pas des formes éternelles issues du ciel de la pathologie, ni non plus, dans l'ordre sublunaire, des neurones orientés pour toujours par l'implacable fatalité d'une astrologie intracellulaire que constituerait la génétique.

Peut-être eût-il fallu donner à ce travail un sous-titre plus explicite, plus détaillé, plus psychanalytique, qui dise mieux son sujet. On aurait pu, par exemple, proposer : *La névrose, la perversion et la psychose, sans être ni cause*. Un peu long et trop abstrait, il en aurait dévoilé l'intention : montrer que la traduction en paroles visée, pour chaque sujet, par la psychanalyse entraîne une invalidation de la notion d'être d'une folie et par là même celle d'une cause à l'origine.

La psychanalyse déconstruit la stabilité – que l'on sait d'origine grecque – de l'être et de sa cause, laquelle fait l'objet de bien des débats philosophiques. De même, semble-t-il, la pensée chinoise (l'effet vient de l'ensemble de la circonstance), les analyses de David Hume (il n'y a que juxtapositions régulières de phénomènes) ou encore la physique quantique (la non-séparabilité des particules disqualifie le point causal newtonien où s'applique et s'origine une force).

Pourquoi s'intéresser, si c'est pour en démontrer la vanité, à l'être de la névrose, de la perversion et de la psychose, et à leurs causes ? C'est que dans la vie ordinaire du psychanalyste, psychologue ou psychiatre, ces questions, « qu'est-ce qu'une névrose ? », « quelle est la cause de la perversion ? », « d'où vient le délire ? », lui sont très fréquemment posées. Il n'est pas un repas mondain ou amical où il ne soit assailli sur ce mode par une curiosité au demeurant légitime. Ce livre se propose d'y répondre tout en déconstruisant la question.

Pris dans la croyance en une causalité effective que je savais pourtant multiple, j'avais d'abord pensé intituler cet ouvrage *La cause des folies*. Or, il m'est apparu que la réponse s'engageait sur le chemin d'une déconstruction radicale et qu'il fallait en fin de compte affirmer clairement l'intention sous-jacente : montrer pourquoi il n'est pas d'être, d'essence ou de concept classique qui tienne face aux différentes formes de la souffrance psychique, mais aussi pourquoi et comment la causalité s'y dissout.

*

Ce livre reprend trois exposés portant chacun sur l'une des trois grandes folies, suivis d'un dialogue imaginaire entre un supposé candide, acharné à connaître l'être et surtout la cause de la folie en question, et un psychanalyste – l'auteur de ces lignes – qui tente d'y répondre aussi sincèrement que possible. À vouloir les saisir, ils s'échappent sans cesse, seule la parole en est l'être et la cause. La progression de toute psychanalyse personnelle les pulvérise d'ailleurs tout autant. Et de façon plus générale, on pourrait soutenir que la psychanalyse déconstruit la psychiatrie.

Le premier exposé consacré aux *névroses* s'adressait à des étudiants quelque peu avertis, dans le cadre d'un diplôme universitaire sur les « Bases conceptuelles de la clinique ». Prononcé le 24 mars 2000 à la clinique psychiatrique du CHU de Strasbourg, il avait été annoncé avec cet argument :

> Les névroses ne sont pas seulement les pathologies que l'on connaît (névrose phobique, hystérie, névrose obsessionnelle), assignées à des espaces spécifiques, le monde, le corps, la pensée, ayant chacune un objet corporel perdu prévalent, respectivement rien, le sein, l'objet anal. Elles ne sont pas seulement dans leur ensemble des retours de signifiants refoulés dans lesquels Freud a pu déceler la structure du rêve. Elles sont aussi des façons de maintenir chez le sujet une certaine présence de la fonction séparatrice du père face à la mère, par la peur (phobie), par l'amour (hystérie), par la haine (obsession). Elles sont surtout et corrélativement la seule et véritable source de l'éthique. Tel est leur sens par-delà le seul descriptif clinique qui annule cette éthique si l'on s'y arrête.

L'exposé s'ouvre sur une remarque à propos de l'incompatibilité entre la souffrance et le concept. Après coup, il me semble que se glisse ici le conflit entre une vision historisante judéo-chrétienne et une vision plus fixiste et grecque du monde.

Le deuxième exposé, *Gide et la perversion,* fait au même endroit le 16 juin 2000, tente d'éclairer la perversion, en prenant appui sur l'histoire d'André Gide et sa pratique de la pédérastie pédophilique. En voici l'annonce :

> André Gide, qui fut en proie au démon de la pédérastie pédophilique jusqu'à un âge avancé, nous servira de guide pour nous aventurer dans ce monde étrange qu'est la perversion, qui fait aujourd'hui triade avec la névrose et la psychose. Après un rappel de sa biographie, marquée par

une scène vécue à l'âge de 13 ans et répétée dans ces trois moments-clés que furent son passage à la pédophilie, son mariage et son voyage en Angleterre où il afficha pour la première fois sa liaison avec Marc Allégret, nous essaierons de confronter ce que l'on sait de lui aux données théoriques de la psychanalyse sur la perversion : le déni de la castration féminine, le clivage du moi, la construction d'un fétiche. Nous y ajouterons la prévalence de la métonymie dans le discours. Nous tenterons aussi d'articuler entre eux tous ces concepts. Nous reviendrons enfin sur notre propre tentative d'instaurer une nouvelle triade en faisant de la perversion une pathologie parmi d'autres au sein d'une « névrose agissante », située elle-même entre une « névrose symbolisante » que serait la névrose classique et une « névrose réelisante » que serait la psychose.

Le troisième exposé, destiné à être fragmenté, n'a jamais été prononcé. Ce projet conçu pour un colloque sur la psychose est une réflexion sur la « nature » de la psychose à partir du destin remarquable d'un délirant majeur, Daniel Paul Schreber, dont le cas a été commenté par Freud, Lacan et beaucoup d'autres.

Les névroses

Remarques sur le concept

Avant d'entrer dans le vif du sujet, il me faut dire quelques mots sur l'intitulé de ce diplôme universitaire dans lequel prend place mon exposé. « Les bases conceptuelles de la clinique » témoignent d'un rêve, celui d'une axiomatique[1] qui fonderait ou du moins clarifierait la clinique à partir de certains concepts[2]. Les philosophes platonisants parleraient, eux, de dialectique descendante : on y passe des idées à la réalité, des intelligibles aux sensibles ; ascendante, elle aurait induit un autre intitulé, « Les bases cliniques des concepts ». Ce rêve d'une axiomatique ne peut se réaliser, car *le concept ne saisit pas la souffrance*

---

1. Il s'agit d'un rêve, typiquement occidental, d'une reconstruction de la clinique psychiatrique sur le modèle de la géométrie euclidienne. On peut en effet y déduire tous les théorèmes à partir des hypothèses ou des axiomes de départ. Il s'agirait ici de retrouver toutes les particularités de la clinique sur la seule base d'un certain nombre de concepts psychanalytiques ou psychiatriques.
2. Ce n'est pas à mes yeux une critique purement académique : tout d'abord, comme on le verra, ce qui fait la souffrance psychique est totalement insaisissable par les concepts, fussent-ils psychanalytiques, et l'on sait que dans la bouche des patients les métaphores disent beaucoup mieux leur douleur. Son écoute se fonde sur un long silence préalable. Il s'avère ensuite que les concepts psychanalytiques ne sont pas vraiment du genre de ceux de la clinique. Enfin, Freud a fondé dans son *Esquisse d'une psychologie scientifique* de 1895 une première métapsychologie de la névrose en partant d'une véritable déconstruction du concept dans son sens aristotélicien classique. Cette déconstruction est la source de toute sa théorie ultérieure. Telle est l'âme du présent exposé.

psychique. Pour le dire de manière plus philosophique, il y a *inadéquation entre le concept et le mal*[3]. Sans doute est-ce pour cette raison que Michel Patris et Jean-Richard Freymann ont voulu ajouter des exposés d'éthique à ce programme[4].

Il semble pourtant qu'il y ait des « concepts fondamentaux de la psychanalyse[5] », puisque Lacan l'a dit, et qu'il y a le transfert, le fantasme, le sujet, l'objet, la pulsion, etc. Mais s'agit-il vraiment de concepts au sens aristotélicien du terme[6], c'est-à-dire susceptibles de constituer des « bases » ? Je ne le crois pas. Le concept aristotélicien est en principe une idée générale formée par abstraction. Il comprend classiquement d'une part le sujet d'une chose, son *hypokeimenon* ou sa *substantia,* autrement dit ce qui fait l'essentiel de cette chose, la chose même, le nécessaire de cette chose, et d'autre part ses attributs, ses qualités, ses prédicats, qui sont variables et contingents. C'est ce qu'on appelle la « compréhension » du concept. Sa répartition sur les objets réels en constitue l'« extension ».

On ne trouve rien de tel dans les concepts psychanalytiques, car ils ont ceci de particulier qu'ils présentent partout la même extension sans possibilité d'une compréhension progressive. Ils ne saisissent aucune particularité clinique. Cela fait que, lorsqu'un psychanalyste aborde l'étude d'un concept analytique, il a cette impression de tout voir autrement, d'être au cœur de la psychanalyse, là d'où l'on saisit le tout comme dans *L'aleph* de Borgès[7]. Il en va comme avec la ou les faces de la bande de Möbius[8]. Vue de côté, elle montre deux faces opposées, mais si vous y cheminez pas à pas, il n'y en a qu'une et elle

3. Tous les textes philosophiques consacrés à la question du mal, subi ou provoqué – et les maux sont nombreux à l'issue du terrible XXe siècle –, soulignent cette impuissance logique. Cf. en particulier *Le Mal* de Paul Ricœur, Genève, Labor et Fides, 1996. L'idée de l'« inadéquation » est explicitement formulée dans Foessel M., *Le Mal,* Profil n° 788, Paris, Hatier, 1999, p. 8.

4. Cette année-là, un bon tiers des exposés du diplôme universitaire était consacré à des questions éthiques.

5. Cf. J. Lacan, *Les quatre concepts fondamentaux de la psychanalyse, Le Séminaire, Livre XI,* Paris, Le Seuil, 1973.

6. Faut-il rappeler que Freud a suivi les cours sur Aristote du philosophe Franz von Brentano ?

7. Cf. J.-L. Borgès, *L'aleph,* Paris, Gallimard, coll. « L'Imaginaire », 1967.

8. Pour créer une bande de Möbius, il suffit de coller ensemble les deux extrémités d'un ruban en opérant sur l'une des deux un demi-tour.

est partout. De même dans la relation entre des prétendus concepts psychanalytiques. Prenons la névrose : on peut très bien soutenir qu'elle est toujours un transfert, qu'elle est un fantasme, qu'elle est une interprétation, qu'elle est constituante du sujet, qu'elle tourne autour d'un objet. Les concepts psychanalytiques sont de drôles de concepts.

La psychanalyse est fondamentalement une déconceptualisation au profit d'une métaphorisation, ou plus exactement d'une métaphoro-métonymisation[9]. Elle met en avant la métaphore et la métonymie, autrement dit la figure de rhétorique, au détriment du concept. Cette déconceptualisation est la condition pour que l'on puisse passer d'une clinique psychiatrique du regard à une clinique psychanalytique de l'écoute. C'est ainsi que s'instaure, à l'encontre de l'ontologie qui dit ce qui est, quelque chose qui est au fond une éthique psychanalytique, comme j'essaierai de le montrer à partir de l'*Esquisse*... de Freud et du commentaire qu'en a fait Lacan. Freud y énonce presque explicitement le caractère anticonceptuel de la névrose[10]. Et Lacan en fait l'origine d'une éthique[11].

Une illustration de l'inaptitude de la clinique traditionnelle

Après cette entrée en matière quelque peu abstraite, je vais vous offrir une pomme, une pomme de discours et peut-être de discorde, plus imagée en tout cas que mon histoire de concept.

Pour illustrer combien la seule clinique des concepts est inapte à saisir la vérité des névroses, je vais me servir d'une petite histoire dont j'ai trouvé l'idée dans un texte d'Octave Mannoni[12].

9. La métaphore est l'emploi d'un mot pour un autre – par exemple, une rose pour une jeune fille. La métonymie est l'emploi d'un autre mot, qui se trouve en connexion avec le premier – par exemple, une voile pour un bateau.
10. La Chose (« das Ding ») même, le cœur du concept, ce qui n'est par exemple pas variable d'un lion à l'autre, cette Chose y est le premier proche du petit humain, le plus souvent la mère, et cette valeur de Chose est transférée sur d'autres éléments connexes, et en fin de compte sur des éléments de la parole. Comme on le verra à la fin de l'exposé, la bizarrerie de la névrose s'explique par ce transfert de la fonction de Chose.
11. Cf. J. Lacan, *L'éthique de la psychanalyse, Le Séminaire, Livre VII,* Paris, Le Seuil, 1986. L'éthique y est liée à l'interdiction de la Chose, assimilée à la mère.
12. Octave Mannoni (1899-1989), psychanalyste de formation philosophique et ethnologique. Auteur de plusieurs ouvrages fondateurs, il est l'un des grands élèves de Lacan.

Imaginez une jeune fille et un jeune homme se promenant dans la campagne par un bel et chaud après-midi d'été. C'est leur première sortie. Nos deux tourtereaux longent un champ de pommiers quand brusquement, comme si de rien n'était, la jeune fille lance de cet air mi-coquin, mi-égaré qu'ont certaines femmes dans les grandes occasions : « J'aimerais une pomme. » Le naïf y entendra qu'elle veut une pomme et ira la lui chercher ; le mufle qu'elle veut une relation sexuelle et il fera de son sexe un serpent[13].

Imaginez maintenant que le jeune homme aille très vite retrouver d'autres jeunes hommes à qui une jeune fille a dit : « J'aimerais une pomme », et qu'ensemble ils créent un savoir concernant ces demandes, et une université pour préserver ce savoir. Ils vont établir la liste des différentes pommes demandées : golden, starking, pink lady, red chief, booskop, liste que les nosographes vont simplifier : les vertes, les rouges et les jaunes. D'autres décriront la germination des pommiers, leur pousse, leur foliation, leur floraison, leur fructification. Les phénoménologues vont s'attacher très finement à l'anatomie des pommes : pépins, loges, endocarpe, carpelle, épicarpe, et les chimistes expliquer l'attraction de la jeune fille pour les pommes par les substances pectiques, les sucres, les phénols, etc.

Rien n'y fera : le concept de « pommité » rate ce qu'il y a dans la demande de la jeune fille[14]. Il en va de même avec la clinique traditionnelle. Elle rate totalement le message des névroses, d'autant qu'il est formulé de façon bien plus complexe que dans ma petite histoire : une jeune fille phobique contournerait de très loin le verger, une hystérique tomberait « dans les pommes » et l'obsessionnelle affirmerait ne pas toucher aux pommes en raison d'un risque de contamination. Dans les névroses, aucune demande de pomme ne serait explicitement énoncée.

Mais que demande au fond cette « Nouvelle Ève[15] » ? Sans doute l'ignore-t-elle elle-même, parce qu'elle est habitée d'une vérité qui la

13. Le serpent métaphorise ici le phallus lorsqu'il est non pas le symbole d'un manque à être, mais au contraire un pénis positivé, et censé faire jouir la mère. Dans mon exposé, la pomme et le serpent représentent les deux sortes d'intrusion dont peut souffrir le névrosé.
14. Le concept, instrument de la vérité scientifique, rate ce que réussit la métaphore, levier de la vérité poétique.
15. J'emprunte cette désignation au titre d'un film de Catherine Corsini sorti en 1999, avec Karin Viard dans le rôle principal.

dépasse. Elle souhaite un amour qui soit autre chose qu'un besoin physiologique et qui soit exprimé par une parole. Elle souhaite que le jeune homme lui signifie que sa réponse, fût-ce d'une relation sexuelle, ne sera jamais donnée qu'en guise du manque de pomme, elle ne sera que le signifiant d'un manque. Le jeune homme pourrait donc avancer quelque chose du genre : « J'aimerais tant pouvoir t'offrir une pomme digne de toi », et ainsi dire son manque.

Le comportementaliste, supposant un défaut cognitif, mettra en place une procédure pour permettre à la jeune fille d'attraper la pomme. Ne pas prendre elle-même la pomme serait une forme d'apraxie-agnosie, un trouble neurologique de l'action et de la reconnaissance. Il écartera la question du sens comme si, lorsque quelqu'un montre la lune, on se contentait de regarder le doigt [16].

À la recherche d'une définition de la névrose

Trêve de métaphores, il est temps de parler des névroses. Puisqu'on m'a proposé le titre « Les névroses » et non « La névrose », j'ai préparé en ce sens mon exposé tout en gardant à l'esprit la question de ce qui, à côté de cette diversité, fait l'unité des névroses.

Qu'est-ce que *La* névrose, s'il se trouve qu'elle *est* – en réalité, nous le verrons, elle n'est qu'un échafaudage attendant son bâtiment de paroles ? Il est difficile de répondre. D'autant que chez les psychanalystes la névrose est passée du statut d'état pathologique à celui de structure psychique normale, voire de structure tout court.

La définition la plus éloquente est celle du *Vocabulaire de psychanalyse* de Laplanche et Pontalis [17] : « Affection psychogène où les symptômes sont l'expression symbolique d'un conflit trouvant ses racines dans l'histoire infantile du sujet et constituant des compromis entre le désir et la défense [18]. » Dans cette définition, la névrose apparaît comme une maladie avec ses « symptômes ». Le terme « psycho-

16. Le comportementaliste conçoit le symptôme comme une défaillance du processus cérébral de la connaissance (cognitif). Je compare cette réduction au fait d'oublier la lune, le sens, au seul profit du doigt, le cerveau.
17. J. Laplanche, J.-B. Pontalis, *Vocabulaire de la psychanalyse,* Paris, PUF, 1968.
18. *Ibid.*, p. 267.

gène » fait problème : signifie-t-il que les deux autres éléments de la triade, perversion et psychose, sont d'origine organique ? Je ne le pense pas, et pourtant les dictionnaires Larousse, Robert et Quillet soulignent l'absence de base organique dans la névrose, laissant entendre qu'il y en a une ailleurs. Les termes « expression symbolique d'un conflit » soulèvent une autre question : qu'est-ce que ce « symbolique » ? Si ce « symbolique » désigne le fait de représenter, on peut très bien soutenir que l'agir de la perversion ou le délire de la psychose sont aussi des expressions symboliques d'un conflit. Ce qui compte, c'est ce avec quoi l'on symbolise. *La névrose symbolise avec une souffrance qui implique de l'imaginaire, la perversion symbolise avec un agir dans la réalité, la psychose symbolise avec un réel impossible.*

Selon Laplanche et Pontalis, les symptômes de la névrose constituent des « compromis entre le désir et la défense ». Le conflit qu'ils évoquent est celui qui oppose le désir et la loi, le désir et son interdiction. Comment concevoir un tel compromis ? Comment un symptôme peut-il symboliser une chose et son contraire ? Henri Ey, dans son *Manuel de psychiatrie*[19], définit également la névrose par du conflit, des « conflits intrapsychiques qui inhibent les conduites sociales[20] », et souligne l'effet d'inhibition au-delà de l'effet de symptôme.

Plus concis, le *Dictionnaire de la psychanalyse Larousse*[21] se situe du côté de la signification de la névrose : « Mode de défense contre la castration par fixation à un scénario œdipien[22]. » La névrose serait un moyen symbolique de refuser la castration et de rester fixé à la mère. On refuse de perdre le phallus imaginaire[23] supposé combler la mère et qu'en réalité on n'a jamais possédé. Cette définition oublie l'autre face du problème : plus on reste fixé à la mère, plus on est menacé de castration. La névrose est aussi la mise en scène d'une sorte de castration. *Elle est l'évitement de la perte de la mère par l'acceptation d'autres pertes.*

Je propose une définition personnelle beaucoup plus courte. Clinique, elle pose que la névrose est notre condition ordinaire, et en

---

19. H. Ey, P. Bernard, C. Brisset, *Manuel de psychiatrie,* Paris, Masson et Cie, 1967.
20. *Ibid.,* p. 413.
21. *Dictionnaire de la psychanalyse,* Paris, Larousse, 1995.
22. *Ibid.,* p. 202.
23. Il s'agit d'un imaginaire inconscient.

donne une interprétation psychanalytique : *la névrose est un affolement.* Elle est l'ensemble des problèmes créés par la répétition d'un certain type d'affolement. Nous faisons tous, certains plus que d'autres, une affaire de ce qui n'en est pas. Quelque chose, venu d'autrui ou du monde, affole sans raison le névrosé : un pont, un tunnel, un chien, une souris, un exposé à faire, et voilà le phobique dans tous ses états ; une pensée ou une parole qui concerne la poussière, les microbes, le sang, un produit corrosif, la serrure, le robinet, et voilà l'obsessionnel qui vérifie sans cesse et demande à être rassuré ; une toute petite allusion, même très indirecte, à quelque chose de sexuel, et voilà l'hystérique muette et paralysée, essayant de devenir indifférente ailleurs pour compenser son affolement sexuel.

Pourquoi faire tout un fromage de ce qui ne le justifie pas ? Tout simplement à cause du complexe d'Œdipe. Quelque chose de la mère est déplacé sur la zone affolante, et l'évitement de cette zone affolante dans la pensée, dans le corps ou dans le monde a la signification d'un évitement symbolique de l'inceste. Cela n'a lieu, bien sûr, qu'à travers des allusions. La névrose est liée à un désir œdipien qui risque d'être comblé faute d'une interdiction suffisante, et qu'il faut absolument insatisfaire ou déplacer d'une manière quelconque. *La névrose est le moteur auxiliaire lorsque la castration est insuffisante.*

« Quelque chose » de la mère n'a pas été suffisamment arrêté, contenu, barré par « quelque chose » du père[24]. La névrose pallie cette insuffisance. C'est, nous le verrons, une *métaphore paternelle déplacée.* La métaphore paternelle est quelque chose du père qui signifie, en soi-même et sans rien y ajouter, le désir de la mère[25]. Les pathologies sont des tentatives de compenser l'insuffisance de cette métaphore, chacune à sa façon : la névrose au moyen d'une symbolisation par quelque chose d'imaginaire plaqué sur la réalité, à la fois qui attire et que le sujet évite ; la perversion au moyen d'une symbo-

---

24. Ce « quelque chose » du père n'est en aucun cas à concevoir comme relevant du seul comportement de celui-ci. Il résulte de toute l'interrelation entre le père et la mère et se signifie avant tout dans l'échange de paroles entre les deux parents, et même chez chacun d'eux avec leurs propres parents.

25. Cette métaphore paternelle se définit par la substitution du signifiant d'un père, qui n'est père que de nom (le patronyme n'en est qu'un aspect), au signifiant d'un désir maternel qui serait tout-puissant, sans limite, anarchique. Cette métaphore résulte de ce que la mère signifie à propos du père et de la façon dont celui-ci y répond.

lisation par un acte destiné à rencontrer une loi[26] ; la psychose au moyen d'une symbolisation par un réel qui se heurte à l'impossible[27].

L'histoire des névroses

L'histoire est riche d'enseignement pour le psychanalyste.

Dans l'histoire des névroses, le regard de Freud issu de son écoute a été crucial. Bien que les trois principales névroses – hystérique, phobique, obsessionnelle – aient d'une certaine façon « existé » avant lui, on n'en ferait pas un usage quotidien chez les psychiatres s'il n'avait pas été là. Freud les a inscrites dans l'histoire, il en a élaboré dans l'après-coup la continuité, il a créé leur nosographie, leur a donné leur consistance. L'hystérie en germe depuis très longtemps et les névroses phobique et obsessionnelle plus récemment dans l'air se sont grâce à lui concrétisées d'un coup en une réalité clinique nouvelle.

Si les névroses « existent » comme ces ensembles de symptômes que l'on suppose purement psychiques et n'affectant ni le jugement moral ni le jugement de réalité, c'est parce qu'elles contiennent en elles le geste de Freud qui a sans cesse unifié les processus psychiques normaux et pathologiques. Les névroses sont nées de cette assimilation. *Avant Freud, elles étaient dans les limbes, dormant à l'ombre d'autre chose, de la maladie organique pour l'hystérie et de la folie la plus folle pour les névroses phobique et obsessionnelle.*

L'hystérie était connue depuis 4 000 ans, alors que les névroses phobique et obsessionnelle n'ont été dégagées qu'au XIXe siècle. Cette extraordinaire asymétrie dans leur histoire n'est pas le reflet de la réalité clinique. Les névroses ont toujours existé, mais elles ont été diversement et tardivement reconnues et spécifiées et surtout longtemps méconnues.

---

26. Cette loi n'est pas seulement la loi juridique. Il peut aussi s'agir de la loi de la matière, par exemple lorsque le pervers défie la mort.

27. Un réel impossible est, par exemple, de ne pouvoir être en deux endroits en même temps. Il s'agit, en un certain sens, également d'une loi qui s'impose, mais d'une loi de la raison ordinaire. Certains aspects de la science semblent défier l'impossible de ce réel, mais la psychose exporte les données de cette rationalité moderne là où elle n'est pas de mise. Un homme n'est pas une particule quantique.

L'hystérie a été décrite dans sa réalité clinique au XXe siècle avant J.-C., dans le fameux papyrus de Kahoun[28], où elle relevait alors d'une médecine organique fantastique. Ce papyrus évoque des symptômes physiques tels que l'étouffement qui sont attribués à la migration de l'utérus dans le corps. À la recherche de fraîcheur et d'humidité, l'utérus comprime les organes, créant ainsi les différents symptômes de la maladie. Notez que, dans cette antique observation clinique, l'hystérie, qui n'est pas encore nommée, relève du maternel, de ce qui est la source de la maternité, et que *ce maternel s'est déplacé ailleurs qu'en son lieu naturel.*

Un millénaire et demi plus tard, au Ve siècle avant J.-C., Hippocrate[29] crée le terme d'« hystérie » à partir du grec *hustera* qui signifie « utérus ». Il décrit une constriction de la gorge, des difficultés respiratoires, un mutisme, une paralysie et attribue la migration de l'utérus à une privation de relations sexuelles. Nous sommes donc là entre le maternel, symbolisé par l'utérus, et le sexuel, le manque du mâle, entre la pomme et celui qui incite à la manger dans la Genèse, le serpent. Le *Timée* de Platon développe la même théorie : l'utérus est un animal[30]. Au IIe siècle après J.-C., Galien de Pergame[31] impute une rétention de semence, qu'il s'agisse de l'hystérie masculine enfin reconnue ou de l'hystérie féminine, liée selon lui à une diffusion de substances sexuelles utérines. Le maternel reste en place, seule sa quintessence voyage.

Il est probable que la conception de Galien a été celle du milieu médical durant tout le Moyen Âge, mais l'histoire a surtout retenu de cette période une autre manifestation hystérique, antireligieuse cette

28. Cf. I. Veith, *Histoire de l'hystérie,* Paris, Seghers, 1973, p. 12. On évoque souvent les papyrus de Kahoun (1900 av. J.-C.) et d'Ebers (1600 av. J.-C.).
29. Cf. Hippocrate (*Œuvres Complètes,* 10 vol., Trad. E. Littré, Paris, Baillère, 1839-1861), Le traité « Des épidémies » rapporte un cas de mutisme hystérique et un cas de paralysie hystérique. L'ensemble des *Œuvres* contient d'autres exemples, surtout « Des maladies des femmes » et « De la nature de la femme ».
30. « [...] chez les femmes, ce qu'on appelle matrice ou utérus est, pour ces mêmes raisons, un animal au-dedans d'elles, qui a l'appétit de faire des enfants ; et lorsque malgré l'âge propice, il reste un long temps sans fruit, il s'impatiente et supporte mal cet état ; il erre partout dans le corps, obstrue les passages du souffle, interdit la respiration, jette en des angoisses extrêmes et provoque d'autres maladies de toutes sortes ; et cela dure tant que des deux sexes l'appétit et le désir ne les amènent à une union... ». Cité dans G. Harrus-Révidi, *L'hystérie,* Paris, PUF, coll. « Que sais-je ? », n° 3238, 1997, p. 20-21.
31. Galien de Pergame (129-199 ap. J.-C.). Cf. *Œuvres anatomiques, physiologiques et médicales,* t. II : « Des lieux affectés », Paris, Baillère, 1856.

fois : la sorcellerie[32]. Elle n'a été intégrée dans l'histoire de l'hystérie que récemment, c'est le regard moderne qui a rapproché hystérie utérine et sorcellerie, la pomme et le serpent. Au Moyen Âge, les deux courants étaient séparés. Comme dans les secrets de famille, on ignorait leur parenté.

C'est le serpent diabolique qui était reconnu à l'origine des hystéries collectives : sabbats de sorcières, possédées de Loudun, sorcières de Salem, convulsionnaires de Saint-Médard. On incriminait le diable mais c'était bel et bien l'attirance pour un homme qui provoquait ces états : le curé Urbain Grandier, le diacre François de Paris, les inquisiteurs[33]. D'innombrables hystériques furent ainsi pendues, noyées ou conduites au bûcher. Ce n'est pas le moindre des mystères de l'hystérie que son défi de l'autorité du maître, du père, aille parfois jusqu'à la mort. Elle défie tout en se soumettant.

Les temps modernes ont fait entrer le mauvais génie de l'hystérie dans une bouteille : le diable ou l'animal utérin y ont trouvé résidence dans le système nerveux. Le français Charles Lepois[34] fut le tout premier à proposer cette localisation, suivi par l'anglais Thomas Willis[35], le père de la neurologie. L'hystérie était, selon eux, causée par la circulation d'esprits animaux dans les nerfs. Plus tard, un certain Lange[36] affirma que ces esprits animaux étaient des vapeurs résultant de la fermentation des semences féminines ou masculines qui montaient à travers les nerfs jusqu'au cerveau. L'hystérie devenait neurologique et l'est restée jusqu'à nos jours. Nombreux sont ceux qui croient encore à une excitabilité toute particulière du système nerveux des hystériques[37].

---

32. C'est le pape Innocent VIII qui, dans sa bulle de 1484 où il évoque les adeptes des démons, a donné aux hommes d'Église des justifications à l'immense et tragique chasse aux sorcières qui allait durer jusqu'au XIXe siècle et faire des milliers de victimes. Le *Malleus maleficarum* des dominicains Heinrich Kramer et James Spenger, écrit en 1494, donnait les moyens de reconnaître les sorcières. Ils se fondaient en particulier sur la présence de zones insensibles.
33. Cf. G. Harrus-Révidi, *op. cit.*
34. Charles Lepois (1563-1633) fut le consultant du duc de Lorraine Charles III puis devint doyen à la faculté de médecine de Pont-à-Mousson.
35. Thomas Willis (1621-1675). Célèbre anatomiste anglais. On lui doit la distinction des substances blanche et grise du système nerveux.
36. Lange, *Traité des vapeurs,* Paris, Denis Nion, 1869. Cité dans G. Harrus-Révidi, *op. cit.*
37. Par exemple sous la forme d'une spasmophilie due à un trouble du métabolisme du calcium ou du magnésium. Nombreux sont les médecins qui pensent ainsi. D'autres, les neurobiologistes, cherchent une particularité de la neurotransmission chimique cérébrale.

L'hystérie fut pourtant très tôt chassée par certains esprits de cette terre de Canaan neurologique. Au XVIIe siècle déjà, Thomas Sydenham[38], qui croyait aux vapeurs, lui donna un statut à part en médecine. Ses symptômes, disait-il, sont « protéiformes et caméléonesques ». « Elle imite presque toutes les maladies. » Ainsi s'ébauche ce soupçon de mensonge dont l'hystérie souffre aujourd'hui encore. Pour Lasègue[39], un contemporain de Charcot[40], elle est incontestablement non neurologique : « L'hystérie emprunte au système nerveux les matériaux pathologiques dont elle dispose et qu'elle s'approprie : il n'est pas une seule lésion nerveuse dont on ne retrouve chez les hystériques l'expression plus ou moins atténuée, depuis la folie jusqu'au frisson passager. »

L'hystérie est avant tout une imitatrice qui n'est nulle part chez elle tout en étant partout. Elle est médicale et non médicale, dans le système nerveux et pas dans le système nerveux. On pourrait dire qu'elle n'est pas là où elle est. Et je proposerai ici un concept forgé à partir de la théologie négative pour laquelle j'ai un goût immodéré : le concept d'espace négatif ou de non-lieu. Ce non-lieu serait le lieu précis où une chose n'est pas, le lieu du non-lieu, tout comme, dans la théologie négative, Dieu est très précisément défini par ce qu'Il n'est pas[41]. *L'hystérie dé-localise.* Elle n'a pas lieu d'être. Elle est un étrange concept négatif où l'on retrouve ce retournement du concept

38. Thomas Sydenham (1624-1689), l'« Hippocrate de Londres », l'inventeur du laudanum, écrit dans son traité de *Médecine pratique* : « [...] dans quelque partie du corps qu'elle se rencontre, elle produit aussitôt les symptômes qui sont propres à cette partie [...]. Cette maladie est un Protée qui prend une infinité de formes différentes, c'est un caméléon qui varie sans fin ses couleurs ». Cf. P. Bercherie, *Genèse des concepts freudiens,* Paris, Navarin, 1983, p. 24.
39. Ernest Charles Lasègue (1816-1883) était un psychiatre clinicien de Paris, très célèbre à son époque.
40. Jean-Martin Charcot (1825-1893) est un des fondateurs de la neurologie moderne. Enseignant d'abord l'anatomie pathologique, il fut intéressé par l'hystérie à l'hôpital de la Salpêtrière. Celui-ci était le plus grand service neurologique du monde. Personnage charismatique, il attirait les étudiants du monde entier, dont le jeune Freud. Il est resté célèbre pour ses présentations de femmes hystériques en état d'hypnose.
41. La théologie négative, ou apophatique (du grec *apophasis,* négation), ou encore aphaïrétique (*aphairesis,* abstration), généralise le processus du retranchement. Il a été introduit en théologie par Albinus et Clément d'Alexandrie aux premiers siècles de l'ère chrétienne. Les grandes figures de cette théologie sont Grégoire de Nysse, le Pseudo-Denys l'Aréopagite, Maître Eckhart, Angelus Silesius, Nicolas de Cues.

dont nous parlions plus haut, Au lieu de dire « non-lieu » on pourrait tout aussi bien parler d'« entre-deux ». L'hystérie est la névrose de l'« entre-deux ». La « névrose » est d'ailleurs elle-même « entre-deux », entre la neurologie et la non-neurologie. C'est précisément lorsque l'hésitation entre une origine neurologique et une origine non neurologique est à son paroxysme que les névroses sont individualisées, expliquées et nommées par Freud, ce neurologue devenu non-neurologue[42].

Cette hésitation fut à l'origine d'une bataille entre l'école de la Salpêtrière à Paris et l'école de Nancy, c'est-à-dire entre Charcot et Bernheim[43]. Charcot s'est intéressé aux hystériques parce qu'elles imitaient parfaitement les épileptiques avec qui elles étaient hospitalisées. Ce fut le *punctum initium* de sa découverte. Il a brossé le tableau clinique de l'hystérie avec ses troubles moteurs, sensitifs et sensoriels, et son mutisme plus ou moins important. Charcot produisait une hystérie expérimentale en utilisant l'hypnose issue du magnétisme mesmérien[44]. Cette méthode ne pouvait fonctionner, selon lui, que chez des malades déjà hystériques – on sait qu'il n'en est rien. Il était aussi persuadé que la cause de l'hystérie était organique. « À n'en pas douter, écrit-il, une lésion des centres nerveux est présente dans ce cas, mais où siège-t-elle, quelle est sa nature ? C'est je pense dans l'écorce cérébrale [...]. Ici il ne saurait être question que de l'une de ces lésions qui échappent à nos moyens d'investigation anatomique et que, faute de mieux, on est convenu d'appeler lésions dynamiques ou encore fonctionnelles » – aujourd'hui on cherche du côté des neurotransmetteurs. À Nancy, Bernheim affirmait au contraire que l'hystérie n'était pas organique. Il pensait que Charcot induisait l'hystérie qu'il observait. Bernheim attribuait l'hystérie à la seule suggestion.

À l'époque où l'hystérie, nouvellement reconnue, était située dans l'entre-deux de l'organicité et de la pure suggestion, phobies et obses-

42. Voir plus loin dans ce même chapitre.
43. Hippolyte Bernheim (1840-1919), professeur de clinique médicale, né à Mulhouse, replié à Nancy avec la plus grande partie de la faculté de médecine de Strasbourg après 1870. II fut sensibilisé à l'hypnose par Auguste Liébault (1823-1904), qui était médecin généraliste et auquel Freud rendit visite en 1889.
44. Cf. G. Didi-Hubermann, *Invention de l'hystérie,* Paris, Macula, 1982.

sions ont commencé, peu avant Freud, à être identifiées et distinguées du délire[45]. Étrange convergence : au moment où l'on doutait de l'organicité et du caractère médical de l'hystérie, on n'était plus très sûr de la folie des phobies et des obsessions. *Cependant que s'affinait le jugement sur la réalité de l'hystérie, on a su reconnaître des malades dont le jugement de réalité était préservé.* Le jugement de réalité, appelé jugement d'existence dans la terminologie d'Aristote, a subi une mutation à la fin du XIXe siècle, qui engendra des effets dans le domaine des sciences, des arts et des lettres. Progressivement, le seul référentiel visuel est abandonné au profit du langage. Pour sceller la reconnaissance nouvelle des phobies et des obsessions est exhumé le terme de « névrose », inventé en 1777 par le médecin écossais William Cullen[46] dans un sens un peu différent. Il désignait une atteinte des nerfs d'un organe. Cullen y rangeait les troubles de la digestion, la colique, les palpitations cardiaques, mais aussi les symptômes de l'hypocondrie et de l'hystérie. Cullen était localisationniste.

Phobies et obsessions ont toujours existé. En témoigne le terme grec de *phobos* qui signifie « peur », « panique » ou « épouvante ». Le philosophe John Locke[47] a décrit en 1700 une phobie des lutins et des feux follets semblable en tout point à l'une de nos phobies modernes. Pour Pinel[48], phobies et obsessions faisaient partie des « manies sans délire ». Son élève Esquirol[49] les a rangées dans les « monomanies », qu'il définit comme des délires partiels, des folies sur un seul point, caractérisées par la conservation des facultés intellectuelles.

45. Cf. R. Girard, « Les obsessions avant Freud », *Confrontations psychiatriques,* n° 20, 1981. A. Birraux reprend la même filiation des entités nosographiques à propos de la phobie dans *Les phobies,* Paris, PUF, coll. « Que sais-je ? », n° 2946, 1995.

46. William Cullen distinguait quatre classes de maladies. Les névroses désignaient les maladies sans fièvre ni lésion locale figurée.

47. John Locke (1632-1704), philosophe anglais, est classiquement le premier des grands empiristes. Son *Essai sur l'entendement humain* critique la position de Descartes.

48. Philippe Pinel (1745-1826) est un ancien théologien devenu aliéniste. Il est célèbre pour son geste tout à fait mythique de la libération des aliénés de leurs chaînes. Cf. son *Traité médico-philosophique sur l'aliénation mentale* de 1801.

49. Jean Étienne Esquirol (1772-1840). Assistant de Pinel, il perfectionna considérablement l'œuvre de son maître.

En 1871, Westphall[50] décrit l'« agoraphobie », et la même année un certain Raggi[51] introduit le terme de « claustrophobie ». C'est le début d'une longue série de néologismes : les phobies nommées à cette époque au moyen d'un préfixe grec ou latin sont plus de deux cents.

La névrose obsessionnelle s'est détachée des monomanies d'Esquirol quasiment à la même époque. Falret[52] analyse une « folie du doute » en 1866, Legrand de Saulle[53] une « folie du doute avec délire du toucher » en 1875. Les Allemands Krafft-Ebing[54], Westphall et Kraepelin[55] ont décrit des *« Zwangsvorstellungen »* (représentations par contrainte, représentations obsédantes).

Toutes ces névroses ont été reprises et classées par Janet[56] au tournant du siècle. En 1903 il a regroupé l'anxiété, les phobies et les obsessions en une seule entité : la psychasthénie, dont la cause était selon lui une baisse de la tension psychologique, une « asthénie » qui perturbait ce qu'il appelait la fonction du réel et rétrécissait le « champ de conscience ». L'hystérie n'était en fait qu'une variété de psychasthénie, caractérisée par une réduction du champ de conscience concernant les fonctions corporelles. Les névroses étaient donc des manques de conscience par inattention ; Janet est en cela un précurseur des cognitivistes. Il a cependant souligné une particularité fondamentale de la névrose hystérique : la localisation corporelle des symptômes qui correspond à une représentation populaire de l'ana-

50. Karl Westphall (1833-1890) fut le successeur de Wilhelm Griesinger, le fondateur de la psychiatrie allemande, à la chaire de psychiatrie de Berlin. Il fut davantage anatomo-pathologiste que clinicien.
51. Nom cité dans la monographie sur *La névrose phobique* éditée par les laboratoires Théraplix en 1969.
52. Jean-Pierre Falret (1794-1870). Aliéniste de la Salpêtrière à l'époque de Pinel et d'Esquirol. Auteur de plusieurs ouvrages qui demeurent aujourd'hui encore des références cliniques.
53. Legrand de Saulle, né en 1830, fut un des assistants d'Esquirol. Il se consacra à la psychiatrie médico-légale.
54. Richard von Krafft-Ebing (1840-1902) fut un élève de Griesinger. Il remplaça Meynert (le maître de Freud en psychiatrie) à Vienne. Il est célèbre par son traité sur les perversions sexuelles, *Psychopathia sexualis* (1886), et par son hostilité envers Freud.
55. Émile Kraepelin (1856-1936) est un des très grands noms de la psychiatrie. Il a écrit un *Traité de psychiatrie.*
56. Pierre Janet (1859-1947). Philosophe puis psychiatre français. Très célèbre avant Freud, il s'intéressa comme lui à l'hystérie. Il fit l'hypothèse d'un « subconscient » et entra en conflit avec Freud pour une question de priorité de découverte.

tomie. Une anesthésie d'une jambe y occupe non pas le territoire d'un nerf mais, par exemple, l'image d'une botte. Une cécité psychique s'y accompagne d'une anesthésie en lunettes. Il fait la découverte que le corps de l'hystérique est un corps de parole[57]. L'hystérique habite dans les mots, elle est une vraie linguiste. Son lieu apparaît comme un non-lieu pour cette raison[58].

La nosographie freudienne des névroses

Freud a su sortir le génie de la bouteille neurologique et lui donner son vrai lieu : la parole – quoiqu'il n'y sera jamais assigné à résidence, pour la simple raison que la parole est plus vaste qu'il n'y paraît. Elle est elle-même et pas seulement elle-même, puisqu'elle siège aussi dans ses propres intervalles. Drôle de voyage métaphorique : la chose névrotique, partie de l'utérus, restée à l'ombre de la maladie, est entrée dans le cerveau, elle a pris dans son sillage les phobies et les obsessions elles-mêmes cachées à l'ombre de la folie, puis, grâce à son passage par le rêve, elle est finalement entrée dans la parole, a créé la psychanalyse, et révèle peu à peu que la parole est beaucoup plus que ce que l'on pensait[59]. La parole est un lieu d'entre-deux, elle n'est parlée que pour une autre parole. C'est ce qui produit l'effet de sujet que nous rappelle Lacan : un signifiant n'est là que pour un autre signifiant[60]. L'hystérie est le lieu où cette vérité est en recel. Elle est la plaque germinative de cette vérité.

Freud a quelque peu varié dans sa conception des névroses, mais chacune de ses conceptions était liée au mécanisme étiopathogénique nouveau qu'il y supposait à l'œuvre, ou qu'il y faisait prévaloir.

57. Puisque le découpage qu'il subit, ou plutôt que subit son image dans l'hystérie, ne correspond qu'à celui qu'opèrent les mots.

58. L'hystérie est comme une écriture du corps. Freud parle de « langue gestuelle » et de « langue pictographique » dans son *Intérêt de la psychanalyse* de 1913. Cf. S. Freud, *Résultats, Idées, problèmes, I,* Paris, PUF, 1984, p. 200.

59. Beaucoup plus en tout cas que ce qu'en dit la linguistique, qui ne peut qu'essayer de rattraper la poésie, la littérature, la philosophie, la névrose, la psychose, le dialogue, etc.

60. Cette formule émerge chez Lacan le 6 décembre 1961 au cours du séminaire sur *L'identificalion* (inédit).

Au départ, dans la période 1893-1900, il a mis en avant un processus de défense comme étant l'origine de certaines névroses. Il a donc distingué les « psychonévroses de défense[61] » des autres névroses, appelées « névroses actuelles[62] ». Les « psychonévroses de défense » liées à un conflit psychique comprennent l'hystérie, les obsessions, la grande majorité des phobies et une psychose : la paranoïa. Le sujet s'y défend contre des représentations sexuelles inconciliables avec le moi en les refoulant. Ce refoulement détache une excitation qui est convertie en symptômes physiques dans l'hystérie, et déplacées sur d'autres représentations dans les phobies et les obsessions. Ces représentations inconciliables résultent toutes de traumatismes sexuels infantiles[63].

Les « névroses actuelles » sont dues à une excitation sexuelle qui ne trouve pas d'issue et agit au présent et directement[64]. Il s'agit de la neurasthénie, décrite par l'américain Beard[65], et de la névrose d'angoisse[66]. La neurasthénie est caractérisée par une fatigue, des céphalées, des paresthésies, une constipation. La névrose d'angoisse présente une attente anxieuse permanente, avec des accès d'angoisse aiguë, ainsi que toutes les manifestations somatiques de l'angoisse : vertiges, sudation, dyspnée, troubles cardiaques, etc. La neurasthénie résulte de la masturbation, et la névrose d'angoisse de l'absence de satisfaction sexuelle : abstinence, virginité, *coïtus interruptus*, etc. En 1914 Freud ajoutera l'hypocondrie à ces névroses actuelles[67].

Justement, en 1914, Freud sépare *une libido d'objet qui investit autrui d'une libido du moi*[68] et opère alors une nouvelle distinction. Il garde la catégorie des névroses actuelles, mais subdivise les autres psycho-

61. Cf. S. Freud, « Les psychonévroses de défense » et les « Nouvelles remarques sur les psychonévroses de défense », dans *Névrose, psychose, perversion*, Paris, PUF, 1985.
62. Le terme de « névroses actuelles » apparaît en 1898 dans l'article « Qu'il est justifié de séparer de la neurasthénie un certain complexe symptomatique sous le nom de "névrose d'angoisse" », dans *Névrose, psychose, perversion*, *op. cit.*
63. Cf. M. Ritter, « Vers un inconscient mémoire particulière », dans J.-P. Dreyfuss, J.-M. Jadin, M. Ritter, *Qu'est-ce que l'inconscient ? Un parcours freudien*, Strasbourg, Arcanes, 1996, p. 13-24.
64. Il s'agit d'une difficulté de la vie sexuelle actuelle et non d'une séquelle du passé.
65. George Beard (1839-1883) est le neurologue américain qui a introduit ce terme.
66. S. Freud, « Qu'il est justifié... », *op. cit.*
67. S. Freud, « Pour introduire le narcissisme », dans *La vie sexuelle*, Paris, PUF, 1969, p. 88-89.
68. *Ibid.*, p. 85.

névroses qui ne sont désormais plus « de défense ». En font partie les névroses de transfert, où l'excitation est facilement transférable sur le psychanalyste : l'hystérie, la névrose phobique et la névrose obsessionnelle, et d'autre part, les névroses narcissiques où l'excitation est fixée sur le moi : ce sont les psychoses.

En 1924, il reprend cette nosographie à partir de sa récente découverte des *trois instances de la vie psychique : moi, ça, surmoi*[69]. Il distingue la catégorie des névroses de transfert, où le moi refoule les exigences du ça, des psychoses, où c'est le moi qui est refoulé. D'autres fois, c'est le surmoi qui refoule le moi, par exemple dans la mélancolie. Parfois, c'est le ça qui l'emporte sur le moi, comme dans les délires ou dans la schizophrénie. Il y a trois instances et donc trois vainqueurs possibles.

La psychiatrie classique du XXe siècle a longtemps gardé certaines de ces avancées freudiennes, en particulier une névrose actuelle, la névrose d'angoisse, et les trois névroses de défense puis de transfert que sont l'hystérie, la névrose phobique et la névrose obsessionnelle. Ce sont les quatre principales névroses du traité d'Henri Ey. Depuis, deux tendances se dessinent. En fonction de la réaction aux antidépresseurs, les psychiatres ont distingué dans la névrose d'angoisse un trouble anxieux permanent d'une attaque de panique[70] qui inclut l'agoraphobie, les autres névroses étant peu à peu pulvérisées en symptômes. Le psychanalyste a eu, lui, une démarche inverse, il a réuni les choses. On ne distingue plus vraiment névrose d'angoisse de névrose phobique. Et comme Freud a appelé la névrose phobique « hystérie d'angoisse » et désigné la névrose obsessionnelle comme un dialecte de l'hystérie, *toutes les névroses* ont fini par être pensées avec le *paradigme de l'hystérie*. Dans sa pratique, lorsqu'il écoute quelqu'un, le psychanalyste ne fait pas usage de la nosographie. Il ne s'en sert guère que lorsqu'il écrit.

Pour tenter de comprendre les névroses, il est essentiel de s'appuyer sur un cas singulier. C'est la véritable base de la clinique. C'est pourquoi il m'a semblé intéressant de reprendre les trois exemples

69. S. Freud, « La perte de la réalité dans la névrose et la psychose », dans *Névrose, psychose, perversion, op. cit.*
70. Le terme fut introduit en 1962 par les Américains Klein et Fink.

fondamentaux donnés par Freud : Dora, le petit Hans et l'Homme aux rats, qui restent des repères indépassables pour les névroses hystérique, phobique et obsessionnelle.

Freud est parti de l'écoute des névroses et avant tout de la névrose hystérique[71]. La chose sexuelle y était primordiale. Refoulée, elle apparaissait ailleurs, masquée dans les symptômes où il convenait de la décrypter. Il a appliqué ce schéma au rêve[72]. Le rêve était comme l'hystérie. Dans les deux cas, la chose du désir, quel que soit ce désir, était refoulée et apparaissait ailleurs dans les connexions métaphoro-métonymiques. L'analyse du rêve consistait à retrouver le désir central, tout comme Freud avait trouvé le traumatisme sexuel infantile au cœur de l'hystérie. La parole du rêve était traitée comme la parole de l'hystérique. C'est ainsi qu'il a découvert le jeu des sonorités et des lettres dans le rêve. Il a ensuite appliqué le paradigme du rêve aux formations de l'inconscient, lapsus, oublis, erreurs, actes manqués, mots d'esprit[73], puis à tous les symptômes. À partir de l'analyse de L'Homme aux rats[74], il a étendu ce même paradigme à tout le discours du sujet[75]. Double métaphorisation : *il a « hystérisé » le rêve, puis « onirisé » les petits symptômes, puis les grands symptômes, puis toute la parole du sujet.*

Dora et sa quête du sein maternel à travers le désir du père

Dora, c'est-à-dire Ida Bauer[76], dont le cas sera publié en 1905[77], vient chez Freud les trois derniers mois du XIXe siècle. Âgée de

71. S. Freud et J. Breuer, *Études sur l'hystérie,* Paris, PUF, 1971.
72. S. Freud, *L'interprétation des rêves,* Paris, PUF, 1967.
73. S. Freud, *Le mot d'esprit et ses rapports avec l'inconscient,* Paris, Gallimard, 1969.
74. S. Freud, *L'Homme aux rats. Journal d'une analyse,* Paris, PUF, 1974.
75. Cf. J.-P. Dreyfuss, « Théories et pratiques freudiennes de l'inconscient », dans *Qu'est-ce que l'inconscient ? Un parcours freudien, op. cit.,* p. 237-256.
76. Pour les détails biographiques et les véritables patronymes, cf. P. Mahony, *Dora s'en va,* Paris, Le Seuil, coll. « Les empêcheurs de penser en rond », 2001, et M. Viltard, « Quelques données biographiques sur Dora », *Littoral,* n° 30, octobre 1990, Paris, EPEL. Il semblerait, d'après ces textes, que Freud ait parfois modifié la réalité.
77. S. Freud, « Fragment d'une analyse d'hystérie (Dora) », dans *Cinq psychanalyses,* Paris, PUF, 1967.

18 ans, elle consulte à l'invitation de son père, obéissante en apparence. La raison de sa venue est un état dépressif et divers troubles du caractère. Elle ne s'entend plus du tout avec sa mère et devient aussi fort désobligeante avec son père. Elle fuit tout le monde, elle est fatiguée, mais poursuit néanmoins ses études sans problèmes. Deux choses ont inquiété les parents : une lettre mal cachée dans laquelle elle écrit ne plus supporter sa vie et leur fait ses adieux, et un évanouissement après une petite altercation avec son père, suivi d'une amnésie de ce symptôme.

Ce qui frappe d'abord Freud, c'est *l'incapacité de Dora à mettre de l'ordre dans son histoire.* Il y a un mélange de retenue volontaire, d'« insincérité inconsciente », d'amnésies véritables et d'erreurs de mémoire. Voilà un symptôme qui est rarement décrit et pourtant caractéristique de l'hystérie. Lacan a parlé de l'« hystorique » à propos de l'hystérique. Dans la première théorie de l'hystérie, la théorie traumatique, Freud et Breuer ont souligné que l'hystérique souffrait de réminiscences[78]. Il faut donc ajouter de réminiscences distordues. La relation entre Dora et son père apparaît également très étrange. Attentif, trop présent, le père a des larmes aux yeux chaque fois qu'il évoque sa fille. Dora se soumet à lui tout en affirmant son opposition. Au fond de toute hystérie, il y a un tel amour-soumission inconditionnel à la figure du père, malgré une éventuelle lucidité et des critiques pertinentes. Lorsque le père est un tyran, elle consent, à son esprit défendant, d'en être la victime, et plus tard, elle pourra se soumettre sans discussion à l'interdit d'un mari falot ou paranoïaque. L'amour de l'hystérique pour son père est un amour d'identification. Elle s'identifie au désir de son père, ou d'un autre père. Elle souffre aussi d'identifications. Il ne s'agit pas d'une imitation d'image, son identification passe par des signifiants. Elle s'identifie le plus souvent à quelques traits choisis dans un ensemble. Cette identification au désir du père est d'une certaine manière sacrificielle, elle implique une certaine indifférence à soi qui est la véritable source de la « belle indifférence[79] » qu'on lui prête.

C'est dans cet état d'esprit que Dora est venue chez Freud. Elle s'est placée dans le désir de son père. Chaque fois que ce père a voulu qu'elle vît des médecins, elle a accepté mais en se moquant ensuite de

78. S. Freud et J. Breuer, *op. cit.*, p. 5.
79. *Ibid.*, p. 106.

leurs efforts. Lorsqu'il a souhaité qu'elle allât chez Freud, elle a été d'accord. Elle désirait le désir de son père, puis le désir de Freud de la guérir. Elle l'a quitté lorsqu'il est devenu trop précis dans ses interprétations de ce qu'était son désir, croyant qu'elle avait tout simplement voulu une relation sexuelle.

L'hystérie de Dora est d'abord une énorme allusion à son père. Elle a commencé vers l'âge de 8 ans par une gêne respiratoire en montagne. Cette dyspnée a fait place à 12 ans à des accès de toux nerveuse accompagnés d'une aphonie, puis à 16 ans à de la migraine. Le père de Dora, un grand industriel dans le textile, était syphilitique et souffrait d'une tuberculose pulmonaire. La syphilis datait d'avant son mariage, mais il n'est devenu tuberculeux qu'ensuite, au moment où Dora avait à peu près 6 ans. La dyspnée de Dora a probablement fait suite à cette tuberculose. Le père eut un accès de confusion mentale avec des phénomènes paralytiques d'origine syphilitique lorsque Dora avait 12 ans. Et c'est alors que survinrent la toux et l'aphonie de Dora. Quelques années plus tard, Dora eut, semble-t-il, une sorte de délire avec des convulsions où se retrouvait quelque chose de la confusion mentale du père.

Dora semble s'être également identifiée à d'autres personnes : sa mère, dont elle a eu les douleurs du bas-ventre, une cousine, son frère – l'hystérique s'identifie facilement. Mais son identification principale reste son père par le biais des symptômes.

À côté de ce fond hystérique permanent, des troubles plus récents apparus dans des conditions très particulières avaient motivé la consultation chez Freud. Dora faisait partie d'un curieux quatuor. Son père avait une maîtresse, Mme K., et cachait cette liaison sous le masque de l'amitié. M. K. courtisait ou plutôt avait courtisé Dora, ce que son père avait laissé faire afin de poursuivre tranquillement son commerce amoureux. Voilà qui n'est guère moral, mais qui ne semblait pas avoir aggravé l'hystérie chronique de Dora.

Un événement avait en revanche précipité Dora dans un état dépressif : un beau jour, alors qu'elle n'avait que 16 ans, M. K. avait décidé de passer à la vitesse supérieure. Il lui avait fait une déclaration d'amour au bord du lac de Garde, en ajoutant hélas : « Ma femme n'est rien pour moi », ou plus littéralement « Je n'ai rien auprès de ma femme » *(« An meiner Frau habe ich nichts »)*, ce qui est plus qu'une allusion à des choses sexuelles. Tant pis pour la pomme de Dora. Elle n'avait pas supporté une telle approche, l'avait giflé et s'était enfuie.

Elle avait rapporté ce traumatisme à ses parents. M. K. avait énergiquement nié avoir cherché à la séduire sexuellement. Mme K. était entrée de façon très perverse dans le jeu, et le couple des K. avait accusé Dora de beaucoup trop s'intéresser à la sexualité. C'est ainsi qu'avait débuté son état dépressif et que s'étaient aggravés ses symptômes hystériques. Elle avait voulu que son père mît fin à sa liaison, mais celui-ci n'avait pu renoncer à Mme K.

Nous sommes là apparemment en conformité avec la première théorie de Freud, celle du traumatisme sexuel. M. K. a fait une allusion sexuelle qui l'a dégoûtée. Dégoût qu'elle avait déjà éprouvé lorsque à 14 ans il l'avait embrassée. Dora semble épouser cette théorie traumatique sur un autre plan, lorsqu'elle dit à Freud : « Tout cela est juste et réel ! Maintenant que je vous l'ai raconté, qu'y voulez-vous changer ? [80] » Freud opère un renversement : il lui demande quel rôle elle joue dans ce qui lui arrive. Il a en effet observé qu'elle gardait très volontiers les enfants de Mme K. afin qu'elle puisse rencontrer son père et en a malheureusement déduit que Dora était en réalité attirée par M. K. Il a mis toute son énergie à le lui faire entendre, en quoi il a eu tort. Il ne voyait que le refus de la sexualité. « Je tiens, dit-il, sans hésiter pour hystérique toute personne chez laquelle une occasion d'excitation provoque surtout ou exclusivement du dégoût, que cette personne présente ou non des symptômes somatiques [81]. » C'était le cas de Dora. Mais pourquoi ce dégoût ? Pourquoi son refus du bel homme qu'était M. K. ? Si les choses étaient allées plus loin, probablement eût-elle été frigide. C'est un symptôme qui ne manque pas dans l'hystérie.

Lacan nous éclaire à ce sujet [82]. Il rappelle à propos de Dora que l'hystérique désire par procuration. Dora a transféré quelque chose de paternel sur M. K. Elle désire à travers lui, par lui et en lui. *Elle a un désir de désir.* Et ce désir vise lointainement ce que le désir de M. K. est supposé viser : Mme K., et plus exactement quelque chose en elle. Et ce quelque chose est l'objet oral, le sein et ses métonymies, le lait,

80. S. Freud, « Fragment d'une... », *op. cit.*, p. 23.
81. *Ibid.*, p. 18.
82. J. Lacan, « Intervention sur le transfert », dans *Écrits,* Paris, Le Seuil, 1966, p. 217-226.

la blancheur. Voilà pourquoi, parlant de Mme K., elle évoque devant Freud « la blancheur ravissante de son corps » et pourquoi elle fut un jour en extase prolongée devant la madone sixtine au musée de Dresde. Dora vise la pomme à travers le serpent. En disant qu'il n'avait rien auprès de sa femme, M. K. avait anéanti ce que désirait Dora et donc tout son désir.

Freud ne le comprend pas, même s'il repère bien l'oralité de la jeune fille. C'était une enfant suçoteuse, elle se souvient qu'à l'âge de 2 ans elle tétait le sein de sa nourrice en lui tiraillant rythmiquement l'oreille. Plus tard, elle avait sucé son pouce en jouant avec l'oreille de son frère. Freud explique certains symptômes de Dora par le maintien de ce caractère érogène de la zone buccale : la toux, l'aphonie, le dégoût, l'anorexie.

Il saisit bien la pomme dans le serpent, mais d'une drôle de façon : il fait l'hypothèse d'un fantasme de fellation apparu au moment du baiser de M. K. lorsqu'elle avait 14 ans. L'hystérique, dit-il, *déplace vers le haut ce qui est en bas*. Le rapport sexuel devient une fellation, et elle *renverse à cet endroit le plaisir en son contraire : le dégoût*.

L'erreur de Freud, qui provoquera le départ prématuré de Dora, est d'être trop chosifiant dans cette double inversion. À cette époque, ce n'est pas encore tout le discours du sujet qui est comme un rêve. Et par conséquent le génital est encore plein et non pas signifiant. Le sexe n'est pas encore le manque de la pomme. C'est avec Lacan que sera clairement énoncé que le phallus est ce que le sujet n'a pas pour combler sa mère et que c'est avec cela qu'il désire. Cette fonction de manque du phallus n'est éclairée que par la perte de l'objet *a* corporel, essentiellement le sein ou les selles. La souffrance de l'hystérique est de ne pas en être là. *Sa souffrance est un appel à ce qu'on lui signifie la perte de l'objet et le phallus comme manquant*. Elle ne veut le pénis que comme le représentant du phallus, elle ne veut le serpent que comme la pomme qu'il n'y a pas.

Elle appelle ce manque de tout son être parce qu'il ne lui a pas été dit. *Elle* a *donc peur d'un excès de jouissance,* rappelle Nasio[83]. Elle croit

83. J.-D. Nasio, *L'hystérie ou l'enfant magnifique de la psychanalyse,* Paris, Petite Bibliothèque Payot, coll. « Payot et Rivages », 1995.

qu'elle pourrait être effectivement comblée dans sa sexualité. *Elle évacue donc la jouissance en étant insatisfaite.*

De ce fait, elle ne vit plus que dans les signifiants, dont chacun ne signifie qu'un autre signifiant et non pas une chose. C'est à travers les mots que Dora vit en elle la relation entre M. et Mme K. C'est ce non-rapport sexuel qui la soutient. Lorsque M. K. dit qu'il n'a rien de la part de sa femme, ce non-rapport s'effondre, car il est envisagé sous l'angle d'un rapport sexuel ordinaire dont elle ne veut pas.

Dora désire Mme K. à travers le désir qu'elle suppose à M. K. Ce n'est là qu'un transfert sur M. K. du désir de son père pour Mme K., et avant elle pour sa femme, la mère de Dora. Il y a quelque chose d'incestueux dans le désir de Dora. Le sein, comme tout objet *a,* n'est d'ailleurs qu'une métonymie *pars pro toto* de la mère. Il représente la mère. Freud fait l'hypothèse d'un fantasme incestueux chez Dora, mais à l'égard du père, dans lequel elle se mettrait à la place de sa mère. Il se trompe. Bien plus tard, lorsqu'il reviendra sur le cas, il saisira toute l'importance du désir de Dora pour la mère. Il parlera de « gynécophilie » et d'« homosexualité féminine [84] ».

À bien regarder, on s'aperçoit que l'hystérie est tout autant une limitation de l'inceste maternel par une castration paternelle. Ce père auquel Dora s'identifie et dans lequel elle aliène son désir lui dérobe aussi symboliquement sa mère. Elle saisit la mère non pas avec son propre désir, mais à travers le désir d'un autre. On retrouve là le « compromis » entre désir et défense de Laplanche et de Pontalis.

« Compromis » est un terme trop conceptuel. Il s'agit en réalité d'une métaphore, d'une métaphore paternelle telle que Lacan l'a promue [85] : quelque chose du père est signifié au lieu même du désir de la mère, avec toute l'ambiguïté que comporte l'expression « désir de la mère ». Il s'agit de parer au moyen du père au désir venant de la mère et au désir du sujet pour la mère. *L'hystérie est une modalité corporelle de la métaphore paternelle.*

Telle est l'hystérie, *un désir de désir viril visant un objet oral non clairement perdu et qu'il faut insatisfaire.* Pour guérir de ce besoin d'insatisfaire son désir, une psychanalyse doit souligner la littéralité qui tourne

84. S. Freud, « Fragment d'une... », *op. cit.*, p. 90.
85. J. Lacan, *Écrits, op. cit.*, p. 557.

autour de lui, par exemple le signifiant « blanc ». La présence même de cette blancheur signifie que le sein est perdu.

L'hystérie se développe en réponse à des conceptions trop chosifiantes, trop localisationnistes de la sexualité, là où un chat est un chat et un pénis un pénis, là où la métaphoricité est menacée. À ce moment-là l'hystérique prête son corps pour donner une leçon et démontrer qu'un chat n'est pas un chat. *Elle donne de l'âme. Elle est réanimatrice.*

On parle de « conversion somatique ». Nombreux sont les auteurs qui soulignent les mystères de cette conversion. Pourquoi le corps comme champ métaphorique ? Peut-être ce choix tient-il en grande partie à l'objet corporel perdu qu'elle privilégie : le sein. Celui-ci fait d'abord partie du corps même du sujet, du premier corps, du corps archaïque, puis devient un corps étranger, une partie du corps de la mère. L'hystérique répète peut-être cette « étrangification » hors corps du sein à n'importe quel niveau de son propre corps[86]. C'est ainsi qu'un membre peut se paralyser, se convulser, s'insensibiliser, devenir autonome et la quitter. Il y a la pomme et il y a le serpent. N'importe quelle partie du corps peut aussi symboliser l'impuissance ou l'érection du membre viril.

Le petit Hans qui n'était pas assez au monde

Dans la névrose phobique, il y a non pas cette conversion somatique d'un excès d'une jouissance dangereuse, mais sa projection au-dehors. C'est une sorte d'« ectohystérie ». L'excès est projeté dans le monde, fût-il celui inquiétant de son corps. *L'hystérique convertit, le phobique projette, l'obsessionnel déplace.*

Freud s'est occupé du petit Hans, Herbert Graf, au début de l'année 1908[87]. Il a publié son cas l'année suivante. Il ne s'agit pas à proprement parler d'une psychanalyse. Freud s'y trouve dans la position tierce d'un superviseur. C'est le père du petit garçon, âgé de

86. En ce sens elle est elle-même le sein perdu.

87. S. Freud, « Analyse d'une phobie chez un petit garçon de 5 ans (Le petit Hans) », dans *Cinq psychanalyses*, *op. cit.* Cf. également « Blasons de la phobie », *Littoral*, n° 1, Toulouse, érès, 1981.

5 ans, qui vient trouver Freud, lui parle de ce qu'il observe, et lui rapporte les conversations.

Hans avait 3 ans et demi lorsque est née une petite sœur : Anna. Il manifesta alors une grande tendresse pour sa mère, laquelle le prit très souvent au lit avec elle. Comme il se touchait souvent son « fait-pipi » *(« Wiwimacher »)*, elle menaça de le lui faire couper par le médecin s'il continuait. L'intimidation n'eut d'abord aucun effet. En réalité, il commença à être très préoccupé du « fait-pipi » des gens, des animaux et même des choses. Il semble également qu'il ait alors quelque peu déplacé sa tendresse sur des petites filles plus âgées que lui.

C'est plus d'un an après qu'éclata sa phobie. À 4 ans et 9 mois très exactement, il fit un cauchemar inaugural où il n'avait plus sa maman pour faire câlin avec lui. Quelques jours plus tard, il se mit à pleurer dans la rue et demanda à la bonne de rentrer parce qu'il voulait faire un câlin avec sa maman. Peu après, sa mère le promena elle-même, mais il pleura tout autant : cette fois il avait peur qu'un cheval le mordît. Ce fut le début de la phobie du cheval que Freud tenta d'élucider à travers le père.

La première hypothèse de Freud est que le cheval représente la mère. Il a un grand « fait-pipi » tout comme celui qu'il pouvait supposer à sa mère. En effet, lorsqu'il lui avait demandé si elle avait un « fait-pipi », elle avait répondu « oui ». Le cheval est peut-être la mère interdite par la menace de castration. Le petit Hans a peur de son désir sexuel. Freud explique la peur d'être mordu par l'expression *« Es beisst mich »*, qui signifie « il me mord » mais aussi « ça me démange ». Il suppose que l'angoisse est « une aspiration sexuelle inassouvie », conformément à ce qu'il pense de la névrose actuelle.

Il propose une première intervention au père : dire à son fils que sa peur est une bêtise. Cette parole n'a aucun impact. Il continue à vouloir être avec sa mère et souhaite maintenant voir son « fait-pipi » à elle. Très complaisante, elle ne va cependant pas jusque-là. Freud conseille ensuite au père de lui dire que ni sa mère ni aucune créature féminine n'ont un « fait-pipi », ainsi qu'il a pu le constater chez sa petite sœur. Cette révélation provoque en revanche une nette sédation de la phobie, qui dure quelques semaines. Mais elle la transforme aussi en une compulsion à regarder les chevaux, ce qui semble confirmer la nature maternelle du cheval.

Puis Hans fait un autre cauchemar : il touche son propre « fait-pipi » et sa mère lui laisse voir le sien. Pris d'angoisse pendant ce rêve, il retire sa main de son sexe. À la suite de ce cauchemar, la phobie s'étend à tous les grands animaux qu'il voit au zoo : girafes, éléphants, pélicans. Que se passe-t-il ? Le père pense qu'il a peur des grands « fait-pipi » et le lui dit. L'enfant répond qu'il ne les a pas vus, ce qui est faux : c'était un passionné des grands « fait-pipi ». Hans ajoute que le sien deviendra grand parce qu'il est « enraciné » *(« angewachsen »).* Il châtre donc le père et refuse sa propre castration puisqu'il refuse les grands « fait-pipi » et enracine le sien. Quelques jours après il fait un nouveau cauchemar : une grande girafe crie après lui et lui reproche d'avoir enlevé une girafe chiffonnée *(« eine zerwutzelte Giraffe »),* ce qui n'est pas loin du néologisme *« gewurzelte »* qui signifierait « enraciné ». Il a sans doute peur d'avoir trop signifié à son père que celui-ci était châtré et que lui-même était puissant. D'autres éléments confirment cette hypothèse. Sa phobie est donc aussi la peur du père châtré.

Le père conduit alors Hans chez Freud. Au cours de leur entretien, Freud remarque que Hans a peur de quelque chose de noir, assez mal défini, autour de la bouche et des yeux du cheval. Il l'interprète comme une projection de la moustache et des binocles du père. Il lui dit : « Bien avant qu'il ne vînt au monde j'avais déjà su qu'un petit Hans naîtrait un jour, qui aimerait tellement sa mère qu'il serait par la suite forcé d'avoir peur de son père. » Il fait du cheval une métaphore paternelle. Mais le père de Hans ne pèse en réalité pas très lourd face aux décisions de sa femme. C'est la source de l'angoisse phobique au moment où il est capté dans un désir pour sa mère. Hans a d'ailleurs peur que le cheval ne tombe.

Vous voyez que l'on retrouve dans le cheval de Hans ce que l'on trouvait dans le corps de Dora : la mère, le père, l'inceste et la castration. *L'objet phobique est une ectopie d'un corps hystérique. Il est lui aussi un corps de langage.* Le père du petit Hans passe un temps fou à essayer de repérer dans le cheval la chose précise dont Hans a peur. Or il s'agit précisément d'un cheval de langage et non pas d'un cheval réel. Lorsqu'il s'avère, par exemple, qu'il a peur de la « voiture » *(« Wagen »)* tirée par un cheval, c'est parce qu'il a entendu l'expression *« wegen dem Pferd »,* « à cause du cheval ». Explorer l'anatomie d'une phobie revient à chercher quel genre de pomme la jeune fille désire.

La nature langagière de la phobie donne au monde du phobique une certaine évanescence. Il arrive que les objets n'y aient pas de contours, que le corps n'ait pas de limite définie. Plutôt que d'évoquer une « déréalisation » ou une « dépersonnalisation » et de prescrire, comme cela arrive hélas, des neuroleptiques aux phobiques, il faut remarquer que *le monde du phobique est comme le corps indifférent de l'hystérique.* La question s'y pose de l'adéquation du mot à la chose, tout comme les physiciens se posent celle de l'adéquation des mathématiques avec la nature.

Si le phobique peut hystériser le monde, c'est qu'il n'est pas tout à fait au monde, car pour être au monde il faut que quelque chose du rôle sexuel du père dans son origine soit signifié à l'enfant. Et l'on voit très bien dans l'observation de Freud comment le père du petit Hans contourne pathétiquement cette question, cependant que son fils à la fois se moque de lui et espère quand même une réponse. Hans raconte l'histoire abracadabrante d'une cigogne qui serait entrée chez eux au moment de la naissance d'Anna, pour ajouter ensuite que ce n'est pas vrai. Voulant évoquer la même origine, le père parle de la poule et de l'œuf en escamotant le coq. Le petit Hans devient alors persifleur : il a déjà pondu un œuf et un petit Hans en est sorti. Au moment de cette conversation, il enfonce un couteau dans l'entrejambe de sa poupée fille. Le père ne lui parlera d'aucune manière du rôle des organes génitaux dans la conception. Comme s'il n'y était pour rien. Il laisse mariner son fils. Lorsqu'il demande à Hans ce qu'il ferait avec sa mère s'il l'avait pour lui, celui-ci ne peut évidemment que répondre « rien ».

À côté de ce père impuissant, la *mère acquiert une toute-puissance divine.* « Maman a dit que si elle n'en voulait plus [des enfants], alors le bon Dieu n'en voudrait pas non plus. » Le phobique vit sa mère comme une puissance divine dans sa conception. Il est comme capté, happé, aboli par elle. Il devient rien. Tout sujet phobique vous parlera d'un point d'angoisse absolu qu'il évite et où il se verrait ne pas résister du tout à quelqu'un. La phobie symbolise cette angoisse. L'évitement de l'objet pallie le défaut du père dans son rôle séparateur.

Le devenir « rien » du phobique le ramène au premier objet corporel perdu dans ce corps archaïque premier que le sujet formait avec la mère. *Ce premier objet est lui-même, chutant de ce corps.* C'est la première interprétation que tout sujet a d'abord donné au désir de sa mère, au désir de l'Autre. « Il veut me perdre, il veut que je disparaisse. » C'est la première sortie hors de la détresse fondamentale initiale, où un sujet est totalement livré au désir de l'Autre. Ce rien, cet objet « rien » sous-tend tous les autres investissements libidinaux du phobique : l'objet oral n'est destiné chez lui qu'à devenir rien par dévoration, l'objet anal à choir comme un rien. Le petit Hans trépignait des pieds pour ne pas aller sur le pot. Il retrouvait cela dans le mouvement des pattes du cheval. C'est le devenir « rien », c'est la disparition du sujet comme sujet que le phobique craint dans toutes ses phobies : l'animal peut vous faire disparaître s'il est grand ou disparaître lui-même s'il est petit. Le sujet n'est rien dans un grand espace ; il ne peut rien faire dans un espace fermé ou dans un train ; un oiseau enfermé ne peut rien faire non plus pour sortir. Il craint de devenir rien dans ses phobies d'impulsion. *La « phobogénéité » des choses tient à ce rien.*

Le petit Hans a guéri, semble-t-il, de sa phobie. C'est qu'il a trouvé de lui-même un signifiant expliquant le rôle du père dans la conception. Il a rêvé qu'un plombier lui avait mis un *« Bohrer »* (« perçoir ») dans le ventre. Ce signifiant se rattache au participe *« geboren »* qui signifie « né » de « naître ». Le plombier lui a donc mis un « engendreur » dans le ventre. La trouvaille de ce signifiant paraît l'avoir guéri. C'est son nom à lui pour désigner l'organe génital paternel. Le petit Hans a donc lui-même, à l'âge de 5 ans, conduit sa psychanalyse jusqu'à son interprétation thérapeutique essentielle.

L'Homme aux rats et l'argent maternel

Le corps, nous allons le voir, est dans l'hystérie ce qu'est le monde dans la phobie et ce qu'est la pensée dans la névrose obsessionnelle. *Le corps, le monde et la pensée sont trois modalités fondamentales du sujet, trois faces de la subjectivité : sentir, se situer, penser.* Elles dépassent sans doute la seule pathologie des trois névroses fondamentales. Pour chacun, ces trois lieux ne se constituent peut-être que de la perte des trois objets fondamentaux du corps archaïque premier. Il se peut que la corporéité vivante soit liée à la perte du sein, comme une trace de sa perte, que la mondanité du monde, du monde de l'être-au-monde, pour traduire *l'« In-der-Welt-sein »* d'Heidegger[88], soit liée à sa disparition dans le rien, que l'intériorité de la voix parlée qui fait la pensée soit liée à la perte de l'objet anal venu de l'intérieur du corps.

Cette dernière perte centre la parole de l'Homme aux rats. La psychanalyse d'Ernst Lanzer[89] est contemporaine de celle du petit Hans. Elle a commencé avant et s'est terminé après. Elle a duré à peu près un an. Freud a publié son cas en 1909[90].

L'Homme aux rats est aller voir Freud parce qu'il souffrait de certaines pensées. Il en va ainsi dans toute névrose obsessionnelle : des pensées y deviennent des objets phobiques, qu'il s'agisse des pensées du sujet ou de celles des autres. C'est une phobie des pensées. Elles sont insupportables et affolantes. L'Homme aux rats avait des *« Zwangsvorstellungen »*, des représentations forcées et contraignantes.

Elles étaient de trois sortes : craintes, phobies d'impulsion et interdictions. La crainte principale n'avait rien à voir avec la réalité : il craignait que la femme qu'il aimait ou son père qui était déjà mort ne subissent une certaine torture qu'il décrira après quelques séances. On y attache le sujet nu sur un pot dans lequel on a placé un rat affamé afin qu'il pénètre dans l'intestin et le dévore de l'intérieur. La pensée de la chose est insupportable et l'Homme aux rats fait tout pour l'éviter.

Par la parole d'abord. L'évitement par la parole est un symptôme de discours que Freud remarque d'emblée, tout comme la distorsion historique de l'hystérique. L'Homme aux rats désigne par exemple la jeune fille qu'il aime, Gisela Adler, comme « une Dame ». Tout son discours est flou, contourné, indéterminé. Il ne va pas au fait. La raison en est que *dans certaines régions de son discours où il n'est pas présent comme sujet, il donne à sa pensée une valeur de réalité.* Il vit autour de ces lieux où il disparaît dans sa parole.

---

88. M. Heidegger, *Être et temps*, Paris, Gallimard, 1986.
89. Pour les détails biographiques, là aussi cf. P. Mahony, *Freud et l'Homme aux rats*, Paris, PUF, 1991.
90. S. Freud, « Remarques sur un cas de névrose obsessionnelle (L'Homme aux rats) », dans *Cinq psychanalyses, op. cit.*

Il arrive que l'obsessionnel contourne autrement ces lieux de terreur : par des pensées ou des actes conjuratoires ou propitiatoires. Ils ne sont là que pour éviter certaines pensées. Parfois il redouble de prudence et évite les évitements, puis les évitements d'évitements, et ainsi de suite. Ainsi apparaît le mécanisme majeur de la névrose obsessionnelle : le déplacement. Celui-ci affecte la pensée, la parole et les actes.

D'où vient une telle souffrance ? Comme n'importe quelle souffrance névrotique, de la sexualité infantile. Tout comme le petit Hans qui cherchait sans cesse sa mère, tout comme Dora qui avait été selon Freud une grande masturbatrice et une jouisseuse de l'oralité, l'Homme aux rats avait été un enfant très sensuel : « Ma vie sexuelle a commencé de très bonne heure », dit-il à Freud. Une sexualité précoce et intense est névrogène parce que le sujet n'y est pas, ou plutôt : *il s'avèrera dans sa vie adulte qu'il n'y était pas au regard de ses sensations sexuelles ultérieures.* Une sexualité infantile intense provoquera beaucoup d'absence à soi, dans son corps, dans le monde ou dans sa pensée. La guérison viendra des signifiants secondaires appelés S_2 par Lacan, qui s'enchaînent le long des métaphores et des métonymies, lorsqu'ils seront rapportés au premier signifiant S_1 qui est hors sens, et d'où le sujet était absent. C'est cette mise en rapport entre S_1 et S_2 qui est l'effet de sujet, elle crée du sujet là où il n'était pas, là où tout simplement *c'était.*

Le lieu où le sujet n'est pas a toujours une signification incestueuse. L'objet *a*, c'est là où l'on n'est pas. On peut donc se demander où est l'inceste de l'Homme aux rats. Eh bien, il est dans la jouissance de ce qui représente la mère pour lui : l'objet anal.

Sa maladie a commencé, semble-t-il, en 1903, à la suite du conseil donné par sa mère d'épouser une femme riche plutôt que la pauvre Gisela Adler. Le père de l'Homme aux rats, décédé en 1898, aurait lui-même épousé la riche Rosa Saborsky, la mère de l'Homme aux rats, plutôt que la jeune fille pauvre qu'il aimait.

Voilà une configuration parentale fréquente dans la névrose obsessionnelle. Le père a choisi la mère pour son argent. Et cette mère, qui finit très souvent par détester son mari, reporte son affection sur son enfant, à qui elle donne volontiers de l'argent en cachette du père. Ce n'était pas le cas de l'Homme aux rats, mais il n'empêche, ses deux parents lui ont signifié leur amour de l'argent. Or l'argent, c'est l'objet anal par excellence, comme le rappelle Freud. Non pas à cause de l'odeur qu'il n'a pas, mais parce qu'il a pris le relais de l'objet anal dans sa signification d'un *don fait à l'Autre*. L'argent, comme l'objet anal, comme tout objet corporel perdu et dont il faut sans cesse consommer la perte, est un objet de captation par l'Autre. C'est un lieu d'inceste. Envisager d'épouser une femme riche, c'est envisager l'inceste. L'Homme aux rats ne le supporte pas, sans doute parce que la figure d'un père aliéné par l'argent ne le protégeait pas de la mère, tout comme le père châtré du petit Hans ou le père séduit par sa maîtresse et sexuellement impuissant de Dora.

L'Homme aux rats hésite à épouser Gisela Adler. Il le fera après son passage chez Freud. Il est prisonnier du désir de la mère. Il faut donc faire appel ici aussi au père sous la forme d'une métaphore paternelle, tout comme chez Dora et le petit Hans. À l'endroit même de son inceste symbolique anal, là où il imagine un rat dévorateur anal pénétrant Gisela Adler, il installe son père. Et il subit, bien qu'il soit déjà mort, la même torture. L'Homme aux rats en appelle à cette solution extrême parce que son père n'avait pas un désir d'homme. Le rat pénétrant a la même fonction que le cheval du petit Hans ou que la maladie de Dora, semblable à celle de son père. Il a plusieurs significations : la mère, le père, l'inceste, la castration.

Une autre manière de faire intervenir le père, tout en essayant encore de le circonvenir, est de se soumettre à ses interdits et à ses condamnations. Son père lui avait prédit, alors qu'enfant il venait de faire une colère, qu'il serait soit un grand homme, soit un « malfaiteur » *(Verbrecher)*. Obsédé par cette pensée qu'il ne supportait pas, il demandait sans cesse à son meilleur ami s'il était vraiment un *Verbrecher*. C'est en venir à une loi bête, infondée, insensée, pour tenter de s'opposer à l'inceste. C'est à la fois écouter le père et le récuser. Le sujet s'y absente de l'esprit de l'interdit paternel, mais fait également de cet interdit un objet anal qui encombre sa tête et constipe sa pensée.

Cette loi en tant qu'incomprise est pour Lacan ce qui définit le surmoi. L'obsessionnel transforme l'interdit en surmoi. Il fait de la parole du père un lieu où il n'est pas comme sujet, un *« Es »*, un « ça » – le surmoi provient du ça, dit Freud. La seule vraie loi eût été pour l'Homme aux rats un désir d'homme venant du père. *La vraie loi est le désir.* Elle aurait évité la haine du père.

Pour contourner, différer, déplacer l'inceste symbolique anal, l'Homme aux rats a forgé à un moment donné un scénario incroyablement compliqué lorsqu'on le lit. Une postière, au cours d'une manœuvre militaire, lui avait avancé de l'argent. Un certain capitaine Nemeczek, qui possédait pour différentes raisons une signification paternelle, avait par erreur dit à l'Homme aux rats qu'il devrait rembourser le capitaine David. L'Homme aux rats voulait prendre cela à la lettre tout en remboursant la postière, autrement dit donner la somme à David, afin que celui-ci la transmît à la postière. C'était une tentative d'inscrire un désir de père, celui de Nemeczek, dans un désir de mère, puisqu'il s'agissait de donner de l'argent à une femme. Pour éviter l'inceste, il crée une dette d'argent impossible à payer, qui n'est d'ailleurs que la reprise à son propre compte d'une dette de jeu impayée de son père. *Le désir de l'obsessionnel est un désir que le sujet rend impossible à satisfaire.*

Si l'Homme aux rats fut arraché à son rat pénétrant et, à travers lui, à l'objet anal, c'est que Freud en a fait un signifiant : *« Rat »*. Ce signifiant *Rat* est présent dans de nombreux termes du sujet : *heiraten* (se marier), *erraten* (deviner), *Kamerad* prononcé *Kamerat* (camarade), etc. La multiplication des sens de *Rat* en a éclaté le sens anal dans lequel le sujet était pris.

La névrose comme maintien éthique de la distance par rapport à la Chose

Tous ces exemples montrent que les névroses sont effectivement des compromis entre une réalisation symbolique de l'inceste et son interdiction. Pour revenir au caractère anticonceptuel des névroses, je m'appuierai, brièvement, sur l'*Esquisse d'une psychologie scientifique*[91] de Freud et le commentaire qu'en a fait Lacan dans son séminaire sur *L'éthique de la psychanalyse*[92].

91. S. Freud, *Aus den Anfängen der Psychoanalyse, 1887-1902,* Frankfurt am Main, S. Fischer Verlag, 1975, p. 297-384 ; trad. française : *La naissance de la psychanalyse,* Paris, PUF, 1969, p. 315-396.
92. J. Lacan, *L'éthique de la psychanalyse, op. cit.*

Freud a écrit l'*Esquisse...* en 1895 au début de ses théorisations. Ce texte, difficile mais ô combien passionnant, n'était pas destiné à être publié ; il fait partie de la correspondance adressée à Fliess. Dans cette neuropsychologie spéculative apparaissent pour la première fois la plupart des concepts métapsychologiques ultérieurs. C'est la source occulte de toute la théorie freudienne.

Freud tente de rendre compte des processus psychiques, qu'ils soient normaux ou pathologiques. Il les décrit comme la traversée de différentes sortes de neurones par une énergie tout simplement appelée « quantité ». Le moteur du psychisme en est le désir de retrouver le vécu d'une satisfaction primordiale. Freud donne l'exemple de la retrouvaille du sein. Comment dans l'ensemble du vécu du sujet celui-ci peut-il distinguer ce qui est une perception réelle de l'objet de la satisfaction, de ce qui n'est qu'une simple représentation intérieure de cet objet ? Telle est la question fondamentale de l'*Esquisse...* Comment distinguer la réalité de la pensée ? Pour élaborer sa théorie, Freud s'appuie sur la structure du concept issu d'Aristote, tel que nous l'avons vu, avec le noyau de ce qui est spécifique, la Chose *(das Ding)*, et une périphérie, les prédicats. Ce qui est perçu provoque l'investissement d'un neurone a, la Chose, et d'un neurone b, le prédicat. Ce qui est seulement représenté en imagination produit l'investissement du même neurone a de la Chose et d'un neurone c. La Chose est donc le lieu où l'on confond l'intérieur et l'extérieur[93]. Freud donne à l'insaisissable noumène kantien cette figure d'un intérieur extérieur. *C'est une zone d'hallucination, un lieu de folie. Le jugement y est totalement en défaut.*

Dans l'appareil psychique neuronal de l'*Esquisse...*, le neurone de la Chose est en même temps le noyau central du *« Ich »*, que l'on peut traduire ici par « je », « moi », ou « sujet ». Ce qui veut dire que *le centre du sujet est un lieu de folie.* Voilà donc la première apparition de la Chose.

La seconde[94] a lieu lorsque Freud décrit l'importance dans la constitution du sujet du *« Nebenmensch »* (le « prochain », le « semblable »). Il s'agit d'abord de la mère. C'est à travers ce prochain que le petit enfant apprend à connaître la réalité. Freud appliquera à ce

93. S. Freud, *Aus den Anfängen...*, *op. cit.*, p. 335.
94. *Ibid.*, p. 338.

Nebenmensch, à cette mère, la bipartition du concept. Une partie y reste constante « comme Chose » *(als Ding)* et une autre varie et permet de connaître la réalité. *La Chose est donc aussi la mère.*

La névrose va repousser cette Chose vers la périphérie. Ce sera l'essentiel de la névrose. Cela apparaît à la quatrième occurrence[95] de la Chose, au moment où Freud parle du symptôme hystérique. On découvre alors le caractère anticonceptuel de la névrose. Freud se penche sur ce qu'il appelle la « contrainte hystérique » et constate l'existence dans l'hystérie de représentations hyperfortes apparemment inexplicables. Par exemple, une représentation A fait pleurer l'hystérique sans que celui-ci ou celle-ci puisse l'expliquer ; l'analyse un peu détaillée retrouve l'existence d'une représentation B qui, elle, justifie tout à fait les pleurs, qui les rend compréhensibles. B est la représentation du souvenir d'un vécu désagréable pour le sujet, A, la représentation d'une circonstance annexe de ce vécu. A est le symbole, le substitut de B, et B va être appelé la Chose. Dans l'hystérie la connexion a ceci de particulier qu'elle est inconsciente. Un chevalier sait que le gant pour lequel il se bat doit sa signification à la Dame ; en revanche l'hystérique qui pleure ne sait pas que A est associé à B ; B ne joue aucun rôle dans sa vie psychique. « Le symbole s'est ici totalement substitué à la Chose » écrit Freud. Voilà l'essentiel : le symbole est là comme Chose, *un symptôme est la Chose déplacée.*

On peut relier cette série d'occurrences de la Chose et en donner une interprétation. La Chose première fondamentale, qui est la jouissance de la satisfaction primordiale, le lieu de l'hallucination, de la folie, le cœur du sujet, la mère, ce qui est à refouler, est éclatée et déplacée, déportée vers une périphérie de multiples représentations qui selon Freud forme des symptômes.

La cinquième apparition de la Chose dans l'*Esquisse...*[96] ajoute une détermination supplémentaire, capitale : *la Chose est au fond de toute parole, une parole perdue, un indicible, un impossible à dire, un intraduisible en mots.* C'est cela également que tente d'éviter l'hystérique par la formation symptomatique d'un symbole de la Chose[97] qui est

95. *Ibid.*, p. 350.
96. *Ibid.*, p. 365.
97. *Ibid.*, p. 353.

traitée comme la Chose. Le premier mensonge, le *proton pseudos* de l'hystérie, est cette substitution de A à B.

Pour évoquer l'étrange « gravité » de A, Freud utilise le terme de *Würdigkeit*[98], qui signifie « gravité » et aussi « dignité ». Lacan est parti de ce terme de Freud pour fonder l'éthique de la psychanalyse sur la distance par rapport à la Chose. C'est tout l'argument de son séminaire sur *L'éthique*... Il interprète la Chose comme étant avant tout la mère, la mère interdite[99].

Dès lors, on peut décrire la névrose, toute névrose, et pas seulement l'hystérie, au moyen d'une comparaison avec le big bang. Il y a quinze milliards d'années l'univers était concentré en un seul point de singularité. Ce point perdu ne peut qu'être déduit, et encore jusqu'à un certain degré. Si aujourd'hui vous regardez dans n'importe quelle direction de l'univers à quinze milliards d'années-lumière, ce que vous voyez est la lumière de l'origine. Le point singulier s'est développé en une sphère périphérique. Il en va de même pour la névrose. Son point de singularité est l'interdit de l'inceste. Vous ne le trouvez jamais sous une forme ponctuelle pure. *La névrose est la forme expansée et même expansionniste de l'interdit de l'inceste.* La Chose n'existe qu'à sa périphérie, dans la pensée, dans le corps, dans le monde, et comme la Chose est le cœur du concept, la névrose est un retournement du concept.

La névrose est, pour reprendre le terme de Lacan, l'« extime » de la Chose, elle est la *source de l'éthique* – sans névrose le monde serait en proie à la guerre et au chaos –, elle est la *condition du jugement de réalité,* elle est ce qui fait la *position excentrée du sujet.*

La base littérale d'une névrose

Cette périphérie ne retourne jamais en son centre, mais elle peut trouver un autre lieu. Une névrose peut s'améliorer et le génie névrotique entrer dans sa vraie bouteille : la lettre ou la littéralité. Plutôt que de gloser, prenons un exemple. Un homme que j'appellerai

98. *Ibid.*, p. 349.
99. Cf. J. Lacan, *Écrits*, *op. cit.*, p. 85.

Baudouin Ciserini [100] – ce pseudonyme garde les particularités nécessaires à ma démonstration – est venu parce qu'il souffrait de « crises » assez mal définies, entre la brûlure et la démangeaison, qui rendaient tout son corps douloureux. Comme pour le « cheval » du petit Hans, il était inutile d'explorer le détail des sensations, l'essentiel était le signifiant « crises ». On peut ici parler d'hystérie puisqu'il s'agit d'un symptôme corporel. Ses crises survenaient dans des situations bien particulières : en public, face à certaines personnes incarnant une autorité, quand il faisait chaud. En été elles étaient moins fréquentes et passaient plus vite parce qu'il pouvait s'habiller plus légèrement et se promener chez lui torse nu. L'exposition au soleil atténuait ses crises.

Le soleil était présent dans une phobie d'impulsion qui l'avait torturé durant son enfance. Ce TOC – trouble obsessionnel compulsif – l'avait obligé à regarder le soleil, au risque de brûler sa rétine. Il n'en a heureusement gardé aucune séquelle.

À l'issue d'une séance où il avait beaucoup parlé des « crises », j'écrivis sur une feuille au moment du paiement son patronyme « Ciserini » et, sous les premières lettres, le mot « crise ». L'analogie le saisit tellement qu'il en guérit définitivement. Depuis douze ans, les « crises » ne sont pas revenues. Pourquoi la mise en évidence de ce jeu de lettres a-t-elle eu un tel effet ?

J'ai appris plus tard que sa mère avait perdu à l'âge de 6 ans une petite sœur de deux ans son aînée, nommée « Liselotte ». Elle avait épousé un « Ciserini », sans doute parce qu'elle voulait retrouver une « Liselotte ». Lorsque j'appris ce fait, il me parut évident qu'il se prénommait lui-même au téléphone « Bautouin », où l'on entendait « ott ». Il y avait donc quelque chose de « Liselotte » dans son prénom. « Liselo » contient les mêmes lettres que « soleil ». Il s'offrait au soleil, souffrait lorsqu'il offrait ses yeux au soleil ou de devoir offrir son torse au soleil, c'est-à-dire à Liselotte. Son désir était de s'offrir à sa mère pour être Liselotte. C'était un désir symboliquement incestueux. L'inscription de « crise » sous « Ciser » marquait, barrait ce désir au moyen d'un signifiant du Nom-du-Père [101]. Quelque chose de paternel se mettait en travers du désir incestueux.

---

100. Cf. J.-M. Jadin, *Côté divan, côté fauteuil. Le psychanalyste à l'œuvre*, Paris, Albin Michel, 2003, p. 179-181.
101. Il faut le répéter : il ne s'agit pas toujours d'une allusion au patronyme.

C'est donc au niveau des lettres qu'a eu lieu l'interdit de l'inceste. Cet interdit littéral lui a permis de se passer d'un symptôme. La souffrance de ce symptôme, tout comme la souffrance névrotique en général, est la souffrance d'une lettre en souffrance. Pour l'anecdote, sa petite fille se prénomme « Jocelyne » – « ocely » sonne comme « iselo ». D'elle il dit qu'elle est son « soleil ».

Dans ce cas, vous le voyez, la classification de ses symptômes parmi les névroses n'a joué aucun rôle, aucun concept n'explique la clinique. Elle ne découlait que d'un jeu de lettres. Telle est « la base littérale de la clinique ».

Le message de la névrose

Le message de la névrose est donc un dire oublié sur la non-essence de l'homme, sur son « désêtre », sa non-cause, sa délocalisation, sur son sujet qui n'est que le pur mouvement de sa parole, qui n'est qu'effet de langage. Ce message se dit à travers des métaphores, celle du père d'abord, et des métonymies.

Il arrive que ce même message ne se dise qu'au seul moyen, ou presque, des métonymies. C'est ce que nous verrons dans le chapitre suivant avec la perversion. Celle-ci ajoute alors à ce message une sollicitation expresse de l'éthique de tout interlocuteur.

Dialogue sur la névrose

Le candide (pas tant que ça) : Je vous avoue que votre exposé quelque peu hermétique et alambiqué me laisse sur ma faim quant à la nature profonde de la névrose. Je n'irai pas par quatre chemins : quelle est la cause de cette névrose ?

Le psychanalyste (l'auteur du présent ouvrage) : Il est étrange que vous ne vouliez pas de ces quatre chemins, alors que l'un des premiers, vous le savez sans doute, à avoir pensé la notion de cause, Aristote, l'aborde justement en prenant quatre chemins. Il a différencié une cause matérielle (l'airain pour la statue), une cause formelle (le rapport de deux à un pour l'octave), une cause efficiente (le premier commencement du changement) et une cause finale (la santé pour la promenade [1]).

C. : Pourriez-vous ne pas disserter de façon aussi floue avec votre philosophie et simplement répondre à la question ?

P. : Croyez-vous vraiment que cette notion de cause qui vous préoccupe tant soit si simple, si « réelle », qu'elle n'appelle qu'une réponse vraie, univoque et universelle ?... Néanmoins, pour jouer le jeu, je vais essayer d'y répondre dans votre style tranché : eh bien, la cause de la névrose est d'abord la dualité névrose-psychose...

---

1. Aristote, *Physique II*, chap. 3, Paris, Vrin, 1972.

C. : La cause de la blancheur serait-elle la dualité blancheur-noirceur ?

P. : Elle en est un des aspects. Votre esprit matérialiste oublie cette cause éminemment matérielle de notre appréhension du monde qu'est le langage, plein de binaires. Il y a la névrose parce qu'il y a la psychose. On ne peut plus penser l'une sans l'autre. Il en est ainsi langagièrement et pour des raisons historiques dans la contingence occidentale. Il me semble essentiel en matière de cause d'évoquer le préalable de cette dualité créée par l'histoire médicale : sans la psychose il n'y aurait pas ce qu'est la névrose aujourd'hui, de même que, sans la grandeur, il n'y aurait pas de petitesse, sans le haut pas de bas, et sans la noirceur pas de blancheur. La névrose ne peut être pensée sans la psychose.

C. : Vous ne pouvez pas vous empêcher de prendre les choses de biais.

P. : Mais seul le biais va au cœur des choses, même si la science veut l'ignorer… Je dis simplement que la notion de névrose qui n'a cours, vous le savez, que dans notre civilisation occidentale et n'est donc nullement universelle – ailleurs on utilise d'autres termes – est fondée sur la coexistence de son opposé : la psychose. L'introduction ultérieure de la perversion a d'ailleurs coiffé cette dyade d'une triade, mais la dyade reste première. Elle opère la découpe fondamentale dans notre saisie de la souffrance mentale. Cela veut dire qu'une cause de nature efficiente doit aussi être recherchée dans la pensée de ceux qui ont peu à peu créé cette opposition. Et d'ailleurs plus en amont, il est intéressant de se demander ce qui a « percuté » leurs esprits… Si vous avez bien suivi mon exposé, vous comprendrez qu'on peut soutenir, dans ce registre de la cause efficiente, que la cause de la névrose est la pensée de Freud et, pourquoi pas, la cervelle de Freud. À condition toutefois d'ajouter qu'elle-même ne fut opérante que parce qu'elle était l'enfant de l'histoire qui l'a précédée et qu'elle fut entérinée ensuite par la tradition psychiatrique du XXe siècle. La pensée de Freud est aussi son avant et son après.

C. : Vous êtes stupéfiant ! À vous entendre, la cause de la névrose n'aurait rien à voir avec une réalité clinique réelle ?

P. : Freud n'a évidemment pas écrit n'importe quoi, indépendamment de toute réalité. Tout comme ceux qui l'ont précédé et ceux qui l'ont suivi. Il a certes nommé la réalité à laquelle il était confronté en fonction des particularités qu'il repérait, mais, sans cette nomination, il n'y aurait pas la réalité clinique d'aujourd'hui. La nomination est la condition *sine qua non* – c'est également un genre de cause – de la réalité clinique de la névrose.

C. : Ce que vous affirmez là équivaut à soutenir que la réalité du monde n'existe que grâce au langage !

P. : Absolument. Cette réalité n'existe que dans la mesure où elle est reconnue par le langage, et je dirai même plus précisément que la qualité réelle de la réalité que nous éprouvons tient à un effet de perte créé par le langage. C'est d'ailleurs ce que Freud a laissé entendre à propos du jugement de réalité [2]. Celui-ci vérifie si une chose jadis satisfaisante est encore présente. Autant dire que la réalité se fonde sur le fait que cette chose n'est plus là, puisqu'elle ne sera jamais ce qu'elle fut.

C. : Mais enfin, c'est invraisemblable ! N'existerait-il aucune réalité clinique indépendante de l'aléa des diverses nominations ?

P. : En guise de réponse je ne peux mieux faire que vous lire un extrait d'une conférence de Moustapha Safouan : « Objecter à mon affirmation de départ que tout objet est ce qu'il est en dehors de toute interférence du langage serait une erreur. Certes, le ciel et la terre, les volcans et les torrents, les arbres et les dinosaures n'ont pas attendu le langage pour exister. Seulement, avant le langage, rien n'était ciel ni terre, ni volcan, ni torrent, puisque l'idée d'une existence extra-linguistique est elle-même une idée linguistique [...] John R. Searle écrit : "Le mont Everest existe indépendamment de comment ou si moi, ou qui que ce soit d'autre, nous nous le sommes représenté, lui ou toute autre chose". Cette proposition est vraie. Seulement c'est une vérité imaginaire. Il faut bien imaginer que nous sommes sortis du monde pour affirmer, contradictoirement, l'existence de quelque chose qui serait encore le monde [3]. » La réalité clinique indépendante

2. S. Freud, « La négation » *(« Die Verneinung »), Résultats, idées, problèmes, II,* Paris, PUF, 1985.
3. S. Safouan, *Dix conférences de psychanalyse,* Paris, Fayard, 2001, p. 110-111.

que vous supposez n'est que dans votre imagination. On peut seulement se l'imaginer, tout comme le scientifique imagine une expérience de physique des particules où l'expérimentateur et son dispositif n'y seraient pour rien. On ne peut qu'imaginer une particule subatomique qui ne serait reçue ni comme onde ni comme particule et dont on pourrait atteindre la nature véritable hors de la présence de l'humain. Nous sommes dans le monde des humains et dans nul autre, il faut nous y résoudre.

C. : Vous pensez donc que la nomination oriente la réalité clinique ?

P. : Non seulement elle l'oriente mais elle la produit. Il n'y aurait pas de réalité de la névrose sans le terme de névrose. Il y aurait bien sûr des constrictions de la gorge, des douleurs de l'abdomen, des peurs du loup, des idées obsédantes, mais pas de névrose.

C. : Mais justement, ce qui m'intéresse est précisément la cause de ces constrictions, de ces douleurs, de ces peurs, de ces idées, indépendamment de ce terme de névrose.

P. : Vous ne vous intéresseriez absolument pas de la même façon à leur être ni à leur cause sans tout ce que Freud a rassemblé sous ce terme et dans sa classification. Sans le regroupement qu'il a opéré vous ne les distingueriez pas, tout comme il n'y aurait pas de Polonais sans la Pologne.

C. : Admettons qu'il n'existe que ce qui est nommé, mais je vous le concède par fatigue. Ce que vous dites implique, si je comprends bien, une constante réorganisation rétroactive de l'histoire clinique, non seulement du regard diagnostique sur l'être, mais également du regard étiologique, c'est-à-dire du regard causaliste ?

P. : Mais oui, c'est ce que je m'évertue à vous faire entendre… Et pour rappeler la spécificité du geste freudien, il faut souligner que son apport essentiel est de privilégier l'écoute à la place du regard. Tout est message désormais. Et en matière de névrose il a essentiellement mis l'accent sur la préservation du jugement de réalité dans la névrose et sa perte dans la psychose. C'est grâce à lui que nous pensons ainsi leur différence, même si ce point était déjà préparé par d'autres avant lui.

C. : Si je me remémore votre exposé, la cause de la névrose n'est quand même pas la seule préservation de la réalité ?

P. : Certes non, mais c'est là son invariant principal. Pour Freud, la névrose et la psychose sont toutes deux issues d'un conflit à l'intérieur du psychisme, entre les exigences de ce qu'il a appelé les pulsions et celles de la réalité extérieure. Ce conflit est pour lui la cause première – on pourrait l'appeler cause efficiente première – de toute la souffrance humaine. La discorde est première, ainsi qu'Héraclite le dit quelque part. Dans la névrose, les pulsions sont fortement réprimées et la réalité quasiment toujours préservée. Le jugement de réalité, que Freud emprunte au jugement d'existence d'Aristote, y fonctionne bien, le sujet distingue clairement le possible de l'impossible. Dans la psychose au contraire, ce jugement de réalité est en défaut. Le sujet y réprime une partie de la réalité. Freud écrit : « J'ai récemment défini l'un des traits qui différencient la névrose et la psychose : dans la première le moi, en situation d'allégeance par rapport à la réalité, réprime un fragment du ça (vie pulsionnelle), tandis que le même moi, dans la psychose, se met au service du ça en se retirant d'un fragment de la réalité. Pour la névrose ce serait donc la surpuissance de l'influence du réel, et pour la psychose celle du ça, qui serait déterminante. La perte de la réalité est, pour la psychose, donnée au départ ; pour la névrose, il y aurait lieu de penser qu'elle y est évitée[4]. » Freud a rassemblé ainsi quelque chose qui avait été peu à peu reconnu par les aliénistes qui l'ont précédé et qui fut validé par ceux qui le suivirent.

C. : Si je vous reçois bien, la cause de la souffrance psychotique serait une revendication pulsionnelle indépendante de la réalité, et la souffrance spécifiquement névrotique serait celle qui maintient cette réalité contre les pulsions.

P. : Exactement.

C. : Puisque je suis obsédé par l'idée d'une cause qui permettrait de saisir l'essence, poursuivons : la cause de la névrose est donc une

---

4. S. Freud, « La perte de la réalité dans la névrose et dans la psychose », dans *Névrose, psychose et perversion,* Paris, PUF, 1985, p. 299.

revendication qui à l'origine, dans son émergence, dans son apparition, ne tient pas compte de la réalité. Mais quelle est alors la cause de cette inadaptation foncière, de cette folie de l'autonomie pulsionnelle ?

P. : Freud a pensé que l'être humain était comme habité d'une machine autonome et folle qui ne chercherait qu'à retrouver une satisfaction première. Il voyait l'humain comme profondément inadapté. En réalité, ainsi que l'a souligné Lacan, il n'y a pas de satisfaction première. Elle est mythique. Ce que l'humain cherche, il ne l'a jamais eu. C'est le langage dans lequel il habite qui le conduit à croire qu'il ne cherche qu'à être comblé, alors qu'une fois comblé il ne parlerait plus et n'aurait plus qu'à mourir comme s'il avait vu Naples. Mais la névrose veille, et l'humain trouve à travers elle à sans cesse ne pas être comblé.

C. : Pourriez-vous être plus clair ? Vous semblez dire une chose et son contraire. Cherche-t-il la satisfaction, quelle soit première ou non, ou ne cherche-t-il pas cette satisfaction ?

P. : Il faut hélas répondre oui et non. Fondamentalement, c'est oui, selon ce que Freud a appelé la pulsion de mort, laquelle tend à ramener au départ, à l'inanimé, au machinal. Mais quelque chose d'autre dans l'homme ne veut pas la mort : c'est la pulsion de vie. Pour Freud, la vie est un détour sur le chemin de la mort, et la vie maintient la parole.

C. : Puisque les pulsions constituent la moitié du problème dans leur opposition à la réalité, parlons donc d'elles. Quelle est celle que le névrosé refoule avec tant de douleur ? La pulsion de vie ? La pulsion de mort ?

P. : Les deux. Rappelez-vous que ces deux pulsions ne sont pas en situation d'opposition. L'une est un détour de l'autre. Elles sont reliées entre elles comme l'arc et sa corde. L'une, la pulsion de vie, prend un détour, l'autre, la pulsion de mort, veut le chemin le plus direct. Le névrosé refoule la pulsion de mort davantage que le psychotique, mais en ce qui concerne la pulsion de vie à laquelle il laisse plus de place, il n'en refoule que des formes éclatées : la pulsion orale, si importante chez Dora, la pulsion anale, si évidente chez l'Homme aux rats, la pulsion à retrouver l'unité première et, dans ce but, à n'être rien comme chez le petit Hans. Les objets de satisfaction que visent ces pulsions et dont elles ne font que le tour ou le détour sont des représentants de la mère, le sein, les selles, rien, etc. En fin de compte, il faut comprendre que la cause de la névrose est, pour les hommes autant que pour les femmes, une pulsion incestueuse vers la mère. C'est ce que résume le complexe d'Œdipe.

C. : Vous n'ignorez pas que nombreux sont ceux qui nient l'importance de cette attirance pour la mère dont vous affirmez l'existence. Sur quoi Freud ou vous-même, son lointain épigone, fondez-vous cette hypothèse ? Car enfin, certains n'ont pas l'air de beaucoup chercher leur mère.

P. : À l'âge adulte, la chose n'est plus signifiée qu'en parole à travers des allusions qu'il faut entendre, et non pas directement. C'est ce qui justifie que Lacan ait assimilé la Chose de Freud, la Chose de l'*Esquisse*..., à la mère interdite. La Chose est là en guise de mère.

C. : Je ne vois pas l'avantage que vous retirez à construire une théorie avec la Chose au lieu de faire usage du classique complexe d'Œdipe, infiniment plus clair.

P. : Seriez-vous sourd aux allusions poétiques ? La Chose est la mère et pas seulement la mère. Freud, nous l'avons vu, est parti de la logique conceptuelle d'Aristote. Au centre du concept d'une chose il y a ce qui fait la chose même, l'invariant fondamental, le nécessaire, mettons la « léonité » du lion, et autour de ce centre Aristote place les attributs, les qualités ou les prédicats variables, le contingent, mettons l'épaisseur de la crinière. C'est en partant de cette définition aristotélicienne du concept que Freud a tenté d'expliquer le mouvement du désir humain : il veut retrouver la chose même, la chose même de toutes les choses, *la Chose.* Freud en donne une illustration avec le sein vu de face au moment de la satisfaction primordiale d'une première tétée. Il n'est d'ailleurs pas l'auteur de cette idée. On la trouve entre autres chez Meynert, qui fut son maître en psychiatrie. Lacan a fait le saut jusqu'à l'image maternelle tout entière, et déclaré que la Chose était la Mère mythique et ce qui échappe à l'humain du simple fait qu'il parle. Tout comme un mot ne saurait rejoindre la chose qu'il désigne, le désir d'un sujet ne peut jamais rejoindre la Chose, la Mère. Cet élargissement par la Chose signifie que la mère n'est pas seulement la mère, la mère que vise le désir est la mère comme il n'y en a pas, c'est la Chose de la mère… Il est curieux d'observer qu'en Égypte ancienne déjà, on attribuait l'hystérie, la seule névrose répertoriée dans l'Antiquité – même si elle n'était pas reconnue en tant que telle –, à l'organe qui incarne la mère par excellence, l'utérus, le sein du sein. Dans cette maladie, l'utérus était censé migrer en tout lieu, il ne restait pas à sa place, il était déjà plus vaste que lui-même, tout comme la Chose.

C. : Il semble que vous attribuiez une fonction capitale à ce « pas de place », à ce « pas de lieu » ou « lieu négatif » dans la névrose. Cette délocalisation n'est-elle pas dans votre pensée un point essentiel dans la cause de la névrose ?

P. : Si, bien sûr. Résumons ce qui a été dit : à côté d'une première cause, une cause langagière, historique et contingente de la névrose, s'est peu à peu dégagée une seconde cause, l'invariant qu'est la préservation d'un jugement de réalité ou d'existence. Outre cette troisième cause, davantage universelle, qu'est l'inadaptation des pulsions à la réalité de la vie, existe une quatrième cause, à savoir ce non-lieu que le névrosé ne cesse de souligner. Le concept, au sens aristotélicien du terme, se réfère à la notion même de la chose, de *la Chose.* Or la névrose témoigne du fait que le sujet fait tout pour s'en tenir à distance – c'est ce qui fait son affolement –, et c'est en cela qu'il instaure un espace négatif, un lieu où très précisément « c'est pas ça », au contraire du centre du concept et du lieu naturel d'une chose. L'hystérique convertit, le phobique projette, l'obsessionnel déplace ; il s'agit dans les trois cas de signifier et de créer un lieu où « c'est pas ça » lorsque ça pourrait « être ça », mais de manière différente pour chacune des trois névroses. L'hystérique somatise, c'est-à-dire projette ou déplace sur son corps quelque chose qui s'avère n'être fait que de langage.

C. : Comment cela est-il possible ? Un phénomène corporel reste un phénomène corporel, la paralysie d'un membre reste la paralysie d'un membre. On ne peut quand même pas dire que le lieu de la jambe n'est pas un lieu. Il y a bien une localisation dans l'affaire.

P. : Oui, mais le symptôme n'est qu'un message – ce message est la cause finale…

C. : Cinquième cause…

P. : … de ce symptôme –, destiné à quelqu'un capable d'entendre que là, au niveau de cette jambe de parole, il n'y a rien qui concerne la jambe concrète réelle, triviale et localisée. Lorsque la paralysie est un message qui signifie « ça ne tient pas debout », on ne trouvera strictement rien sur ce message en explorant la jambe, en palpant ses muscles, en auscultant ses artères, en cherchant ses réflexes, en faisant une électromyographie ou en mettant cette paralysie en relation avec un manque de calcium ou de magnésium. Tout comme un cœur percé d'une flèche est un message qu'on ne saurait saisir en étudiant la structure de l'arbre qui le porte. L'arbre est contingent dans l'affaire, et il en va de même pour la « jambe ».

C. : Sauf qu'il y a quand même l'idée de « jambe » avec celle que « ça ne tient pas debout ».

P. : Oui, mais elle est probablement secondaire pour ce message-là. Un vertige l'aurait tout aussi bien signifié. La jambe est totalement contingente, même si elle est traitée comme la Chose.

C. : Pourquoi invoquer un « lieu négatif » ? Une « absence de lieu » n'aurait-elle pas suffi pour dire que ce n'est pas là que ça se passe ?

P. : L'hystérique s'adresse, sans qu'elle le sache, à un maître ou à quelqu'un qui se croit tel, c'est-à-dire à quelqu'un qui croit au lieu, qui croit à la chose même, à *la Chose.* Elle s'adresse à l'aristotélicien de service, un maître en théologie ou en médecine, autrement dit un localisationniste du mal. N'oubliez pas que l'un des premiers travaux de Freud a été une controverse sur les conceptions cérébrales localisationnistes des troubles du langage[5]. En adressant son message contradictoire aux localisationnistes, l'hystérique ne signifie pas seulement une absence de lieu, mais qu'au niveau de ce lieu-là, il n'y a que son message. Elle donne une leçon au maître. En cela elle ne fait rien d'autre que de rappeler la contingence des formes d'écritures par rapport à la parole. On ne peut pas soutenir, je le répète, que la

5. S. Freud, *Contribution à la conception des aphasies,* Paris, PUF, 1983.

parole, le message soient dans son tracé graphique écrit sur le papier. On pourrait dire – pour rester dans votre quête de la cause – qu'une des causes de l'hystérie est le rappel ou le renouvellement de cette contingence de la forme écrite... Si vous me permettez de philosopher encore une fois, prenez le *Parménide* de Platon [6] : c'est ce que le jeune Socrate tente de démontrer au vieux Parménide, localisationniste en diable, qui ironise sur l'Un, lequel, pas plus que le Multiple, ne peut être, Parménide semblant ne pas comprendre que l'Un n'a pas de lieu tout comme il n'a pas d'être.

C. : Cette fois-ci je ne vais pas vous empêcher de philosopher, mais pouvez-vous m'en dire davantage ?

P. : Relisons ce passage où l'on découvre que le vieux Parménide ne comprend rien à la Forme, c'est-à-dire à l'*eïdos,* à l'idée, au signifiant de la parole promu par Socrate, et veut lui attribuer une spatialité... Parménide parle : « Est-ce donc à la Forme dans sa totalité ou à l'une des parties de cette Forme que participe chaque chose qui participe à cette Forme ? Ou y aurait-il une autre façon de participer, à part ces deux-là [...]. Laquelle de ces deux solutions te semble la bonne ? La Forme, en sa totalité, se trouve en chacune des choses qui sont plusieurs, tout en restant une, ou en va-t-il autrement ? [...]. Si tel est le cas, c'est, par conséquent, en restant une et identique qu'elle se trouverait en sa totalité en plusieurs choses distinctes et qu'en même temps elle se trouverait ainsi elle-même distincte d'elle-même. » Socrate répond que, à la manière du jour qui se trouve en plusieurs endroits en même temps, la Forme reste une et identique en toutes choses, à quoi Parménide rétorque : « Jolie façon, Socrate, de faire que la Forme se retrouve une et identique en même temps en plusieurs endroits. C'est comme si tu étendais un voile sur plusieurs êtres humains et que tu disais : "Le voile reste un en sa totalité, lorsqu'il est étendu sur plusieurs choses [...]." Est-ce donc en sa totalité que le voile se trouverait sur chacun, ou est-ce une partie de lui qui se trouverait sur l'un, une autre partie sur l'autre ? » J'arrête là la citation, même si le dialogue se poursuit sur ce mode. La non-spatialité du signifiant échappe totalement à Parménide.

6. Platon, *Parménide,* Paris, G-F Flammarion, 1994.

C. : Soit. Mais, au-delà de vos circonlocutions intellectuelles, vous ne pouvez tout de même pas soutenir que le langage flotte dans le néant, qu'il n'y a pas des lieux appropriés à son usage dans le cerveau, puisqu'il existe des zones bien localisées dont la lésion entraîne diverses difficultés de la parole. Le langage provient donc bien du lieu du cerveau.

P. : D'autres fonctions cérébrales ont été localisées de la même façon… Le cerveau n'est qu'un des chaînons intermédiaires essentiels à l'effectuation de la parole. Il est une condition *sine qua non* de la parole, et non sa cause efficiente. Il en est à la rigueur une cause formelle. Il n'est pas exclu qu'un hystérique signifiant « ça ne tient pas debout » par sa paralysie puisse continuer à signifier ce même « ça ne tient pas debout » alors même qu'il serait atteint d'une lésion cérébrale en certains centres très précis de l'aire cérébrale du langage. On ne manquerait évidemment pas d'attribuer ce changement d'expression à cette lésion.

C. : Si je comprends bien, vous soutenez que même le cerveau n'est pas le lieu du langage. Mais alors, quel est son lieu ?

P. : Je crois justement qu'il n'y a pas de lieu du langage, et c'est ce que la névrose nous rappelle. Ça ne parle pas quelque part. Ça parle tout simplement. Le langage flotte non pas dans le néant mais entre les humains, entre les cerveaux, entre les synapses, entre les zones cérébrales, entre les corps, entre les bouches, entre les éléments d'un paysage, entre les choses du monde – Francis Ponge a sans doute pensé ainsi. Rappelez-vous sa description de la mûre dans *Le parti pris des choses* : « Aux buissons typographiques constitués par le poème sur une route qui ne mène hors des choses ni à l'esprit, certains fruits sont formés d'une agglomération de sphères qu'une goutte d'encre remplit. » Nul n'a su montrer de meilleure manière que la chose est langage. Cela est bien plus vrai qu'une chose mesurée, classée, analysée dans sa structure chimique et que la science affirme être le réel. Le langage est certes dans la bouche de celui qui parle, mais aussi au-delà de ce qu'il dit – ça s'appelle l'inconscient. Il est entre toutes les mémoires de chacun des interlocuteurs, entre toutes leurs inscriptions comme entre toutes leurs œuvres d'art. Il n'est que dialogue, ou « polylogue », ou « interpolylogue ».

C. : C'est fabuleux ce que vous racontez là...

P. : Il ne s'agit au fond que d'une extension de ce qu'avait déjà saisi le père fondateur de la linguistique, de Saussure : un mot ou un son ne signifie qu'en fonction de tout le reste du langage ou des phonèmes d'une langue donnée. Rien ne se situe au seul niveau de lui-même. Chaque élément est aussi par rapport à tout le reste qu'il n'est pas. Il est ce qu'il est par ce qu'il n'est pas. Il est « désêtre » pour reprendre le terme de Lacan. Telle est l'origine du « lieu négatif ». La névrose se fonde sur la nécessité de signifier de nouveau cette réalité du langage.

C. : Vous avez parlé de l'hystérique. Le phobique et l'obsessionnel font-ils la même chose ?

P. : Bien sûr. Chez le phobique, qui projette au-dehors ses pulsions internes, auxquelles il craint avec effroi de ne pas résister, il y a une « hystérisation » du monde. Il fait du monde entier une source de peurs où « c'est pas ça ». Rappelez-vous qu'il n'est pas tout à fait au monde. Son monde est flottant. L'araignée dont il a peur ne le mangera évidemment pas. Il le sait bien. Ce n'est pas là qu'est la dévoration qu'il craint. Le gouffre dans lequel le phobique des hauteurs a peur de tomber ne l'attire en réalité pas. Ce n'est pas là qu'est la source de son envie paniquante de fusion ou de disparition dans un Grand Tout représentant la mère.

C. : C'est en lui-même qu'est la source de sa panique ?

P. : Ce n'est pas non plus en lui-même. Pour nombre de phobiques, cet « en lui-même » n'a pas beaucoup de sens, tant ils se sentent inconsistants, sans forme, sans volume, sans délimitation, sans intérieur et sans extérieur. Nous les psychanalystes théorisons en disant que le problème provient de ses pulsions internes. Un phobique est aussi en extériorité par rapport à ses pulsions internes. En réalité, « ça pulse » ou « ça fantasme » ou encore « ça parle », et c'est partout et nulle part de façon précise. Pour un phobique, la célèbre injonction freudienne qui commande une psychanalyse – « là où c'était je dois advenir comme sujet » *(wo Es war soll Ich werden)* – est tout à fait inapplicable puisque au départ il n'y a pour lui pas de « là », pas de là où c'est.

C. : S'il ne distingue ni intérieur ni extérieur, comment se fait-il qu'il ne délire pas ?

P. : Il a le sens de la réalité du monde parce qu'il ne trouve pas la Chose, parce qu'elle lui échappe, pour la bonne raison qu'il la fuit à travers ses symptômes.

C. : Et qu'en est-il pour l'obsessionnel ?

P. : L'obsessionnel croit en la localisation, mais il s'en garde par un éloignement. Son non-lieu à lui est un éloignement dans la spatialité ordinaire. Il vit le contraire du phobique : pour lui ça parle quelque part en un lieu défini, et grâce à un évitement assuré de façon souvent fort compliquée, il en reste à grande distance. Sa pulsion à détruire – c'est bien elle qu'il craint – passe, par exemple, par un poison très précis. Il lui faut alors ne pas le toucher, puis ne pas toucher ce qui a touché ce poison, puis multiplier le nombre des lieux intermédiaires, jusqu'à ce que, tel l'Achille de Zénon d'Élée, ce poison ne puisse rattraper la tortue qu'il est ou quelque autre cible. Dans cette stratégie, il lui faut également ne pas penser au poison, puis ne pas penser à ce qui est dans une connexion de pensée quelconque avec cette pensée première, et ainsi de suite. Parce que pour lui, penser, c'est toucher. La pensée est un lieu aussi localisé que le flacon qu'il craint de toucher.

C. : Si j'ai bien compris, vous ne cessez de dire que l'une des causes de la névrose est la nécessité de rappeler l'essence non locale de la parole.

P. : Tout à fait, comme on dit aujourd'hui.

C. : Mais alors, pourquoi donnez-vous tellement d'importance au père dans la névrose ?

P. : Parce que métaphoriser le père d'une manière ou d'une autre est la seule façon qui permette de se garder de la Chose. Le père, ou plutôt l'appel inconscient fait au père, est encore une autre cause de la névrose. Je vous lis ce qu'a écrit Lacan : « La psychanalyse est essentiellement ce qui réintroduit dans la considération scientifique le Nom-du-Père[7]. » Grâce à ce quelque chose qui signifie la présence

7. J. Lacan, *Écrits*, Paris, Le Seuil, 1966, p. 874-875.

symbolique d'un père dans la parole, le sujet peut se tenir fermement à distance de la Chose. Grâce à ce signifiant paternel, cette marque du père, le non-lieu peut enfin faire place au lieu autre. Chaque chose devient autre à la lumière du père, car elle échappe à la captation maternelle.

C. : Chaque chose en devient autre mais reste stable en même temps ?

P. : Exactement.

C. : À cet endroit de votre exposé, un point épineux jette la plus grande confusion dans mon esprit. Si je comprends bien, le symptôme névrotique est lié à une trop grande proximité de la Chose, c'est-à-dire de la mère. Or, vous affirmez par ailleurs que ce même symptôme est là pour rappeler la présence du père. En fin de compte, le symptôme est-il causé par la mère ou par le père ? Et si c'est par les deux, comment le concevez-vous ?

P. : Je vous rappelle ce que j'ai essayé de formuler dans mon exposé : la névrose est un affolement. Cela veut dire que le sujet névrosé s'intéresse exagérément à quelque chose, par exemple la respiration pour Dora, le cheval pour le petit Hans, le rat pour l'Homme aux rats. Cet intérêt, qu'il devrait logiquement ne pas éprouver, donne lieu à une souffrance qui transforme l'intérêt en une horreur. Eh bien, le symptôme névrotique signifie l'horreur d'une jouissance. Vous me direz : pourquoi ce besoin de signifier une jouissance si c'est pour en avoir horreur ? C'est parce que de fait le sujet en est sans cesse habité, et qu'il lui faut sans cesse la limiter. Le complexe d'Œdipe n'est pas quelque chose qui a eu lieu une fois pour toutes dans l'enfance et dont les dernières vagues viendraient encore nous lécher l'esprit lorsque nous sommes adultes, c'est quelque chose d'actif et d'actuel, qui se répète encore sans cesse. La névrose fond ces deux choses en une unité, la jouissance et sa limite, autrement dit la possession de la mère et l'intervention du père. La première n'existe que dans la mesure où la seconde existe. Dans sa théorie, le psychanalyste diffracte cette unité œdipienne du symptôme en ses deux composantes, dont l'une n'existerait pas sans l'autre. Mais le névrosé unifie cet Œdipe.

C. : C'est là encore pure hypothèse.

P. : Hypothèse, oui, pure hypothèse, non. C'est une hypothèse qui, comme en science, recouvre des faits qui s'ils sont de parole n'en sont pas moins des faits. Dans son symptôme, le sujet parle à la fois d'une attirance pour le maternel, par exemple à travers des métaphores du sein ou des selles, et d'une présence du paternel. Il y a la pomme et il y a le serpent. Il y a la blancheur de Mme K. pour Dora et il y a la respiration du père.

C. : Pardonnez-moi d'insister, qu'est-ce qui vous fait dire que le symptôme est un message œdipien signifié au présent et non pas le résultat d'un impact venu d'un passé totalement révolu ?

P. : Si un symptôme n'était qu'un pur effet du passé, si seule la théorie traumatique était vraie, qui affirme un traumatisme premier, le processus réactionnel qui suit aurait une inertie telle que rien ne l'arrêterait radicalement. Or, au cours d'une psychanalyse, il y a des guérisons brutales d'un symptôme au travers d'une parole qui fait percevoir au sujet qu'il est l'effet de son désir… Une telle conception traumatique se fonde d'ailleurs sur la révolution de la notion de causalité apportée par l'avènement de la science moderne. La référence fondamentale en est la mécanique. Une sorte de « choquisme » ainsi qu'on l'a dit. C'est une causalité linéaire où tout est un effet de chocs, tout comme au billard. Une boule transmet son mouvement à une autre. Telle est par excellence la cause suivie de son effet. Aux quatre causes énoncées par Aristote, cette conception en oppose une seule : la cause efficiente. Ce que le philosophe anglais David Hume n'a pas eu de difficulté à critiquer dans son *Traité de la nature humaine*[8]. Je vous en lis un extrait : « Tous ces objets que nous nommons les uns causes les autres effets sont, considérés en eux-mêmes, aussi distincts et séparés que deux choses quelconques dans la nature, et l'examen le plus minutieux qu'on en peut faire ne permettra jamais d'inférer l'existence de l'un à partir de celle de l'autre […]. À partir de cette union constante, il forme l'idée de cause et d'effet dont l'influence lui fait sentir la nécessité. » Il n'y a selon lui que des connexions habituelles.

8. D. Hume, *Traité de la nature humaine,* Livre II, Paris, G-F, Flammarion, 1991.

En 1897, avec la théorie fantasmatique de Freud, la cause du symptôme est devenue le désir actif du sujet, une parole inconnue en lui, et la causalité a retrouvé quelque chose d'aristotélicien. Voyez le symptôme « crise » chez Baudoin Ciserini : puisqu'une allusion à son patronyme se retrouve dans l'énoncé de son symptôme qui a rétrocédé à l'évocation de ce patronyme, on peut dire que la cause de sa névrose était une cause finale ou finaliste. Le symptôme venait nommer le père, c'était sa destination. On peut même ajouter ici la cause formelle d'Aristote – laquelle abonde dans les mathématiques – puisque c'est une identité ou tout au moins une analogie formelle entre « crise » et « ciser » qui a fondé le symptôme... À vrai dire parler de cause finale n'est qu'une illusion d'optique. Le symptôme est en réalité un message tout à fait vivant, une parole inconsciente actuelle. Et que vise-t-elle ? À être reconnue.

Chacun de nous parle pour être reconnu, au point que ce que l'on dit n'aura été une vraie parole que s'il y a un jour une reconnaissance de celle-ci en tant que parole. Telle est la vraie « cause finale » de la névrose. Au fond, cette vraie cause est l'interprétation à venir, au-delà de la seule écoute. Elle seule signifie que cette parole est reconnue.

C. : J'attendais une réponse simple et claire, je ne peux pas dire que vous avez beaucoup clarifié mes idées en tricotant ainsi avec vos causes innombrables.

P. : Hélas ! J'en suis navré. Je crois que c'est parce que vous êtes totalement habité par la notion d'une causalité purement efficiente. J'irai plus loin. Vous êtes « aliéné », si vous me pardonnez ce terme, à la conception scientifique de la cause, qui s'avère tout à fait inadéquate pour saisir la névrose... Tout comme le concept qui définirait l'être de cette névrose... Je vais prendre le risque d'embrouiller encore davantage votre esprit en essayant de coiffer toutes les causalités que nous avons vues avec celle qui est sans doute la vraie cause principale, l'ultime à mes yeux, et certainement la seule source véritable de toutes les sortes de causes...

Partons de la donnée suivante : si un élément considéré comme cause engendre un élément considéré comme effet, c'est qu'on pense qu'il y a davantage dans l'élément cause que dans l'élément effet – on parlerait sinon, comme Hume, de connexion. On suppose que l'élément cause contient quelque chose comme une puissance originaire qui peut se transférer. Il faut, dit Descartes, « qu'il n'y ait rien dans un effet qui n'ait été d'une semblable ou plus excellente façon dans la cause[9] ». Mon explication de cette idée de surplus – Descartes écrit : « plus excellente façon » – est qu'en chaque chose il n'y a que la parole qui l'a dit – nous revenons au début de notre conversation – et qu'en elle, dans cette parole donc, il y a toujours le fait qu'elle ne vaut que pour une autre parole. Un mot ne vaut que pour un autre mot, un signifiant pour un autre signifiant. Autrement dit, contrairement aux idées reçues, en lui-même le premier ne suffit pas. La notion de cause, dans sa conception classique, est, je crois, une dénégation de cette insuffisance de la parole en soi. L'être ou la cause sont des dénis de la nature purement langagière des choses.

C. : Il faut me redire ça, parce que je ne comprends rien du tout à votre charabia.

P. : Reprenons donc. Mon hypothèse – car cette fois encore il ne s'agit que d'une hypothèse – est que la névrose, qui n'est faite que pour rappeler les particularités du langage et de la parole, subvertit en même temps la conception de l'être et de la causalité en les ramenant elles aussi à leur origine langagière et parlée. Grâce à la névrose, l'être est « désêtre » et la cause liée au fait que « ça cause ». Le sujet dit un mot et ce mot n'est rien si ce n'est par son rapport avec un autre mot, ou plutôt avec un tas d'autres mots. Seul ce rapport avec un signifiant secondaire fonde le signifiant premier comme premier.

Le manque d'autosuffisance de ce premier signifiant est dénié dans les notions d'être ou de cause, parce qu'elles attribuent un excès de pouvoir à ce premier signifiant alors qu'en réalité il manque de pouvoir. Selon la causalité classique le premier signifiant aurait tout pour produire l'effet. Or, on l'a vu avec Hume, il ne l'a pas. La névrose démonte cette notion classique de cause. Grâce à la psychanalyse où l'on écoute cette névrose, il apparaît même qu'il existe une autre perte de la cause que la simple absence dénoncée par Hume, et cette perte est l'effet de la restitution de la vraie parole du sujet, celle

9. Cité dans « Causalité », *Encyclopaedia Universalis,* tome 5, Paris, Édition de 1996.

qui est derrière les symptômes. C'est lorsqu'elle advient qu'il n'y a plus de cause au sens mécanique. La cause des névroses, comme la cause de toute cause, est l'effet de sujet ou plutôt l'effet de signifiant qui produit du sujet, le sujet étant justement ce qu'un signifiant représente pour un autre signifiant. On doit cette découverte au génie de Lacan [10].

C. : Mais enfin, ce que vous dites là n'explique pas du tout pourquoi certains sont davantage névrosés que d'autres.

P. : Probablement fabriquent-ils du symptôme lorsqu'il y a une menace qui pèse sur le sujet, lorsque, par exemple, dans leur entourage, trop de gens signifient qu'une chose est *la Chose,* la chose même, lorsqu'ils assignent à la parole trop de lieu, lorsqu'ils sont trop scientifiques, trop juridiques, trop aristotéliciens.

C. : Si nous en restions là ? J'ai la vague impression que vous tournez en rond.

P. : En ce qui concerne l'humain et la cause en particulier, il n'existe pas de point de vue de Sirius d'où l'on dirait le vrai sur le vrai. C'est sans doute ce qui vous donne cette impression.

10. Cf. J.-P. Dreyfuss, « Du signifiant saussurien au signifiant lacanien », dans J.-P. Dreyfuss, J.-M. Jadin, M. Ritter, *Qu'est-ce que l'inconscient,* vol. 2, Strasbourg, Arcanes, 1999, p. 15-42.

Gide et la perversion

André Gide n'est pas seulement l'illustre écrivain que nous connaissons, l'auteur des *Nourritures terrestres*[1], de *L'immoraliste*[2] ou de *La symphonie pastorale*[3], référence majeure de la littérature française avant guerre et prix Nobel en 1947. Il fut aussi, jusqu'à un âge très avancé, un incorrigible amateur de jeunes garçons prépubères avec qui il pratiquait surtout la masturbation réciproque et parfois, quoi qu'il en ai dit, la sodomie[4].

Je me suis intéressé à Gide dans l'espoir qu'il m'éclaire sur ce mystère qu'on appelle « perversion ». Après quinze années de fréquentation, je dirai que c'est lui qui m'a appris le peu que je crois avoir saisi en la matière.

Les difficultés d'un tel sujet

Ces années m'ont également fait goûter l'urticante expérience d'attaques provoquées par ce sujet qui paraît éveiller tous les intégrismes, jusqu'à me donner l'impression d'être comme un Anglais

1. A. Gide, *Les nourritures terrestres* suivi de *Les nouvelles nourritures*, Paris, Gallimard, coll. « Folio », 1993.
2. A. Gide, *L'immoraliste*, Paris, Mercure de France, coll. « Folio », 1985.
3. A. Gide, *La symphonie pastorale*, Paris, Gallimard, coll. « Folio », 1985.
4. Cf. H. Ghéon, A. Gide, *Correspondance*, 2 vol., Paris, Gallimard, 1976, p. 618.

cerné par le Blocus continental. Au nord, les esthétiques, au sud les éthiques, à l'est les « pervers » sexuels eux-mêmes et à l'ouest ceux qu'on appellera les « antipervers », tout ce monde-là semble difficilement supporter un travail psychanalytique sur Gide.

En guise d'introduction, je parlerai de ma crucifixion, dont l'intérêt est de montrer quelques-unes des artères nourricières de la perversion.

Les esthétiques sont les épris de littérature, ils s'expriment au nom de la beauté. Mêler la clinique et son odeur d'urine à la grandeur d'une œuvre d'art relève du sacrilège. Ils prennent volontiers appui sur l'anathème lancé par Proust contre Sainte-Beuve [5], lequel avait osé commettre une analyse psychologique de certains écrivains dans ses « Chroniques du lundi » au *Globe*. La personnalité d'un auteur, d'après Proust, n'est pas à relier à son œuvre et celle-ci ne doit être considérée que pour elle-même [6].

Pourquoi devrait-on rester en arrêt devant le voile de Maïa et méconnaître que la beauté n'est bien souvent, selon la magnifique expression de Rilke, que le premier degré du terrible ? Une œuvre dit aussi quelque chose de la souffrance d'un sujet, fût-ce celle d'une jouissance en excès qu'il cherche à « fourguer » à quelqu'un d'autre, et l'expérience humaine qui s'y trouve contenue autorise l'examen du psychanalyste autant que celui du critique littéraire. Tenter de comprendre une souffrance est aussi légitime que tenter d'ouvrir à la beauté.

André Gide semble d'ailleurs avoir lui-même préparé cet examen clinique. Il s'est révélé dans une autobiographie, *Si le grain ne meurt* [7], tout entière consacrée à la présence précoce en lui du mal person-

---

5. Charles Augustin Sainte-Beuve (1804-1869) fut un piètre romancier, mais devint célèbre grâce à ses chroniques. Chaque lundi il présentait dans le *Globe* une enquête biographique sur un grand écrivain : Balzac, Hugo, Stendhal, etc. Il s'y appliquait à « chercher l'homme dans l'écrivain ». Il créait ainsi une sorte de botanique des écrivains, qu'il classait en familles. Il prétendait faire de « l'histoire naturelle des esprits ». Pour cela tous les détails lui étaient bons.

6. Proust a condamné Sainte-Beuve un demi-siècle plus tard dans son *Contre Sainte-Beuve*. Proust écrit qu'un livre est le produit d'un autre moi que celui que nous manifestons dans nos habitudes, dans la société, dans nos vices.

7. A. Gide, *Si le grain ne meurt*, Paris, Gallimard, coll. « Folio », 1993.

nifié[8]. Il l'a complétée plus tard avec *Et nunc manet dans te*[9] et s'est montré dans une apologie de l'homosexualité : *Corydon*[10]. Beaucoup de ses livres sont des allusions autobiographiques, en particulier *La porte étroite*[11]. Il s'est aussi volontiers dévoilé dans sa correspondance[12], et, à la fin de sa vie, a facilité la tâche de son psychobiographe quasiment attitré, le psychiatre Jean Delay[13], en lui fournissant petits papiers et lettres inédites. Il a exhibé sa vie comme un cas clinique. Pourquoi dès lors s'interdire de chercher un sens à sa pédophilie et s'arrêter à l'œuvre, c'est-à-dire à ce qu'elle *est* sans en chercher le *sens ?* Car ces esthètes fétichistes de la chose littéraire récusent le sens au seul profit de l'être. J'y reviendrai parce qu'il s'agit là, je crois, d'un aspect essentiel de la structure perverse[14].

Les éthiques sont des moralistes inflexibles, des ultra-jansénistes, des pourchasseurs de la pédophilie. Ils en reniflent sans relâche les traces les plus infimes, quitte parfois à saccager autant la vie de l'enfant que celle du pédophile. Eux aussi condamnent la quête d'un sens, mais pour une raison apparemment inverse. Trouver un sens serait à leurs yeux cautionner le mal. L'acte pervers *est ce qu'il est,* un point c'est tout. Il est condamnable en tant que tel et nul *sens* ne doit venir l'atténuer[15].

Cette ardeur inquisitoriale semble se développer à une vitesse phénoménale. Elle est dans l'air du temps. Désormais le mal n'est plus conçu que comme malveillance. Très schématiquement, son histoire a connu trois phases. Subi ou commis, le mal a d'abord été considéré comme un malheur. Avec l'avènement de la science, il est devenu une maladie et ce fut longtemps la métaphore porteuse.

8. Cf. G. Strauss, *La part du diable dans l'œuvre d'André Gide,* Paris, Minard, 1985.
9. A. Gide, *Journal* 1939-1949. *Souvenirs*, Paris, Gallimard, coll. « Bibliothèque de la Pléiade », 1984, p. 1121-1160.
10. A. Gide, *Corydon,* Paris, NRF, 1924.
11. A. Gide, *La porte étroite*, Paris, Mercure de France, coll. « Folio », 1984.
12. On a inventorié 25 000 lettres adressées à 2 100 correspondants.
13. Jean Delay (1907-1987), professeur de psychiatrie à l'Hôpital Sainte-Anne de Paris, était le plus célèbre psychiatre de son époque. Après la mort de Gide, il a publié une monumentale « psychobiographie » : *La jeunesse d'André Gide,* 2 vol., Paris, Gallimard, 1956 et 1957.
14. La jouissance est une jouissance de l'être, qui est source de pétrification.
15. Certains pensent en effet que donner du sens équivaut à pardonner, alors qu'une faute peut être condamnée même si on en décèle la raison.

Aujourd'hui, avec l'infernale judiciarisation du monde, il est surtout une malveillance imputable à quelqu'un. Une telle conception diabolise concrètement les humains [16]. Un accident dans un tunnel ne relève plus de l'infortune ou d'une malédiction divine, ni d'une inattention due à la fatigue ou d'une défaillance technique, c'est la faute de quelqu'un qu'il faut identifier et punir [17]. Dans ce contexte, la pédophilie, conçue de moins en moins comme un malheur ou une maladie, n'est plus qu'un crime abominable.

La psychanalyse introduit une quatrième conception du mal qui subsume les trois autres. Un mal quelconque, qu'il soit malheur, maladie ou malveillance, est surtout un défaut de la parole, un manque dans les signifiants, et plus précisément des lettres en souffrance [18]. Elle implique, puisque nous parlons les uns avec les autres, que nous y sommes tous plus ou moins pour quelque chose [19]. La pédophilie aussi relève de cette éthique de la parole ou du bien-dire.

Vient en troisième lieu la critique des *pervers sexuels eux-mêmes,* qui ne supportent pas que l'on qualifie leur pratique sexuelle d'un terme aussi moralisateur et obsolète que celui de « perversion ». Ils ne tolèrent guère que l'on en fasse une maladie et moins encore quelque chose de flou qui hésite entre maladie et malveillance. Il est vrai qu'avec ce terme le psychiatre flotte entre le médecin et le juge, et le psychanalyste tout autant puisqu'il accepte de le reprendre.

Le pervers sexuel essaie de tirer son mal du côté du malheur, que ce soit celui d'une fatalité ou celui d'une inscription génétique. *Il est comme il est.* Les choses sont ainsi et pas autrement, et autrement ne serait que mensonge. Il n'y a donc nulle raison de lui en vouloir. *L'être est sa position fondamentale.* C'est ce qu'André Gide s'applique à démontrer dans *Si le grain ne meurt* en se décrivant « cuisiné par

16. On fait de plus en plus appel au diable dans les films ou dans les sectes.
17. Un tel climat ne peut que favoriser la multiplication des perversions, grâce à des canaux subtils développés dans cet exposé.
18. Cf. le cas Baudouin Ciserini à la fin de l'exposé sur « Les névroses » dans le présent ouvrage.
19. Il ne s'agit surtout pas de dire n'importe quoi à n'importe qui, mais la lettre qui manque à un sujet donné à un moment donné. Cette lettre est destinée à limiter une jouissance, fût-elle celle d'un « pervers ». C'est cette éthique-là qui anime les analystes dans leur difficile travail.

l'ombre[20] », c'est-à-dire par le diable, dès sa prime enfance. Le pervers se prévaut de cette notion d'être, au sens parménidien du terme[21], pour disqualifier d'avance tous les sens[22] que l'on pourrait donner à ses actes et n'accepter en son for intérieur aucun jugement.

Pour ma part, et je l'ai soutenu très souvent, je serais prêt à désigner autrement les perversions et à les nommer *névroses agissantes.* Il y aurait *les névroses symbolisantes,* hystérie, névrose phobique, névrose obsessionnelle, qui symbolisent les pulsions, les désirs, les fantasmes au moyen de symptômes subjectifs, et *les névroses agissantes,* qui symbolisent avec des actes réellement accomplis. Ce serait les perversions sexuelles, qui agissent les pulsions sexuelles, l'homosexualité, l'exhibitionnisme, le fétichisme, le sadomasochisme, la pédophilie, etc., mais aussi les troubles des conduites alimentaires dans le domaine des pulsions orales : l'anorexie, la boulimie, la prise d'alcool, etc. Et enfin *les névroses réélisantes* que sont les psychoses, qui symbolisent avec du réel. Le refoulé y fait non pas retour dans un symbole névrotique ou un agir, mais dans un néo-réel impossible[23].

Pour cet élargissement de la perversion, pour avoir tenté de souligner en chacun de nous cette part de névrose agissante et donc une structure commune avec celle de la perversion, je me suis fait assassiner par les *anti-pervers* qui ne voulaient rien de commun avec eux. Si l'on admet volontiers être un peu névrosé, lorsqu'il s'agit de structure perverse, on exige de la restreindre, de la localiser, de l'exclure. Une provocation quelconque ou la pratique d'une activité dangereuse sont, me semble-t-il, la forme la plus légère de la névrose agissante, or, à ma grande surprise, je me suis entendu reprocher de soutenir que les skieurs de l'extrême étaient des pervers[24]. Je regrette toujours ce malentendu.

---

20. A. Gide, *op. cit.*, p. 120.
21. Décrivant l'être, Parménide écrit : « [...] et sur cette voie il y a des signes en grand nombre indiquant qu'inengendré, il est aussi impérissable ; jamais il n'était ni ne sera, puisqu'il est maintenant, tout entier à la fois, un, d'un seul tenant ; quelle génération peut-on rechercher pour lui ? Comment, d'où serait-il venu à croître ? » Parménide, *Le poème*, présenté par Jean Beaufret, Paris, PUF, 1984, p. 83.
22. Le sens ne peut qu'altérer l'être parménidien.
23. Cf. la partie consacrée à Schreber dans le présent ouvrage.
24. Soyons clairs : il existe chez tout le monde une recherche d'une limite dans la réalité.

Un enfant malheureux

Je vais donc, en reprenant une fois encore le cas d'André Gide, essayer d'être plus clair. Une présentation de sa biographie s'impose pour commencer [25]. Nous y trouverons non pas la cause de sa perversion, mais une atmosphère propice à son éclosion et un ensemble de données qu'il serait intéressant de mettre en relation avec elle et entre elles.

André Gide est né à Paris en 1869, de deux parents protestants calvinistes venus de provinces opposées. Son père, professeur à la faculté de droit, était originaire d'Uzès dans les Cévennes. Il était lui-même fils de juge et n'était pas très riche. La mère d'André Gide était normande. Elle était le cinquième et dernier enfant d'une très riche famille de commerçants et industriels rouennais. Tous deux étaient ce qu'on pourrait appeler des enfants de famille, obéissants, couvés et particulièrement aliénés à l'idéologie de leurs propres parents. Ainsi Paul Gide n'avait-il jamais mis les pieds dans une université, car son père avait dirigé ses études à la maison, ce qui n'a pas empêché ce fils soumis d'être reçu premier à l'agrégation. Juliette Rondeaux, la mère d'André Gide, s'inscrivait à son insu dans une sorte de vice transgénérationnel. Un ancêtre [26] avait fait fortune dans le commerce avec les colonies, autrement dit en exploitant le tiers-monde. Pour donner un parfum d'honorabilité à ces exactions, les descendants avaient fait appel aux femmes. Ils avaient épousé des aristocrates à patronymes composés – Le Chéron de Freneuse, par exemple – et anobli leur propre nom – par exemple Rondeaux de Sétry. Ils avaient également pris soin, bien que catholiques ou libres-penseurs, de choisir des protestantes vertueuses comme mères pour leurs enfants et leur avaient totalement abandonné leur éducation. De génération en génération se transmettait ainsi une morale viciée, caution en quelque sorte donnée à une forfaiture initiale [27]. Ce ne fut sans doute pas pour rien dans la perversion de Gide qui préten-

25. Cf. C. Martin, *André Gide par lui-même*, Paris, Le Seuil, coll. « Écrivains de toujours », 1995 ; P. Lepape, *André Gide le messager*, Paris, Le Seuil, 1997. Claude Martin a écrit d'autres ouvrages biographiques plus complets qu'on pourra consulter pour un travail approfondi.
26. Marin Rondeaux (1649-1721).
27. Inutile de se voiler la face : tout l'Occident se trouve dans cette forfaiture.

dait être la punition de ses ancêtres. D'où le fameux « Familles, je vous hais… [28] ».

Les parents de Gide semblent avoir souffert aussi du côté du désir. Élevés dans un calvinisme rigide, ils n'ont pas connu d'autres jeunes gens avant leur conjoint et furent mis en relation par un pasteur. Au moment de leur mariage, ils avaient 28 et 31 ans. André Gide, leur seul enfant, est né six ans après. On dit que Juliette Gide n'était pas très belle. Elle se plaindra plus tard de n'avoir jamais eu un compliment de la part de son mari. On peut surtout se demander comment elle vivait la présence auprès du couple de sa gouvernante Anna Shackleton, jeune encore [29], jolie, instruite, qui savait faire rire son mari, dont elle avait été amoureuse et qu'elle avait voulu garder.

N'ayant pas la grâce, comment Juliette Gide aurait-elle pu la transmettre à son fils ? André Gide était considéré, lui aussi, comme un enfant laid, en particulier par la bonne. Si on ajoute à cela la terreur très particulière induite par la théorie calviniste de la prédestination [30], selon laquelle vous êtes déjà damné pour l'éternité si la grâce de Dieu ne vous accorde pas de faire partie des élus, on comprend la nature de la déréliction inaugurale de Gide. Il était exclu du champ de la grâce, dans tous les sens du terme, accordée en principe à tout divin enfant du désir. Pour le dire en termes analytiques, il était en dehors du champ d'investissement phallonarcissique de sa mère.

Peut-être a-t-il quelque peu bénéficié de l'intérêt que lui portait son père, un homme doux, qui l'appelait « mon petit ami ». Mais ce père était bien trop soumis à sa femme et pris par la préparation de ses cours. Il s'est montré en tout cas incapable de défendre son fils quand, à 8 ans, il fut renvoyé de l'école pour s'être trop touché le sexe. Lorsque, sollicité pour un conseil, le professeur Brouardel, élève de Charcot, n'a rien trouvé de mieux à faire que de menacer l'enfant

28. A. Gide, *Les nourritures terrestres…, op. cit.*, p. 69.
29. Anna Shackleton avait six ans de plus que Juliette Gide.
30. Dans la *Confession de Westminster* de 1647 on peut lire : « Il [Dieu] les a élus dans le Christ et pour leur gloire éternelle, de par Sa seule grâce et Son seul amour librement prodigués, en dehors de toute prescience tant de leur foi ou de leurs bonnes œuvres ». Cité dans M. Weber, *L'éthique protestante et l'esprit du capitalisme,* Presses Pocket, Agora, Paris, Plon, 1990, p. 111.

d'une castration en exhibant des fers de lance touaregs, ce gentil père n'a su manifester qu'un chagrin silencieux.

Le père d'André Gide mourut à l'âge de 48 ans et demi d'une tuberculose intestinale. Gide avait 10 ans. Il raconte n'avoir pas éprouvé de véritable chagrin. Le bonheur de revoir ses cousines pour l'occasion et le prestige de l'orphelin auprès de ses camarades l'avaient compensé. Il est possible qu'un déni de la perte ne soit pas simple affaire de structure, mais tienne à l'âge auquel cette perte survient. La phase de latence m'y paraît propice. Il se peut qu'entre 6 et 12 ans les deuils soient assez souvent traités comme nuls et non avenus, passant, comme l'Œdipe, aux oubliettes [31].

Cette mort prématurée du père eut surtout pour effet de livrer l'enfant aux femmes, et avant tout à sa mère : « Et je me sentis soudain, tout enveloppé par cet amour, qui désormais se refermait sur moi [32]. » Elle allait en effet être extrêmement et réellement présente, inquisitrice, dirigiste, le conseillant sans cesse [33]. Elle-même se laissait d'ailleurs très facilement diriger par sa sœur Claire Demarest et sa belle-sœur Lucile Rondeaux. À la maison il y avait encore Anna Shackleton et la bonne. Les hommes n'avaient aucun poids dans cette famille.

À propos de la mort du père, il m'a paru important de relever un passage de *Si le grain ne meurt : «* Après la mort de mon père [...], n'allai-je pas m'imaginer qu'il n'était pas mort pour de vrai ! ou du moins [...] qu'il n'était mort qu'à notre vie ouverte et diurne, mais que, de nuit, secrètement, alors que je dormais, il venait retrouver ma mère. Durant le jour, mes soupçons se maintenaient incertains, mais je les sentais se préciser et s'affirmer, le soir, immédiatement avant de m'endormir [34]. » Comme le note le critique Claude Martin, on peut d'abord penser qu'il avait besoin de croire qu'il n'était pas définitivement et totalement seul avec sa mère [35]. Le soupçon de Gide va en

31. Parce que ces deuils se situent dans la phase de latence du désir œdipien, lequel s'exprime bien davantage dans la petite enfance et à la puberté.
32. A. Gide, *Si le grain ne meurt, op. cit.*, p. 91.
33. Cf. les lettres de Juliette Gide dans A. Gide, *Correspondance avec sa mère*, Paris, Gallimard, 1988.
34. A. Gide, *Si le grain ne meurt, op. cit.*, p. 27.
35. C. Martin, *André Gide ou la vocation du bonheur*, tome 1, Paris, Fayard, 1998, p. 64.

fait beaucoup plus loin, nous le verrons, il implique ce que Lacan a nommé l'Autre trompeur à propos du doute hyperbolique de Descartes[36]. Un tel Autre, trompeur au point de falsifier toute la réalité, est un thème récurrent dans l'œuvre de Gide[37].

À la suite du décès de son père, la nervosité chronique d'André Gide s'accroît. Son mal-être devient constant. Il fait ce qu'on peut appeler des « crises de nerfs » avec des mouvements anormaux qu'il prolonge parfois volontairement, des cauchemars, des épisodes d'anorexie. Il a beaucoup de difficultés de contact avec ses camarades de classe, dont il est souvent le souffre-douleur. À plusieurs reprises, il a des ébranlements nerveux très bizarres auxquels il donnera plus tard le nom allemand de « *Schaudern* », emprunté à Gœthe et à Schopenhauer. Le terme signifie « frissonner, tressaillir, horrifier » : il est envahi d'une angoisse panique avec la certitude d'être « forclos » – c'est son terme[38] – de la relation avec les autres. À cause de cette nervosité, on lui prescrit des cures, à Gérardmer ou à Lamalou par exemple. Le tableau d'ensemble est celui d'un enfant plutôt malheureux.

L'épisode de la rue de Lecat, la pédophilie et le mariage

À l'âge de 13 ans et 1 mois a lieu un événement capital pour la compréhension de Gide. La scène se passe à Rouen, rue de Lecat, au domicile de son oncle Émile Rondeaux, fin décembre 1882. Après avoir quitté la maison où il vient de passer un moment avec ses cousins et surtout ses cousines, pour une raison inconnue, sans doute un attrait sexuel pour sa jolie tante Mathilde[39], qui l'a un jour profondément troublé en le chatouillant sous sa chemise, il revient sur ses pas. Étonnée, la bonne lui fait comprendre qu'il dérange. Il entre

---

36. J. Lacan, *Les quatre concepts fondamentaux de la psychanalyse, Le Séminaire, Livre XI,* Paris, Le Seuil, 1973.
37. A. Gide, *Les caves du Vatican,* Paris, Gallimard, coll. « Folio », 1985. Dieu lui-même y est présenté comme pouvant tromper son monde. Voir en particulier p. 238.
38. A. Gide, *Si le grain ne meurt, op. cit.,* p. 193.
39. Telle est en tout cas l'interprétation de Lacan, à laquelle on ne peut que souscrire si on lit attentivement Gide.

néanmoins et passe devant le bureau fermé de son oncle au premier étage – le premier étage est à l'époque le rez-de-chaussée. Son oncle est absent. Au deuxième étage, la chambre de sa tante est éclairée, il l'aperçoit par la porte entrouverte en proie à des vapeurs, que Lacan interprétera, grâce à *La porte étroite,* comme l'attente de son jeune amant – Gide n'a jamais fait que le suggérer. Ce qu'André Gide trouvera horrible plus tard, c'est la présence auprès d'elle de deux de ses enfants, ce qui signifiait pour lui qu'elle les avait mêlés à sa jouissance [40]. Cette horreur névrotique n'est-elle pas surprenante chez un pédophile ? Gide monte ensuite au troisième étage et entre dans la chambre obscure de sa cousine Madeleine, sa cousine préférée, l'aînée des six enfants d'Émile et de Mathilde Rondeaux, qui est à moins de deux mois de ses 16 ans. Elle pleure, agenouillée contre son lit.

Il se passe alors une chose étrange. En réponse à l'immense détresse de cette jeune fille, ce garçonnet décide de lui offrir sa vie : « [...] dans ce petit être que déjà je chérissais [vous voyez sa confusion avec un adulte], habitait une grande, une intolérable détresse, un chagrin tel que je n'aurais pas trop de tout mon amour, toute ma vie, pour l'en guérir. Que dirais-je de plus ? [...] J'avais erré jusqu'à ce jour à l'aventure ; je découvrais soudain un nouvel orient à ma vie [41] ». Cette offrande est destinée à combler un manque féminin. C'est un drôle de cadeau. Offrir sa vie, n'est-ce pas, dans ce cas, une façon de la rendre à quelqu'un qui représente la mère, voire de la rendre en une véritable résorption ou réabsorption où il devient elle, et même au-delà, où il devient la mère de Madeleine ? Ne voit-on pas ici à l'œuvre un des effets de la pulsion de mort que Freud définit comme un retour à l'état inanimé d'avant la vie [42] ?

Gide décrit cette offrande comme un *« Schaudern »*. Il parle ainsi de son second *« Schaudern »* : « On eût dit que brusquement s'ouvrait l'écluse particulière de je ne sais quelle commune mer intérieure inconnue [notez bien : "mer intérieure inconnue"] dont le flot s'engouffrait démesurément dans mon cœur [43]. » Dans *La porte étroite,* il

40. A. Gide, *Si le grain ne meurt*, *op. cit.*, p. 125 ; *La porte étroite*, *op. cit.*, p. 24.
41. A. Gide, *Si le grain ne meurt*, *op. cit.*, p. 125-126.
42. Cf. S. Freud (1920), « Au-delà du principe de plaisir », dans *Essais de psychanalyse*, Paris, Payot, 1987, p. 43-115.
43. A. Gide, *Si le grain ne meurt*, *op. cit.*, p. 133.

décrit plus précisément l'offrande de Jérôme pour Alissa : « Ivre d'amour, de pitié, d'un indistinct mélange d'enthousiasme, d'abnégation, de vertu, j'en appelais à Dieu de toutes mes forces, et m'offrais, ne concevant plus d'autre but à ma vie que d'abriter cette enfant contre la peur, contre le mal, contre la vie [44]. » « Contre la vie » : il ne croit pas si bien dire, nous le verrons [45]. Bien qu'écrit à l'âge adulte, Gide se voit, dans ce texte, comme déjà adulte [46] à 13 ans face à une cousine qui en avait 16.

Gide semble avoir été fixé à cette scène de la rue de Lecat. On en retrouve beaucoup d'allusions dans son œuvre [47]. Dans *Les caves du Vatican* par exemple, le jeune Lafcadio croise un attroupement dans la rue : « Lafcadio parvint au premier rang. Là sanglotait une pauvresse agenouillée. – Mes enfants ! mes petits enfants, disait-elle. Une jeune fille la soutenait, dont la mise simplement élégante dénonçait qu'elle n'était point sa parente, très pâle, et si belle qu'aussitôt attiré par elle, Lafcadio l'interrogea. – Non, Monsieur, je ne la connais pas. Tout ce que j'ai compris, c'est que ses deux petits enfants sont dans cette chambre au second, où bientôt vont atteindre les flammes ; elles ont conquis l'escalier ; on a prévenu les pompiers, mais le temps qu'ils viennent, la fumée aura étouffé les petits [48]. » Dans le récit, Lafcadio le vaurien [49] sauvera les deux enfants.

Il y a surtout dans l'œuvre de Gide une incessante répétition du thème de la porte. On voit quelque chose à travers une porte ouverte. Quelqu'un arrive par une porte. « Porte » est un grand signifiant gidien. Gide parle de « porter » ses œuvres. Il semble aussi s'être fixé au chiffre 13. Cet arithmomane invétéré, qui comptait tout le temps, a écrit une petite pièce de théâtre intitulée *Le treizième arbre* [50], et il est souvent question dans ses écrits, et probablement dans sa vie, de garçons qui ont 13 ans, ou 12 ou 14. Le chiffre 16 est tout aussi impor-

---

44. A. Gide, *La porte étroite*, *op. cit.*, p. 26.
45. Comme nous le verrons plus loin, il lui fera mener une vie infernale.
46. Puisqu'il écrit « cette enfant », ce qu'elle n'était pas pour lui à cette époque-là.
47. Cf. J.-M. Jadin, *André Gide et sa perversion*, Strasbourg, Arcanes, 1995, p. 133-150.
48. A. Gide, *Les caves du Vatican*, *op. cit.*, p. 64.
49. L'appellation « vaurien » vient de Jean Allouch, le premier a avoir dégagé l'importance du rien chez Gide. Cf. J. Allouch, *Lettre pour lettre*, Toulouse, érès, 1986.
50. A. Gide, *Théâtre*, Paris, Gallimard, 1981.

tant : Madeleine avait 16 ans quand il l'a aimée ; il aimera Élisabeth Van Rysselberghe et Marc Allégret quand ils auront 16 ans[51].

Il dit offrir sa vie à Madeleine. Il lui offrira surtout de l'écrit. Pour elle, il devient écrivain en pensant que le fétiche littéraire la comblera. C'est à l'âge de 20 ans, après un énième refus de Madeleine de l'épouser, qu'il écrit son premier livre : *Les cahiers d'André Walter*[52]. Il ne cessera plus d'écrire, sans doute toujours pour elle.

Riche et de ce fait nullement obligé de travailler, Gide passe son temps à voyager, au départ pour échapper à sa mère. C'est en 1893, à l'âge de 24 ans, alors qu'il se trouve en Tunisie avec son ami le peintre Paul-Albert Laurens, qu'il franchit la porte de la pédophilie. Il est alors atteint d'une très grave tuberculose pulmonaire. Tout comme il s'est offert à Madeleine en lui offrant de l'écrit, il s'offre à un jeune guide en lui offrant du sexe. C'est une fois encore parce qu'il ne supporte pas la déception qu'il perçoit chez l'autre. Ali, âgé de 14 ans, s'est dénudé et le regarde en riant : « Et je vis son rire lentement se faner, ses lèvres se refermer sur ses dents blanches ; une expression de déconvenue, de tristesse assombrit son visage charmant. Enfin il se leva : – Alors adieu, dit-il. Mais, saisissant la main qu'il me tendait, je le fis rouler à terre[53]. » Gide parle de « seuil » pour cet événement. Et c'est bien d'un nouveau franchissement de porte qu'il s'agit. Un peu plus tard, il sera confirmé dans sa pédérastie pédophilique, en particulier grâce à son ami Oscar Wilde. Après quelques relations hétérosexuelles plus ou moins satisfaisantes[54] avec des prostituées, il s'éloignera pour longtemps du sexe féminin.

Gide n'est pas seulement un pédéraste, il est aussi un provocateur. Ainsi veut-il imposer à sa mère la présence chez eux de son jeune ami Athman. Et lorsqu'elle vient le trouver en Afrique du Nord, il lui montre sur le balcon d'en face une jeune prostituée arabe. Elle entre en conflit avec son fils et meurt à l'acmé de leur différend d'une

51. Cf. J.-M. Jadin, « André Gide 13, 16, 18. Un calcul du désir », dans *Le désir à l'œuvre, André Gide à Cambridge 1918-1998*, Amsterdam-Atlanta, Éd. Naomi Segal, 2000, p. 267-281.
52. A. Gide, *Les cahiers et les poésies d'André Walter*, Paris, Gallimard, 1986.
53. A. Gide, *Si le grain ne meurt*, *op. cit.*, p. 299.
54. Gide n'a eu que quelques aventures avec les prostituées, dont les plus belles le glaçaient. Il semble n'avoir eu du plaisir qu'avec la jeune Meriem Ben Atala. Cf. *Si le grain ne meurt.*

attaque cérébrale, probablement une hémorragie, le 31 mai 1895, à l'âge de 60 ans.

Ne supportant aucun manque, la personnalité addictive[55] de Gide le conduit à la remplacer sur-le-champ. Grâce à sa propre névrose œdipienne[56] qui l'a conduite à vouloir se mettre à la place des mères, Madeleine accepte la substitution. Ils se fiancent le 17 juin, dix-sept jours après le décès de Juliette Gide, et se marient quelques mois plus tard, les 7 et 8 octobre. C'est un deuxième franchissement de porte. « Lorsque je demandais sa main, je regardais moins à moi qu'à elle ; surtout j'étais hypnotisé par cet élargissement sans fin où je souhaitais l'entraîner à ma suite [...]. Je crus que tout entier je pouvais me donner à elle, et le fis sans réserve de rien[57]. »

Conformément à la lettre de ces dernières lignes – « sans réserve de rien » –, il ne lui offrira rien parce que le rien, il ne le gardera pas pour lui. Ils n'auront jamais aucune relation sexuelle, ce mariage sera blanc.

Il offrira l'enfer à sa femme. Transposant dans des actes difficilement compréhensibles la scène de la rue de Lecat, il tentera de séduire de jeunes garçons devant Madeleine au cours de leur voyage de noces en Italie et en Afrique du Nord. Il rapporte la scène suivante qui a lieu dans un train en Algérie : « Dans le train qui nous ramenait de Biskra, trois écoliers regagnant leur lycée, occupaient le compartiment voisin du nôtre à peu près plein. Ils s'étaient à demi dévêtus, la chaleur étant provocante, et seuls dans ce compartiment menaient un train d'enfer. À chacun des fréquents mais brefs arrêts du train, penché à la petite fenêtre du côté que j'avais baissée, ma main pouvait atteindre le bras d'un des trois écoliers qui s'amusait à se pencher vers moi, de la fenêtre voisine, se prêtait au jeu en riant ; et je goûtais de suppliciantes délices à palper ce qu'il offrait à ma caresse de duveteuse chair ambrée [...]. Puis le train repartait. Je me rasseyais, haletant, pantelant, et feignais d'être absorbé par la lecture. Madeleine, assise en face de moi, ne disait rien, affectait de ne pas me voir, de ne

55. Il s'agit de la personnalité du drogué. Tout manque y est immédiatement comblé avec un objet réel.
56. Madeleine est restée fixée toute sa vie dans son amour pour son père.
57. A. Gide, *Si le grain ne meurt*, *op. cit.*, p. 368-369.

pas me connaître[58]. » On voit bien ici l'identification de Gide à sa tante Mathilde, la chatouilleuse.

Profondément blessée par le comportement de son mari, Madeleine Gide sortira de moins en moins de chez elle, et finira par rester dans sa grande demeure normande de Cuverville-en-Caux, héritée de son père. Gide en revanche voyagera énormément, notamment en Afrique du Nord.

La porte de l'Angleterre et ses suites

En 1918, à l'âge de 48 ans et demi, Gide franchit un nouveau seuil, tout comme il l'avait fait en devenant pédophile ou en se mariant. Il se rend en Angleterre avec un jeune amant, postpubère cette fois, Marc Allégret, le futur metteur en scène[59], qu'il aime depuis deux ans, et le dit à sa femme. La pédophilie lui avait fait franchir la porte de sa tante au deuxième étage, puisqu'il s'identifiait à elle dans l'acte pédophilique, le mariage la porte de Madeleine au troisième étage. Le voyage en Angleterre lui fait franchir la porte du père au premier étage.

Il s'identifie non pas au père qu'est Émile Rondeaux, mais à un autre père, Élie Allégret, le père de Marc. Il s'identifie à lui en marchant sur ses pas. Le pasteur Élie Allégret, son tuteur après la mort de son père, l'avait emmené à Londres lorsqu'il avait 18 ans. Or, en 1918, Marc Allégret a 18 ans. Il emmène donc le fils quand celui-ci a l'âge qu'il avait lui-même au moment où le père de ce fils l'avait emmené au même endroit. Le départ est prévu pour le 18 juin 1918 – pas à 18 heures, ce sera pour le général de Gaulle en 1940. En réalité, je l'ai appris il y a quelques mois, ils ne sont partis que le lendemain matin en raison d'une rencontre imprévue. Cela ne change rien, le départ était prévu pour le 18 et le 18 est le chiffre du père, cependant que le 13 est celui du jeune garçon et le 16 celui de

58. A. Gide, *Et nunc manet dans te,* dans *Journal* 1939-1949. *Souvenirs, op. cit.*, p. 1134.
59. Marc Allégret, frère aîné d'Yves Allégret, a en particulier réalisé *Fanny* de Pagnol, *Le lac aux dames, Les amants terribles, Entrée des artistes, L'arlésienne, En effeuillant la marguerite, Sois belle et tais-toi*… Il devint, semble-t-il, ce qu'on appelle un homme à femmes après sa liaison avec Gide.

la personne aimée. Ces trois âges correspondent aux trois étages de la rue de Lecat et forment pythagoriquement une sorte de complexe d'Œdipe arithmétique. Pour compléter les données sur cette identification à Élie Allégret, notons que, dans *La symphonie pastorale* rédigée peu avant son voyage, Gide évoque un pasteur qui pénètre dans la chambre obscure de la jeune Gertrude qui est aveugle, tout comme lui-même était entré dans la chambre de Madeleine. Le pasteur y a pris la place de Gide. Au cours de son séjour en Angleterre, Gide se rend en Écosse comme Élie Allégret trente ans plus tôt[60]. Et comment ne pas remarquer la présence du père de Gide dans son voyage anglais, comme dans son passage à la pédophilie ? En juin 1918, il a 48 ans et demi, l'âge auquel son père est décédé ; au moment où il passe à la pédophilie, il est atteint de tuberculose, maladie dont son père est mort.

Il y a quelque chose d'étonnant, spécifique, à mon avis, à la structure perverse, dans la façon qu'a Gide de s'identifier en mettant ses pas dans les pas de quelqu'un, fût-ce dans les bras puisqu'il s'identifie à sa tante Mathilde qui le chatouillait sous la chemise. On peut même dire qu'il s'« identifie » par la position à lui-même, jeune garçon de 13 ans de la rue de Lecat, arrêté devant la porte de sa tante, franchissant celle de Madeleine. *Gide n'est que localisé, situé.* Il n'est qu'arpenteur de ses identifications. Il a du lieu et pas de place. Les lieux, où il n'est que là où il est, sont choisis par Gide comme des restes étranges d'une étrange grâce sur fond de disgrâce. Il n'emporte qu'en tant que lieu le geste de sympathie de sa tante, une attention de son tuteur, la grâce que lui a faite sa cousine en pleurant devant lui. Nous reviendrons encore sur ce rapport si particulier de la perversion à l'espace, qui est tout aussi bien un rapport au temps.

Madeleine Gide ne supporte pas la fugue de son mari. La veille de son départ elle s'écrit : « Ne me dis plus jamais rien. Je préfère ton silence à ta dissimulation[61]. » Peu après elle brûle toutes les lettres qu'il lui a écrites depuis leur enfance, détruisant ainsi son fétiche. Lorsqu'il l'apprendra quelques mois plus tard, il en sera bouleversé :

60. Cf. D. Steel, « Gide à Cambridge 1918 : considérations géo-sexuelles », dans *Le désir à l'œuvre. André Gide à Cambridge 1918-1998*, *op. cit.*, p. 17-42.
61. *Ibid.*, p. 3.

« Je souffre comme si elle avait tué notre enfant[62]. » Lacan évoquera « le gémissement d'André Gide, celui d'une femme de primate frappée au ventre[63] ». Gide écrit : « [...] durant huit jours, je pleurais sans arrêt, sans parvenir à épuiser l'amertume de notre deuil[64] ». La chose va même plus loin : « Je n'ai vécu plus qu'avec ce sentiment indéfinissable de m'agiter parmi les apparences – parmi ces apparences qu'on appelle réalité[65]. » Curieusement, et comme par hasard, c'est à partir de ce moment de crise[66] qu'une de ses amies, Maria Van Rysselberghe, appelée la Petite Dame à cause de son 1 m 52 – c'est aussi la taille de Madeleine Gide – se met à noter dans un cahier les moindres paroles et tous les faits et gestes de Gide. Elle le fera jusqu'à la mort de l'écrivain et ne le lui révélera qu'à l'instant de sa mort.

Le malaise de Gide est tel dans les années qui suivent qu'en 1922 il commence une psychanalyse avec Eugénie Sokolnicka[67], mais s'arrête après cinq séances sans que l'on sache pourquoi. Il s'identifie toujours davantage à la figure du père, et en juillet 1922 il fait un enfant avec la fille de la Petite Dame, Élisabeth Van Rysselberghe, laquelle souhaitait depuis très longtemps en avoir[68]. Catherine naît le 18 avril 1923. Élisabeth a alors à peu près l'âge qu'avait la mère de Gide lorsqu'il est né. Peut-être voulait-il se refaire ? Cette paternité est tenue secrète très longtemps, même à l'enfant. Gide ne la reconnaîtra qu'à la mort de Madeleine en 1938. Celle-ci connaissait pourtant l'existence de Catherine[69].

En 1925-1926, Gide remet ses pas dans ceux d'Élie Allégret : il voyage en Afrique avec Marc Allégret, au Congo et au Tchad, là où Élie Allégret avait été missionnaire[70]. À son retour, il dénonce avec

62. A. Gide, *Et nunc manet dans te, op. cit.*, p. 1146.
63. J. Lacan, « Jeunesse de Gide ou la lettre et le désir », dans *Écrits*, Paris, Le Seuil, 1966, p. 761.
64. A. Gide, *Et nunc manet dans te*, *op. cit.*, p. 1147 note 1.
65. *Ibid.*, p. 1148, en note.
66. La Petite Dame débute son *Journal* le 11 novembre 1918.
67. Eugénie Sokolnicka (1884-1934) fut une des premières psychanalystes pour enfants. Elle fut mandatée par Freud à Paris où Gide et le groupe de la *Nouvelle revue française* s'intéressaient à la psychanalyse. En proie sans doute à un délire de persécution, elle eut d'importantes difficultés. Elle se suicida par le gaz.
68. Depuis 1916 semble-t-il. Elle en avait fait part à Gide dans le train qui les ramenait de l'enterrement d'Émile Verhaeren, amant de la Petite Dame.
69. Cf. S. Ausseil, *Madeleine Gide ou de quel amour blessée*, Paris, Robert Laffont, 1993.
70. A. Gide, *Voyage au Congo* et *Le retour du Tchad*, dans *Journal* 1939-1949. *Souvenirs*, *op. cit.* ; ainsi que M. Allégret, *Carnets du Congo, Voyage avec Gide*, Paris, Presses du CNRS, 1987.

beaucoup d'énergie les abus des compagnies coloniales à l'égard des Noirs, rachetant en quelque sorte la faute des ancêtres Rondeaux. À la même époque il publie sa défense de l'homosexualité : *Corydon*, devient militant du parti communiste et sera même convié à un voyage en URSS [71]. Quand il en reviendra, il sera l'un des premiers intellectuels à faire la critique du stalinisme. Si je rapporte ces faits, c'est pour dire combien il est injuste de porter un jugement monolithique sur les pervers sexuels : l'engagement moral le plus noble y côtoie parfois les actes les plus détestables.

Il n'y a pas grand-chose à dire des dernières années de Gide, pédophile d'un côté et « bon père » – si ce terme a un sens – de l'autre. Sa gloire littéraire devient universelle. Il reçoit le prix Nobel [72] et meurt en 1951, à l'âge de 82 ans. Il s'éteint avec Virgile à son chevet tout comme son père avait Platon. Malgré sa créativité et sa singularité, peut-être n'a-t-il, dans une certaine dimension, *jamais rien fait d'autre qu'imiter le geste des autres sans en être,* ainsi qu'il en avait eu l'intuition lors d'un de ses *« Schaudern »*.

Le déni de la castration féminine

Pour saisir ce qu'il en est de la perversion, chez Gide en particulier, j'ai cherché à relier ces faits entre eux, à y introduire certains concepts psychanalytiques classiques – déni de la castration [73], clivage du moi [74], fétichisme [75], etc. – et à les mettre en réseau. Je propose que nous parcourions ce réseau en divers sens afin de découvrir les relations entre ces concepts [76]. Allons à l'aventure et prenons le premier

71. A. Gide, *Retour de l'URSS* suivi de *Retouches à mon retour de l'URSS*, Paris, Gallimard, 1936-1937.
72. On peut remarquer que ce prix Nobel lui fut attribué alors même que sa pédophilie était évoquée dans *Si le grain ne meurt.* Par ailleurs, le général de Gaulle lui serra la main. Qu'en serait-il aujourd'hui ? *O tempora, o mores !...*
73. S. Freud, « L'organisation génitale infantile » et « le fétichisme », dans *La vie sexuelle*, Paris, PUF, 1959.
74. S. Freud, « Le clivage du moi dans le processus de défense », dans *Résultats, idées, problèmes, II*, Paris, PUF, 1985.
75. S. Freud, « Le fétichisme », *op. cit.*
76. Tous les concepts sont reliés entre eux comme sont reliées les deux faces d'un ruban de Möbius. Cf. la première partie du présent ouvrage.

concept dont j'ai fait usage : le déni. Gide refuse la réalité de la mort de son père. Il sait bien ce qu'on lui a dit et il voit le chagrin des autres, mais l'absence du père qu'il constate est interprétée en lui comme n'étant qu'une absence à ses yeux. Le père est là quelque part, mais son être-là est masqué, voilé. Sans doute s'agit-il du même mécanisme ou processus que celui décrit par Freud en 1923 sous le nom de *Verleugnung* (traduit par « démenti », « désaveu », « déni ») à propos du refus du pervers de la castration féminine. C'est une façon très particulière de la nier. La *Verleugnung* est un concept sur lequel les psychanalystes ne cessent de s'interroger. Gide nous offre ici la possibilité de le saisir intimement, si l'on peut dire. L'absence d'une chose est certes vue, qu'il s'agisse de la mort du père ou de l'absence du pénis chez une femme, mais elle n'est *que* vue. Son *absence est vécue comme n'étant que cette absence à la vue.* On retrouve dans la *Verleugnung* le caractère restrictivement situé des choses, que nous évoquions. L'espace est un ensemble arpentable de lieux. La mort du père, tout comme la castration féminine, n'est que là où elle est, dans les yeux en fin de compte.

D'où l'idée, souvent reprise par Gide, qu'il y a une autre réalité à laquelle on aurait accès en se crevant les yeux[77]. Si je vois la castration, il suffit de me crever les yeux qui la voient pour avoir accès à ce qui est au-delà du manque de pénis apparent. À l'âge de 8 ans, réveillé pendant la nuit, André Gide découvre un bal costumé où les femmes en particulier sont tout autres : « C'est évidemment cette amie de ma mère que j'ai vue précisément ce matin ; mais tout de même, je ne suis pas bien sûr que ce soit tout à fait elle, elle réellement[78]. » Nous retrouvons le célèbre « je sais bien, mais quand même[79] » d'Octave Mannoni qui caractérise le déni.

À propos de cette scène du bal, Gide écrit : « Il y a la réalité et il y a les rêves ; et puis il y a une seconde réalité. » Et plus loin il ajoute : « La croyance indistincte, indéfinissable, à je ne sais quoi d'autre, à

77. Cf. A. Gide, *Thésée*, Paris, Gallimard, coll. « Folio », 1981 ; et G. Strauss, « Cécité et aveuglement », dans *Revue des lettres modernes* 280-284, *André Gide 2*, Paris, 1971, p. 89-104.
78. A. Gide, *Si le grain ne meurt*, *op. cit.*, p. 27.
79. O. Mannoni, *Clefs pour l'imaginaire ou l'Autre scène*, Paris, Le Seuil, 1969.

côté du réel, du quotidien, de l'avoué [notez cet "avoué" qui renvoie explicitement à une des traductions les plus fréquentes de la *Verleugnung* par le « désaveu »] m'habita durant nombre d'années ; et je ne suis pas sûr de n'en pas retrouver en moi, encore aujourd'hui, quelques restes. » Vous voyez que si l'on se laisse instruire par Gide, ce qui est *verleugnet* n'est pas vraiment « dés-avoué » mais « an-avoué [80] ». C'est un « a-réel » au-delà de la réalité restreinte, qui est visible et visuelle, qui est situable, repérable, arpentable. Il est au-delà, mais en dépend directement. La réalité restreinte conditionne l'« a-réel ».

Dans son *Journal* de 1924, Gide précise sa croyance : « Je puis être extrêmement sensible au monde extérieur, mais je ne parviens jamais parfaitement à y croire [...]. Je crois même que ce sens du monde extérieur varie beaucoup selon les espèces animales. Un chat est habitué à un appartement ; mais, sortant de cette salle à manger, il trouverait à côté, au lieu de la galerie, une forêt vierge, il n'en serait pas trop étonné. Il me semble que moi-même... en ouvrant cette porte, tout à coup je me trouverais en face de... par exemple : de la mer... Eh bien ! oui, je dirais : c'est bizarre ! parce que je sais qu'elle ne devrait pas être là ; mais cela c'est du raisonnement [81]. » Chaque porte est pour lui au bord de la « mer », de la « mère » de Madeleine comme de sa mère, comme si l'au-delà des portes de la rue de Lecat était non pas quelque part en lui dans sa mémoire, mais dans la réalité à portée de pas et de bras [82], légèrement au-delà d'une enjambée ou d'un geste de la main. Ce que Gide a vécu rue de Lecat n'est pas sans analogie avec ce qu'a vécu le jeune garçon à l'aube de sa perversion dans l'exemple célèbre de Freud [83]. Il est resté fixé sur la chaussure ou sur la jambe afin de ne pas voir plus haut le manque de pénis chez

80. La réalité première, celle du quotidien, est pour Gide du côté de « l'avoué ». La seconde réalité, qu'il situe derrière elle, est autre que celle qui est avouée. Son absence d'aveu n'est pas vraiment un « dés-aveu ». Elle manque simplement d'aveu, d'adhésion, de validation. On ne peut pas dire qu'elle est issue d'un refus actif de l'aveu, elle est non advenue à l'aveu, en gésine, dans les limbes. La différence est du même ordre que celle entre un « ne pas dire » et un « dire que non ».
81. A. Gide, *Journal 1887-1925*, Paris, Gallimard, coll. « Bibliothèque de la Pléiade », 1996, p. 1269.
82. Il s'agit d'un imaginaire réel.
83. S. Freud, « Le fétichisme », *op. cit.*, p. 136.

une femme. Gide, lui, est resté fixé à la scène elle-même et à son propre regard qui la voyait. Puisque la réalité de la castration, ou l'en-deçà des portes, ne tient qu'à la vue, se crever les yeux est donc un moyen de l'annuler. Ainsi, dans le *Thésée* de Gide, Œdipe dit : « Ce que je voulais crever, ce n'était point tant mes yeux que la toile ; que ce décor où je me démenais, ce mensonge à quoi j'avais cessé de croire ; pour atteindre la réalité [84]. » Drôle d'inceste ! La cécité est un autre thème essentiel [85] chez Gide – rappelez-vous l'aveugle de *La symphonie pastorale.*

Au lieu de se crever les yeux, on peut aussi voiler la réalité ou la « survoiler », puisqu'elle est déjà en soi un voile. Et l'on crée alors un au-delà du voile ou un au-delà de la porte. Ses allusions aux voiles sont fréquentes, lui-même s'habille de voiles [86]. On connaît sa célèbre houppelande qui l'enveloppe sur ses photographies. Il y a bien davantage : dans *Les caves du Vatican* par exemple, Gide décrit minutieusement l'étoffe des vêtements de la plupart de ses personnages. Son ami Roger Martin du Gard a fait une description très drôle de son vêtement de nuit : « Ainsi, j'ai découvert que, pour dormir, il s'affuble d'une sorte de lévite blanche, épaisse, cotonneuse, dont la jupe lui descend jusqu'aux chevilles comme un pagne de boulanger ; et il s'enroule autour de la taille, aussi serrée qu'il peut, comprimant le diaphragme, une large écharpe de trois mètres de long, en soie noire ! Il ressemble à quelque funèbre mamamouchi [87]. » Il y a, chez Gide, un certain transvestisme comme il y a du fétichisme, de l'exhibitionnisme, du masochisme, etc. En chaque pervers sexuel, se retrouvent, plus ou moins « exprimées », presque toutes les perversions.

Le voile cache à la vue un pénis féminin fantasmé ou plus exactement, puisque nous sommes dans une structure très particulière, un pénis « a-réel » ou « an-avoué ». Il est là derrière le voile, dans sa seconde réalité. Dans *La tentative amoureuse,* Luc voile explicitement le membre de Rachel : « Rachel était assise sur le lit, les cheveux défaits, presque nue, couverte seulement d'un châle presque tout

84. A. Gide, *Thésée, op. cit.,* p. 108.
85. Cf. G. Strauss, *op. cit.*, note 78.
86. Cf. J.-M. Jadin, *André Gide et sa perversion, op. cit.*, p. 103-109.
87. R. Martin du Gard, *Œuvres complètes,* t. 2, Paris, Gallimard, coll. « Bibliothèque de la Pléiade », 1983, p. 1391.

retombé ; certes elle attendait. Luc arriva, rougit, sourit – mais ayant vu ses jambes exquises si frêles, il y sentit une fragilité, et s'étant agenouillé devant elle, il baisa ses pieds délicats, puis ramena le pan du châle [88]. » Ce sont non pas les jambes que Gide évoque le plus souvent, mais les « pieds nus ». Souvent les « pieds nus [89] » de ses personnages font irruption dans ses récits comme des cheveux superfétatoires sur la soupe. C'est un autre fétiche.

La prévalence métonymique, le fétiche et le rien

Y aurait-il chez Gide, et plus généralement dans la structure perverse, quelque raison plus fondamentale au déni de la castration féminine, au clivage de la réalité, au fétichisme et à toutes ces particularités que nous avons évoquées ?

Nous approchons au plus près du cœur de la structure perverse avec les notions de métaphore et de métonymie, prises non dans leur définition rhétorique classique, mais au sens que Lacan leur a donné, centré sur leurs fonctions [90]. Il y a *dans la structure perverse une défaillance très importante de la métaphore.* Lorsque le névrosé parle, tout ce qu'il dit est une allusion surtout métaphorique à un objet corporel perdu, sein ou selles essentiellement, et à un objet imaginaire manquant : le phallus imaginaire, au sens de sa capacité à combler la mère. Dans la métaphore, que Lacan définit par *un mot pour un autre* [91], mais qui peut être une phrase pour une autre, une idée pour une autre, l'allusion n'est pas difficile à saisir, le substitué peut être décelé dans le substituant. Il n'y a pas de barre de résistance à la signification. Dans l'exemple de Lacan [92], ce vers de Victor Hugo qui décrit Booz, « Sa gerbe n'était point avare ni haineuse », on voit bien que « gerbe » se substitue à la générosité, à la fécondité, à la descendance, mais aussi au pénis de Booz. On peut le deviner. La méta-

88. A. Gide, *La tentative amoureuse* dans *Le retour de l'enfant prodigue,* Paris, Gallimard, 1980, p. 35.
89. Cf. J.-M. Jadin, *André Gide et sa perversion, op. cit.*, p. 108-109.
90. J. Lacan, *Écrits, op. cit.,* p. 505-509.
91. *Ibid.*, p. 507.
92. *Ibid.*, p. 506.

phore donne facilement accès au sens. C'est la métaphore qui donne l'impression qu'une psychanalyse va vers des couches de plus en plus profondes. Elle confère une profondeur allusive au discours d'un sujet.

Dans la perversion fonctionne quasi exclusivement la métonymie. Lacan la définit par le *mot à mot*[93]. Toute la charge, toute la signification d'un mot y est virée sur un mot connexe totalement contingent. Dans ce deuxième mot, on ne retrouve pas le premier. De ce fait, la métonymie crée une barre de résistance à la signification. Toute allusion fondamentale à l'objet corporel perdu ou au phallus manquant en est donc absente. Le sujet tourne autour et non pas très loin, mais à l'infini puisque, en principe, il ne s'en approche pas. Si un chêne représente une vache qui s'est un jour reposée à l'ombre de ses branches, on ne voit pas comment saisir la vache dans le chêne. Impossible de le deviner, il faut le savoir. C'est ce sur quoi bute techniquement la psychanalyse du pervers. Le psychanalyste doit se contenter du peu de métaphore qu'il y a ou créer de la métaphore avec les métonymies.

Dans la métaphore, une chose est elle-même, et autre chose qui la double en quelque sorte. *L'être est autre.* C'est ce que dit Platon dans un de ses dialogues[94]. Dans la métonymie, du fait de la résistance à la signification, une chose n'est qu'elle-même, l'être est ou bien il n'est pas. C'est ce que dit Parménide dans son *Poème*[95]. *Dans la métonymie, une chose n'est que son propre lieu, son propre site.* Nous retrouvons ce que nous disions du rapport de Gide à l'espace.

Dans une structure où prévaut la métaphore, on dit aisément autre chose que ce que l'on dit, on se défait aisément de l'être de ce qu'on dit par le sens de ce qu'on dit. La gerbe n'est pas que la gerbe, elle est en elle-même autre chose. La gerbe est entamée. Dans une structure où prévaut la métonymie, pour néanmoins exprimer autre chose que ce que l'on dit – ce qui est nécessaire pour être non pas une machine, mais un sujet – on fait appel à du radicalement autre, et cela provoque une déchirure. Il y a le chêne et il y a la vache, il y a la galerie et il y a la réalité seconde de la mer.

---

93. *Ibid.*, p. 506.
94. Dans *Le sophiste* et dans *Le parménide.*
95. *Parménide, op. cit.*, note 22.

Lacan et Freud énoncent cela autrement. Lacan parle d'un signifiant premier S_1, appelé signifiant maître qui représente le sujet auprès d'un second signifiant S_2, appelé signifiant binaire[96]. Le premier est celui qui donne l'être, le second celui qui donne sens au premier. J'ai souvent cité cet exemple[97] : une analysante rencontre le signifiant « ver » au cours d'une scène vécue dans l'enfance où sa mère la nettoyait de ses oxyures. Plus tard, elle a fait des poèmes (des vers), s'est inscrite dans le parti écologiste (chez les Verts), s'est intéressée à l'œnologie (on y déguste des verres de vin). Ce qui ne faisait qu'être s'était diversifié en différents sens. Sa psychanalyse a fait un grand pas dès qu'ont été mis en rapport l'être et le sens, S_1 et S_2. À ce moment d'intersection, s'est produit un effet de sujet, c'est-à-dire de coupure entre l'être et le sens. Lacan parle de division du sujet. L'être y est entamé par le sens, le sens par l'être.

Un tel moment de sujet apparaît chez Freud au début de son article sur la *Ichspaltung* (clivage du moi) de 1938 consacré à la structure perverse justement : « Pour un instant je me trouve dans l'intéressante position de ne pas savoir si ce que je veux communiquer doit être considéré comme connu depuis longtemps et allant de soi, ou comme tout à fait nouveau et déconcertant[98]. » C'est une hésitation et une coupure entre l'être et le sens, entre l'être et l'autre sens, sous la forme d'une hésitation et d'une coupure entre l'ancien et le nouveau.

Le pervers est du fait de sa prise quasi exclusive dans la métonymie, qui jamais ne donne sens, assigné à résidence dans l'être, localisé, rivé, arrimé. On pourrait dire avec Freud qu'il est toujours du côté du « nouveau et déconcertant » sans se rendre compte du « connu depuis longtemps » qui est là quand même. Gide a dans son œuvre palinodique sans cesse cherché à faire du nouveau. Le pervers récuse une certaine division du sujet, celle entre S1 et S2, ce qui l'amène, nous le verrons, à un autre clivage.

Ce fait d'être entièrement dans l'être localise le pervers non seulement du point de vue spatial, mais aussi du point de vue temporel. *Il*

---

96. J. Lacan, *Les quatre concepts fondamentaux de la psychanalyse, op. cit.*, p. 180-200.
97. J.-M. Jadin, *Côté divan, côté fauteuil. Le travail du psychanalyste,* Paris, Albin Michel, 2003, p. 34-40.
98. S. Freud, *op. cit.*, p. 283.

a un lieu et pas de place, il a un présent et pas d'histoire. Il lui manque l'épaisseur multicouche de l'ailleurs, même s'il parle de son enfance. Au regard du névrosé, le pervers manque d'âme.

Les instants forts de sa vie, qui ne sauraient devenir autres, le déchirent par le maintien de leur être. Le tissu métonymique de l'être ne peut que se déchirer de la séparation entre un signifiant S_1 et un autre signifiant S_1 et encore un troisième, etc. L'être de Gide est lui-même à 13 ans quand il s'offre à Madeleine. Cet être est éternisé, fixé, fétichisé – la fétichisation implique une fixation temporelle. L'être de Gide est aussi la tante Mathilde quand elle le chatouille. Ce geste-là également est éternisé. Il ne peut que le répéter sans l'inscrire dans une histoire. L'être de Gide est enfin le pasteur Allégret au moment où il lui fait la grâce de l'emmener à Londres. Trois gestes gracieux, trois instants de grâce sur fond de disgrâce ont marqué et déchiré à jamais le garçon ultrasensible qu'il était. À défaut de les métaphoriser il les a fétichisés, les a répétés, et en est resté clivé. Il a tenté des synthèses, mais ce ne furent pas des métaphores parlées : Marc Allégret était la synthèse ou la cohabitation de Madeleine au-delà de la porte et du jeune garçon de 13 ans en deçà. Et il fut, lui, la cohabitation de la tante Mathilde et du père Allégret.

Mais Gide était plus fondamentalement clivé *par la persistance en lui de l'être de plusieurs instants.* À partir de son passage à la pédophilie, Gide fut lui-même jouant le rôle de sa tante et le jeune garçon qui jouait celui qu'il avait été rue Lecat. Plus tard, avec le voyage en Angleterre, s'est surajouté un autre clivage : il était le pasteur Allégret et Marc Allégret qui jouait son propre rôle à 18 ans.

Son moi, dans ces moments-là et après, est à la fois lui-même qui s'identifie à un adulte, ou tout au moins se met dans sa posture, et un autre plus jeune qui le représente. Les deux personnages sont toujours en simple connexion métonymique spatiale. *Il n'y a pas de superposition métaphorique imaginaire.*

Le névrosé peut être identifié à son père, à sa mère, à sa sœur et à quelques maîtres sans être divisé pour autant, si ce n'est dans sa parole entre S_1 et S_2 et de façon pulsante. Le pervers sépare toutes ces identifications. Elles sont en connexion métonymique, mais l'une n'est pas l'autre. Cette tendance à mettre et à maintenir en connexion, au lieu de superposer et de métaphoriser dans le discours, explique certains souhaits aberrants exprimés par Gide, par exemple que sa femme reçoive chez eux de jeunes garçons[99], comme s'il voulait recréer la scène de la rue de Lecat. Il semble également qu'il ait souhaité que ce soit Marc Allégret qui fasse un enfant à Élisabeth Van Rysselberghe[100]. Avoir une relation sexuelle et faire un enfant apparaissent ici comme une tentative de mêler des identifications.

Le moi du pervers est clivé dans l'existence réelle des personnes avec lesquelles il est en quelque sorte extrudé ou extravasé. Le pervers n'a pas un moi au sens névrotique du terme. Les signifiants de ses identifications, qui sont au départ des signifiants S_1, n'ont pas donné lieu à toute une épaisseur de signifiants S_2. Il n'y a pas d'onde signifiante secondaire. En Égypte ancienne, on aurait dit qu'il n'a pas de double, pas de *ka*. De ce fait, le pervers n'a pas dans sa tête l'aura lumineuse qui accompagne l'image dans le miroir. Celle-ci n'est que là où elle est, une fois de plus. C'est ce qui explique sans doute l'espèce de prosopagnosie de Gide, qui pouvait dîner en face de quelqu'un et ne pas le reconnaître quelques heures plus tard au théâtre à côté de lui, de même que sa manière abstraite de décrire un visage de femme avec des généralités applicables à n'importe qui. Ainsi pour le visage d'*Isabelle*[101].

Un moi constitué chez quelqu'un où prévaut le mot à mot et non pas un mot pour un autre présente, me semble-t-il, une défaillance de la spécularité. *Le pas à pas moteur y tient lieu d'identification à l'image spéculaire.* N'ayant pas de spécularité consistante, Gide prenait son assise fondamentale dans la continuité du mouvement de son corps. Elle assurait sa cohésion, elle était son identification première, la souche des identifications secondaires. La trajectoire sans rupture dans l'espace tenait lieu de miroir. La vie n'était pour lui qu'un mouvement perpétuel.

Seul le jeune garçon trouve une grâce spéculaire à ses yeux. Cette grâce venue du dehors l'attire irrésistiblement, tout comme une mère est en principe attirée par son enfant. Sa nudité est l'au-delà du voile jeté sur sa propre disgrâce. Il offre dans sa pédophilie l'enfant

99. Cf. P. Herbart, *À la recherche d'André Gide,* Paris, Gallimard, 1952, p. 38-39.
100. Cela est rapporté quelque part dans l'immense *Journal de la Petite Dame.*
101. A. Gide, *Isabelle,* Paris, Gallimard, coll. « Folio », 1985, p. 70.

merveilleux au bras de sa tante, au bras de sa mère, tout comme il offrira par son voyage en Angleterre la beauté, le « pollen des Dieux [102] » de Marc Allégret à un père qui a délaissé ses enfants. À l'époque où il fréquente Marc Allégret, Gide se regarde enfin dans la glace. Et il offrira un peu plus tard la gracieuse Catherine à sa mère Élisabeth Van Rysselberghe.

La difficulté de Gide avec la métaphore, qui assombrit l'image et clive le moi, est aussi à l'origine de la constitution du fétiche. Nous avons vu la présence insistante dans son œuvre des étoffes, des voilages, des pieds nus. Mais le fétiche principal de Gide est la chose écrite.

C'est bien pour cette raison qu'il ne supporte pas la destruction par Madeleine de leur correspondance. Le fétiche est ce qui est supposé combler le manque féminin. La question se pose évidemment de savoir en quoi il est différent du phallus qui a la même fonction. Eh bien, le fétiche est d'abord vécu par le sujet comme réussissant effectivement à combler le manque. Il ne rate pas son coup. Le pervers prétend savoir ce qui comble. Le phallus en revanche n'arrive pas à combler ; il est toujours défaillant [103]. La grande différence est la nature du support : *le phallus a un support imaginaire, le fétiche un support réel, pris dans la réalité.* Face au manque du désir, le névrosé pratique une sorte de « gonflette » ou de parade imaginaire. C'est très difficile à concevoir lorsqu'on est un mâle fanfaron ordinaire ou une femme paradante pas ordinaire, mais en guise de « gonflette » le pervers propose le fétiche, c'est-à-dire quelque chose de la réalité qui porte un signifiant.

Freud en donne un exemple : « une brillance sur le nez [104] ». Dans l'analyse de ce fétichisme, il a découvert que le *Glanz auf der Nase* (« brillance sur le nez » en allemand) provenait d'une gouvernante anglaise qui disait *a glance to my nose* (« un regard sur mon nez »). Le mot *Glanz* avait pris *pars pro toto* la valeur de ce pénis de la figure qu'est le nez et qui détourne le sujet de la vision de la castration féminine. Le fétiche est porteur de signifiant tout comme un symptôme

102. L'expression est de Gide.
103. À vrai dire il n'est pas même défaillant, puisqu'il n'a jamais été que le signifiant du manque à être du sujet. Il n'a pas d'être qui le définisse.
104. S. Freud, « Le fétichisme », *op. cit.*, p. 133-134.

névrotique, mais le signifiant y est incarné, porté par quelque chose de la réalité, sans doublure imaginaire [105]. La chose littéraire et même la lettre sont dans leur choséité porteuses du signifiant, ce qui constitue un fétiche par excellence. C'est à elle qu'est dévolue chez Gide la fonction de combler le manque, à la place de la « gonflette » imaginaire absente.

La scène de la rue de Lecat dans son ensemble a été fétichisée, avec la fonction d'un seuil, comme une chaussure en cuir ou un bas en Nylon. Le seuil est triple, puisque à chaque étage une porte ouvre sur un mystère : le mystère du chagrin de Madeleine, le mystère du désir de sa tante, le mystère de ce qu'est un père. Au troisième étage, il s'offre et ne se demande pas pourquoi Madeleine pleure. Est-ce vraiment parce que son père est bafoué ? Au deuxième étage, il ne se demande pas pourquoi sa tante trompe son mari. Ne souffre-t-elle pas des éventuelles défaillances d'un mari œdipien, de quatorze ans plus âgé, qui a épousé une Mathilde Pochet alors que le nom de jeune fille de sa mère était Pouchet [106] ? Il ne se posera jamais la question de ce qu'est un père et méconnaîtra le côté inéluctable d'une insuffisance dans cette fonction, liée à sa métaphoricité constitutionnelle qui fait qu'un père, c'est toujours autre chose que ce qu'il est. Gide affirmera qu'Élie Allégret a été déficient face à ses enfants.

À chaque fois il arrête le temps et l'espace au seuil de ces portes. Il fige son mouvement. Il stoppe du même coup le mouvement de la vie à l'âge du seuil de la sexualité pubertaire, juste avant que le grain ne meure en devenant fruit. Cet arrêt est déni de la castration féminine. Sans cesse Gide essaie d'arrêter le temps, tentant de saisir l'ultime instant avant que quelque chose ne se produise, juste avant par exemple que la verroterie colorée d'un kaléidoscope ne bouge lorsqu'il le tourne [107].

À trois reprises, le génie féminin a fait fi de son fétiche principal : la chose écrite, qui est aussi la choséité du trait juste avant sa signifiance [108]. Ce furent comme trois interprétations. Madeleine Gide a

105. Cf. J. Lacan, *Écrits, op. cit.*, p. 763. Les lettres fétichisées n'ont pas de double selon Lacan.
106. Cf. C. Martin, *André Gide ou la vocation du bonheur, op. cit.*
107. A. Gide, *Si le grain ne meurt, op. cit.*, p. 12-13.
108. Cf. J.-M. Jadin, *André Gide et sa perversion, op. cit.*, p. 191-196.

brûlé la correspondance de son mari en 1918. Maria Van Rysselberghe a oublié dans un train les notes sacrées prises sur Gide du printemps 1923 à juillet 1925, c'est-à-dire pendant les premières années de sa petite fille Catherine, née le 18 avril 1923. Ces notes concernaient donc l'accession à la paternité de Gide. Notons que c'est dans un train aussi que Gide avait décidé de faire un enfant à Élisabeth Van Rysselberghe, s'offrant à combler le désir de la jeune femme tout comme il l'avait fait avec Madeleine rue de Lecat. L'acte manqué de la Petite Dame signifiait quelque chose d'essentiel de la paternité : une trouée dans la complétude de la jouissance d'une femme. La troisième « défétichisation » fut celle de Catherine Gide : une inhibition qui, d'après son mari Jean Lambert, l'a longtemps empêchée de lire l'œuvre de son père. Il est dommage que Gide n'ait rien su de ces « défétichisations », peut-être auraient-elles eu quelque effet.

Le fétiche est chose morte vouée à la mort, en ce sens qu'il subit la pétrification du signifiant maître S_1, du signifiant de l'être. Le sujet le vit comme ce qui meurt à sa place. Gide l'évoque très clairement à propos de l'écrit, dans *La tentative amoureuse* : « [...] j'étais triste parce qu'un rêve d'irréalisable joie me tourmente. Je le raconte, et cette joie, l'enlevant au rêve, je la fais mienne ; mon rêve en est désenchanté ; j'en suis joyeux [109] ». Il transforme un rêve en chose, un désir en jouissance, et cette pétrification lui permet de vivre.

Il y a chez Gide *un fantasme de vase communicant entre la vie et la mort* : non seulement avec le fétiche, mais également avec une personne, et c'est là qu'il a sans doute frôlé des faits plus graves. Ce sont les femmes et avant tout la sienne qu'il a véritablement vampirisées. Dans *Les cahiers d'André Walter* [110], l'écrivain André Walter est le double de Gide. Son héros s'appelle Allain. De la mort d'Emmanuèle, la jeune fille qu'il a aimée, il dit : « Elle meurt ; donc il la possède... [il possède son âme]. Oui, mais Allain vit encore. » En 1902, *L'immoraliste* [111] anticipe de façon hallucinante le destin de Madeleine Gide. Un certain Michel y guérit de sa tuberculose en cédant à ses pulsions sexuelles cependant que son épouse meurt de

109. A. Gide, *Journal 1889-1939,* Paris, Gallimard, coll. « Bibliothèque de la Pléiade », 1951, p. 40.
110. A. Gide, *Les cahiers et les poésies..., op. cit.*
111. A. Gide, *L'immoraliste, op. cit.*

consomption du fait de son comportement. C'est ce qui allait arriver dans la réalité. Vous pouvez lire la tragédie de Madeleine Gide dans un roman de Sarah Ausseuil : *Madeleine Gide ou de quel amour blessée*[112].

Lacan voit dans cet échange de vie l'essentiel du désir de Gide. Il en fait dans ses *Écrits* « le cryptogramme de la position de l'objet aimé par rapport au désir[113] ». Gide désire vivre de la mort de la femme qu'il aime. Lacan constate en effet que, dans *Les cahiers d'André Walter,* Lucie, la sœur d'André Walter, le double de Gide, est morte en 1885. « Il fait mourir, écrit Lacan, cette sœur imaginaire en 1885, soit à la faire naître avec lui à l'âge qu'a Madeleine quand son amour s'empare d'elle. » Or, Gide est né en 1869. 1885, c'est 1869 + 16, l'âge de Madeleine rue de Lecat. La phrase de Lacan implique une étonnante boucle temporelle. Le moment où Lucie-Madeleine meurt est celui où il l'aime, elle passe alors en lui depuis sa naissance à lui. *Elle le met au monde de par sa mort produite par l'amour de Gide.* On retrouve le même échange dans *L'école des femmes*. Éveline meurt le 12 octobre 1916[114]. Le 12 octobre, c'est le 22 novembre, date de la naissance de Gide, à peine voilé. Le 16 de 1916, ce sont les 16 ans de Madeleine.

Bien qu'il ait décrit des choses presque analogues à propos des jeunes garçons, dont la présence lui insufflait de la vie, il semble que Gide ait plutôt inversé avec eux le mouvement de la vie et de la mort. Il a mis en acte *une sorte de fantasme de Dorian Gray*. Le Dorian Gray d'Oscar Wilde est un peintre qui garde toute sa jeunesse pendant que le portrait qu'il a peint vieillit à sa place. Seuls les jeunes garçons interchangeables que Gide désire gardent leur jeunesse tandis que lui, qui est à la place du tableau, vieillit. À 70 ans encore, il chasse le même préadolescent, toujours pris par le désir de faire vivre ces enfants sans guère se soucier de ce qu'il pouvait provoquer en eux plus tard. Il les désire et ne les aime pas d'amour. C'est l'amour qui est consciemment mortifère chez lui et non le désir.

L'amour est la part mortelle détachée d'un désir qui est sans doute très fondamentalement un désir de détruire et de réduire à rien. Enfant, Gide éprouvait un plaisir sensuel intense à l'évocation d'une

---

112. S. Ausseil, *op. cit.*
113. J. Lacan, *Écrits, op. cit.*, p. 755.
114. A. Gide, *L'école des femmes,* Paris, Gallimard, coll. « Folio », 1985, p. 11.

destruction, par exemple une pile d'assiettes lâchée par une domestique dans un récit de la comtesse de Ségur[115] ou la disparition du *Gribouille* de George Sand[116]. Désespéré par les moqueries de ses frères, Gribouille se jette à l'eau, s'éloigne puis s'abandonne et se transforme en un rameau de chêne qui flotte. Le couple eau + végétal est présent dans la plupart de ses premiers écrits[117], lui-même prend d'ailleurs grand plaisir à se baigner au milieu de la verdure.

Tout petit, au jardin du Luxembourg, Gide piétine les pâtés de sable des autres enfants[118]. Très curieusement, le sable connote ses actes fondamentaux avec les enfants[119]. Son passage à la pédérastie a lieu dans les dunes et son accession à la paternité sur une plage. L'enfant naît sur fond de sable à deux reprises. Le grain qui ne meurt pas dans l'enfant fétiche est un grain de sable.

L'objet central autour duquel tourne le désir destructeur de Gide est le rien. Ce rien, il le signifie sans arrêt. Il l'énonce explicitement dans le titre d'un livre, *Le voyage d'Urien*[120]. Il y raconte un voyage en mer qui se termine au Pôle avec la découverte d'un cadavre pris dans la glace, un papier où rien n'est écrit à la main. Il est de même ouvertement question du rien dans de nombreux dialogues. L'« Acte Gratuit » prôné par Gide ne sert à rien – « Acte Gratuit » a les mêmes initiales qu'André Gide[121] : il se voit lui-même comme rien. Il devient rien en faisant disparaître toute sa vie dans l'œuvre écrite. Rien n'est vécu que pour être écrit. L'autre n'est rien non plus, ni sa femme, ni le jeune garçon qui n'est préservé de la destruction que parce qu'il n'a rien ou presque rien du côté génital et que le rien s'y symbolise souvent sous la forme du « vaurien », comme l'a noté Jean Allouch[122]. Le rien existe chez tout le monde. Il est au départ le propre détachement du sujet du corps archaïque premier que l'enfant forme avec la

115. A. Gide, *Si le grain ne meurt, op. cit.*, p. 61.
116. *Ibid.*, p. 60-61.
117. Cf. J.-M. Jadin, *André Gide et sa perversion, op. cit.*, p. 59-74.
118. A. Gide, *Si le grain ne meurt, op. cit.*, p. 10.
119. Cf. J.-M. Jadin, *André Gide et sa perversion, op. cit.*, p. 111-116.
120. A. Gide, *Le voyage d'Urien,* dans *Romans,* Paris, Gallimard, coll. « Bibliothèque de la Pléiade », 1958.
121. P. et R. Wald Lasowski, *André Gide. Une journée particulière,* Paris, J.-C. Lattès, 1992.
122. Dans J. Allouch, *Lettre pour lettre, op. cit.*

mère. Le phobique aussi tourne autour de ce rien, mais avec des symbolisations symptomatisantes imaginaires. Gide incarne le rien dans la réalité concrète. Le bonheur du végétal aquatique fait progressivement place chez lui à un très fort désir de désert.

Pour une structure « acting out »

Opposée à la manière névrotique où l'on signifie surtout avec de l'imaginaire, cette manière de signifier des fantasmes en les réalisant dans des scénarios doit être insérée dans une structure plus vaste. Il existe, je l'ai dit, une structure caractérisée par l'agir et non pas par la symbolisation imaginaire que j'ai d'abord appelée « structure acting out [123] » puisque l'acting out désigne justement un fantasme agi. En chacun de nous, se retrouvent, me semble-t-il, et la structure acting out et la névrose, comme les deux axes des coordonnées cartésiennes. Nous sommes tous plus ou moins entre les deux, plus près de l'un ou de l'autre selon la prévalence en nous de la métonymie ou de la métaphore.

Dans la névrose agissante, ou structure acting out, il y a deux éléments. D'abord une espèce de provocation croissante à l'égard des idéaux de son milieu, de ses parents, face à la loi, et en bout de course face à la mort, la recherche d'une limite dans la réalité. Cette provocation est une invocation, un appel muet dont on ne comprend pas la signification et le sujet non plus. Il y a une barre de résistance à la signification. Il peut s'agir de troubles du comportement alimentaire, de prise de drogue, d'un sport dangereux, de l'adhésion à une secte, du choix d'un partenaire spécial, d'un militantisme politique provocateur, d'une vestimentation outrancière, etc. Mais aussi d'une perversion sexuelle. Il va sans dire qu'une pratique impliquant un partenaire n'a sur le plan éthique rien à voir avec celle où sa propre vie est seule en danger. Cette provocation est la partie acting out d'un binôme dont le second élément est le passage à l'acte, suicide, accident, psychose aiguë qui parfois se chronicise, maladie somatique, fugue ou voyage lointain, etc. Le sujet, alors identifié à l'objet corpo-

---

123. J.-M. Jadin, *André Gide et sa perversion, op. cit.*, p. 219-222.

rel perdu, s'y expulse réellement du monde. C'est une désaliénation agie, réelle, radicale.

Le schéma général de cette structure est illustré par le cas de la jeune homosexuelle de Freud [124]. Celle-ci se promenait avec la dame de son cœur de plus en plus souvent et de plus en plus près du lieu où son père pouvait les rencontrer. Lorsque cela se produisit et que la dame déclara vouloir mettre fin à leur relation, elle s'élança sans délai par-dessus le parapet d'un chemin de fer urbain, et n'en sortit indemne que par miracle. Elle créait dans la réalité le manque que le regard courroucé du père avait signifié chez la dame. Un tel appel du père est toujours là dans cette structure agissante, lequel pour une raison ou une autre ne se soutient pas comme désirant, face par exemple à l'éventuel « c'est pas ça un père » qui lui est signifié, il ne se soutient pas comme père autre, comme père métaphorique, autrement dit il ne soutient pas sa castration. Une position métaphorique implique avant tout qu'il ne parle pas toujours au nom de la mère.

Cette structure acting out existait probablement dans la famille de Gide. Du côté Rondeaux, on l'a vu, les hommes sur plusieurs générations ont abandonné l'éducation de leurs enfants à des protestantes vertueuses. Un oncle de Gide, Henry Rondeaux, a même commis une provocation religieuse majeure à l'encontre de sa mère, qui a failli un jour s'évanouir en découvrant dans une armoire ce qu'il avait installé : un autel dédié à la Vierge, ce qui est un comble pour une protestante !

Gide était *livré à la jouissance de la mère,* et le fut davantage à la mort de son père. Sa mère l'abreuvait de conseils, ce dont témoignent les lettres qu'elle lui adressait, et lui interdisait l'accès à la bibliothèque de son père. Elle ne lui a permis de voyager seul en Bretagne qu'à l'âge de 20 ans, et à la condition qu'il se rende tous les deux jours en un lieu convenu à l'avance. Elle n'a pas supporté de le voir un jour en compagnie d'une jeune prostituée arabe. Provocation qu'elle aurait bien pu ne pas relever. Pris dans cette jouissance, destructrice comme toute jouissance, Gide a essayé d'en faire une œuvre et

124. S. Freud, « Sur la psychogenèse d'un cas d'homosexualité féminine », dans *Névrose, psychose, perversion,* Paris, PUF, 1973.

surtout de la refiler à de jeunes garçons, en refaisant ainsi sa propre histoire. C'est là un avatar de la pulsion de mort.

Le message de la perversion

Le message de la perversion est un appel au père sous la forme d'un défi. Il se soutient au moyen d'un chemin de métonymies. Lorsque ni les métaphores ni les métonymies ne se soutiennent, le sujet s'enfonce dans le recours à l'impossible. Alors le message ne dit plus rien d'autre que le fait qu'il est un message. Alors tout est un message : le soleil, le passant, l'oiseau sur la branche, etc., et sa matière est l'impossible. C'est ce qui arrive dans la psychose telle que nous allons la découvrir dans le chapitre suivant.

Dialogue sur la perversion

Le candide (mais pas trop) : La perversion, dont vous venez de donner un exemple, me semble à la fois plus proche et plus lointaine que la névrose et nous conduit davantage vers la recherche de sa cause. S'il est vrai que je peux m'identifier au pervers pour l'essentiel de sa personnalité, l'acte pervers reste en soi une énigme, exotique et incompréhensible. Comment saisir de l'intérieur l'impérieuse nécessité de mettre des bas pour avoir une relation sexuelle ! Par ailleurs, cette « folie »-là, pour reprendre votre terme, me paraît effectivement sans être ni essence, puisqu'elle n'est repérée que par un jugement de valeur porté par l'ensemble de la population et dont on connaît la relativité.

Le psychanalyste (le même que précédemment) : La perversion est ressentie comme étrangère parce qu'elle est de prime abord une histoire d'agir. C'est une histoire sans paroles, sans la plainte du névrosé, sans l'impossible du psychotique. Hors de ses actions, la perversion ne se dévoile pas facilement, elle est clandestine. Certes, la névrose l'est aussi même si parfois on la devine, mais elle est volontiers confessée à d'autres. La perversion a cependant une étrangeté plus grande encore que la névrose pour chacun de nous parce que nous, les névrosés ordinaires, dirigeons nos désirs et nos fantasmes secrets dans le sens d'une perversion quand bien même nous n'osons les mettre en pratique, ou alors très difficilement, et pas longtemps.

C. : Encore une fois, permettez que l'on prenne les choses à bras-le-corps : quel est à votre avis la cause la plus fondamentale de la pédérastie ou de la pédophilie d'André Gide ? Une telle pratique n'est-elle pas d'autant plus surprenante que l'homme était d'une grande intelligence, courageux, voire téméraire dans ses engagements politiques et qu'on le disait généreux et attentif envers ses proches ?

P. : Son étrange attirance sexuelle pour les jeunes garçons est à concevoir comme une excroissance ou une digression dans sa personnalité. N'oubliez pas qu'il n'avait certainement pas choisi d'être en proie à de telles pulsions. La chose est arrivée à un homme qui avait de nombreuses qualités par ailleurs. La réalité d'un tel sujet désarçonne volontiers les conceptions monolithiques de la psychologie ou de l'éthique… Gide ne se rendait sans doute pas bien compte du mal fait à ces enfants qu'il séduisait.

C. : Vraiment ?

P. : Oui, vraiment. Il ne voyait très sincèrement pas le mal dans un acte qui le plus souvent n'était pour lui qu'un plaisir qu'il enseignait et transmettait en le vivant lui-même. Il se pensait pédagogue. Bien sûr, en des éclairs de lucidité, il lui est arrivé d'évoquer le plaisir de corrompre, et d'avouer qu'il s'agissait pour lui davantage d'une manie que d'un désir véritable… Il n'est pas si simple d'ailleurs de démontrer que ce qu'il faisait était un mal, puisqu'il pratiquait quasi exclusivement la masturbation. La sodomie qui aurait provoqué une douleur évidente chez un enfant ne l'attirait que rarement… Pourtant le mal produit par le pédophile, même s'il se contente de la masturbation, est une épouvantable souffrance psychique et morale, qui ne se révèle le plus souvent que bien plus tard dans la vie de l'enfant, souvent après la puberté, soit sous forme d'une névrose parfois très grave, avec en particulier une grande difficulté dans la vie sexuelle, soit sous forme d'une reconduction de l'action perverse avec d'autres, volontiers plus violente ou « violeuse ».

C. : Effectivement, on peut se demander comment un plaisir peut engendrer une souffrance.

P. : Au risque de vous étonner, le métier de psychanalyste permet un constat : le plaisir ne saurait en aucun cas être considéré comme la valeur suprême de l'homme, pas plus d'ailleurs que le bonheur. Plaisir et bonheur ne peuvent qu'être ajoutés à l'éthique de l'existence telle la beauté à la fleur, pour reprendre la métaphore d'Aristote. Un plaisir au présent ne sera plaisir plus tard que s'il est désiré, souhaité, accepté en toute réciprocité. Un jeu de « touche-pipi » pratiqué avec un ou une camarade du même âge et qui se trouve dans le même état d'esprit n'aura pas le même effet que celui commis avec un adulte. La souffrance n'est pas engendrée par la réalité physiologique subie au cours de la relation avec le pédophile masturbateur, elle est la blessure inconsciente et indépassable d'un assujettissement sexuel dans lequel le sujet a disparu. Et après coup une telle disparition est toujours terrible. Cet effet concerne toutes les violences asservissantes, pas uniquement celles qui furent sexuelles…

C. : Nous nous éloignons du sujet…

P. : C'est le cas de le dire…

C. : Je veux dire que tout cela n'explique pas l'origine de la pédophilie de Gide, qui, je crois, n'a jamais été désignée comme telle par ses amis et par ses proches.

P. : En effet… Sans que je puisse dire qu'il s'agit de *La Cause*, il faut justement se souvenir de l'incroyable assujettissement qu'il a subi lorsqu'il était enfant.

C. : Qui l'a exercé ?…

P. : La question n'est pas simple… Disons sa mère d'abord, mais elle-même était tellement assujettie à une grande sœur et à une belle-sœur et l'avait été à sa propre mère et à tout son milieu… Le père de Gide n'était d'ailleurs pas indemne. Lui aussi était soumis à son propre père et à sa famille. Il n'avait donc pu délivrer son fils de l'emprise maternelle, d'autant qu'il a disparu très tôt de sa vie. Cet assujettissement infantile de Gide au milieu féminin s'est répété avec son épouse et sa cousine, elle-même pétrifiée dans son amour pour son propre père et le partage des idéaux de sa mère.

C. : En voilà des assujettissements ! À trop entendre se répéter le mot je disparais en lui moi aussi ! Gide aurait-il souffert d'assujettissements gigognes ?

P. : Peut-être bien ! Mais n'imaginez pas pour autant que la chose soit aussi spatiale qu'un emboîtement de poupées russes... L'assujettissement de Gide fut sans doute d'un impact considérable en raison de cette compénétration familiale d'esprits soumis. Et sa pédophilie une mise en acte sexuel d'un assujettissement issu de la multiplication d'autres assujettissements exprimés dans d'autres sphères...

C. : Par exemple ?

P. : Par exemple dans les lettres de sa mère où elle ne lui signifiait guère qu'elle l'aimait, mais l'ensevelissait sous une avalanche de conseils bourgeois. Elle lui a très concrètement interdit ce lieu symbolique qu'était la bibliothèque de son père, et ne l'a laissé voyager seul qu'à l'âge de 20 ans, à la condition expresse de la rejoindre tous les deux jours.

C. : Un tel comportement ne me paraît pas gravissime. N'était-elle pas tout simplement trop soucieuse ? Les mères possessives n'ont pas toutes un fils pédophile.

P. : Certes non, mais peut-être existe-t-il tout de même une relation entre la pédophilie et le fait d'être, au-delà de toute mesure, maintenu et autoritairement assigné à une position d'enfant. Ce n'est peut-être pas *La Cause* de la pédophilie, mais il se pourrait qu'il s'agisse là tout au moins d'une détermination importante... Pour en revenir à cette histoire d'assujettissement que l'on pourrait considérer comme la cause principale de la perversion, remarquez comment elle prend toujours la forme d'une infantilisation. Envahissante dans l'espace de sa maison, Juliette Gide allait jusqu'à contraindre son époux à se réfugier dans le camp retranché de son bureau. Et il se laissait faire comme un enfant ! Tous deux n'étaient que les enfants de leurs parents, soumis à leurs doctrines bourgeoise, religieuse, intellectuelle et artistique. Ils avaient aussi été des enfants acceptant d'être mis en relation par un pasteur mandaté par leurs parents. Le calvinisme intégriste n'était-il pas une religion de soumission absolue ? Le désir de gagner le paradis au moyen d'une bonne action morale ne comptait pour rien au regard d'une décision divine implacable et préétablie... On peut indifféremment parler ici d'assujettissement ou de jouissance. Il vous suffit de mêler deux points de vue complémentaires. Lorsque l'enfant est assujetti aux parents, le parent a la jouissance de l'enfant, et l'enfant épouse cette jouissance… Même l'imposition du bon goût en matière littéraire peut être une jouissance…

C. : Pourrait-on donc évoquer indifféremment une jouissance ou un assujettissement pour ce bon goût ? N'êtes-vous pas en train de saboter toute possibilité de transmettre une valeur culturelle ?

P. : Oui à la première question : jouissance et assujettissement vont de pair. Non à la seconde : je ne sabote rien du tout… Proposer son propre désir au désir d'un enfant est une chose, imposer une éducation, fût-ce celle du bon goût, en est une autre. Tout adepte d'une secte, que ce soit celle du bon goût, de la grande fortune, de la bonne littérature, de la bonne religion ou du bon savoir en général, est à la fois un assujetti et quelqu'un qui se trouve « dans la jouissance ». Il s'engouffre dans la jouissance d'en être, de disparaître dans le fait d'en être, et ce dans le même temps qu'on jouit de lui, au sens quasiment juridique de ce terme. Je vous cite à ce propos le *Petit Robert :* « Jouissance. Fait d'user d'une chose et d'en percevoir les fruits. L'usufruitier a la jouissance d'un bien sans en avoir la propriété. » La jouissance de l'assujetti est une évolution, elle est l'au-delà de l'horreur de la disparition ; l'assujetti jouit du fait et plus tard de l'illusion que l'on jouisse de lui. Voilà la contrainte de l'esprit qui prépare l'action perverse.

C. : Nous parlions tout à l'heure du « plaisir », et plus précisément du plaisir infligé à l'enfant. La jouissance est-elle la même chose que le plaisir ?

P. : La jouissance est plus vaste et inconsciente, mais elle peut passer par une emprise sur le plaisir afin d'être renforcée. Cependant les deux sont à distinguer… Pour préciser la différence, je citerai Nasio : « Ni le plaisir ni la jouissance ne sont strictement définissables en soi. On ne peut les situer que par leur contexte : pour le plaisir, nous considérons la conscience, le ressenti et la baisse de tension ; pour la jouissance, le fait qu'elle est inconsciente, qu'elle coïncide avec l'augmentation de tension et qu'il n'y a pas nécessairement de ressenti [1]. » Il montre bien qu'il convient de distinguer la clinique de

1. J.-D. Nasio, *Cinq leçons sur la théorie de Jacques Lacan,* Paris, Payot et Rivages, 1994, p. 55.

ces deux termes de leur usage théorique, même s'il arrive qu'ils se recouvrent. Gide a souffert d'une tension psychique, d'une pression, d'une emprise qui alimentait sa jouissance et dont l'origine est à situer dans la pression subie par ses deux parents et sans doute avant eux par plusieurs générations ayant perdu le sens du désir, qui est ce qui s'oppose à la jouissance et qui est fondé sur une interdiction de la jouissance ou sur sa perte. Les Gide et les Rondeaux étaient probablement soumis à cette tension de la jouissance qu'impliquent l'aliénation à l'argent ou la certitude du juste savoir. Un peu comme si tous ces aïeuls avaient accru la tension électrique entre les plaques d'un condensateur et qu'une décharge s'était effectuée dans l'agir sexuel d'André Gide.

C. : Mais enfin, j'insiste : pas davantage que les mères possessives ordinaires, ou que les autres familles bourgeoises bien pensantes et bien sachantes qui n'engendrent pas toutes un pédéraste pédophile.

P. : Oui, bien sûr, la causalité de cette perversion est forcément multiple. Il faut, par exemple, ajouter qu'à la mort de son père il s'est passé quelque chose d'essentiel : André Gide est devenu une sorte d'enfant définitif. Sa mère a dès lors exercé une emprise folle. Nul contrepoids d'une figure paternelle n'existait pour l'arrêter. Gide en fut pétrifié.

C. : La jouissance fige-t-elle le sujet ?

P. : À toujours me poser les questions sur ce mode, vous laissez entendre que j'aurais toutes les réponses. Ici elle n'est pas évidente. Il semble en effet qu'un excès de jouissance pétrifie, éternise, qu'il soit source d'une répétition infinie de la même chose. Gide ne pouvait plus que répéter son être-enfant. Et ce qu'il a répété très précisément, c'est le geste de sa tante Mathilde, à travers lequel il a cherché à décharger l'excès de tension de sa jouissance en le ravalant en un plaisir sexuel.

C. : Ce geste de la tante était-il un surcroît d'emprise ? Elle avait quand même glissé sa main sous sa chemise sans qu'il le lui ait demandé. Ou bien ce geste était-il ce par quoi sa tension pouvait décroître ?

P. : Ce geste avait peut-être tout de suite pris un sens sexuel ou plus probablement quelques années plus tard. C'était un geste « signifiant » qui, comme toute relation sexuelle, a pu avoir un effet de décharge de la tension. Tout se passe comme si Gide avait cherché à travers ce geste une décharge sexuelle de sa jouissance.

C. : Passons à autre chose si vous le voulez bien... Vous avez évoqué la « grâce » et les « trois gestes gracieux » dont Gide a pu profiter. Selon vous, ces trois gestes gracieux effectués sur un fond de disgrâce générale furent aussi causes des actes pervers de Gide. Pouvez-vous en dire davantage ?

P. : Ils furent, je crois, les causes des grands franchissements accomplis par Gide – le terme d'« actes pervers » est trop restrictif. Ces trois pas sont le passage à la pédophilie, le saut dans le mariage et la fugue en Angleterre. Ce furent aussi des répétitions, celle du chatouillement de la tante Mathilde, celle de l'intime épanchement des pleurs de Madeleine, celle de l'offre de voyage d'Élie Allégret. Gide a répété à sa façon ces grâces qui lui furent faites. « La jouissance, écrit Nasio, est l'état énergétique que nous vivons dans des circonstances limites, dans des situations de rupture, au moment où l'on est à même de franchir un cap, d'assumer un défi, d'affronter une crise exceptionnelle, parfois douloureuse[2]. » Un moment de franchissement est un moment de chute de tension, mais précédé d'un accroissement de cette tension.

C. : Remarquez quand même que Gide a réitéré d'une drôle de façon les grâces qui lui furent données.

P. : Mais je le répète : Gide n'y voyait probablement pas de mal ; il n'y voyait sans doute que le mal que les autres allaient y voir. Il n'avait que la vision des autres... De ce qui s'est passé à trois reprises, on pourrait donner une formulation plus théorique : à chacune des trois occasions, il a tenté de limiter la jouissance d'un Autre – sa mère au départ –, qui était fondamentale chez lui, au moyen d'un plaisir phallique. En effet, l'acte pédophilique concerne le phallus, le mariage également, et l'imitation d'Élie Allégret le touche par le biais de la paternité... En réalité Gide a répondu à trois marques de désir par trois actes de jouissance.

---

2. *Ibid.*, p. 55-56.

C. : Le désir est-il donc ce qui s'oppose à la jouissance ?

P. : Tout à fait… Et c'est probablement le désir qui crée le temps qui passe en introduisant la perte, car tout désir se fonde sur un objet perdu que l'on cherche à retrouver. Gide se présentait comme « anhistorique » ; pour lui le temps ne passait pas.

C. : Il me semble qu'il manque quelque chose à vos explications de la pédophilie de Gide. Certes, il fige le temps et l'instant s'éternise, mais pourquoi, bonté divine, passe-t-il « de l'autre côté » si je puis dire ? D'une part il s'identifie, un ou une personne passe en lui, et d'autre part il se considère comme étant lui-même passé dans un ou une autre. Pourquoi la tante devient-elle lui-même et lui-même l'enfant qu'il séduit ? Pourquoi devient-il Élie Allégret cependant que le jeune homme qu'il fut passe en Marc Allégret ? Qu'est-ce que ce double vase qui communique dans les deux sens ? Gide s'identifie et devient un autre, qu'il ne fait d'ailleurs qu'imiter, et il reste lui-même tel qu'il fut dans un autre tel qu'il est. Qu'est donc cette fracture ?

P. : Comme vous le dites, il y a fracture parce qu'il s'identifie à un autre et reste en même temps celui qu'il fut. Il subit une déchirure entre un passé ancien et un présent nouveau. Précisons qu'il ne s'identifie pas de façon imaginaire à la manière du névrosé, il imite le geste, le faire, l'action. S'il s'identifiait dans le seul registre imaginaire, il pourrait condenser, superposer, confondre plusieurs identifications. Mais parce qu'il imite et agit l'attitude réelle, il lui faut être des deux côtés à la fois. Il est donc bilocalisé. Son moi est alors clivé, comme le dit Freud.

C. : Mais comment se fait-il qu'il ne dispose pas d'un imaginaire pour fusionner ces identifications ?

P. : Même s'il en a connu des instants, il n'a pas connu la permanence de la grâce de l'enfant roi, aimé des siens de façon inconditionnelle et absolue. Sa famille était sans doute hors de toute grâce. Un mariage aussi arrangé que celui de ses parents ne contient pas la grâce absolue venue d'une rencontre de hasard ou du miracle de l'évolution amoureuse d'une relation. Et dans la famille de sa mère les mariages semblent avoir été presque tous régis par l'ambition des hommes. En outre, dans un milieu aussi calviniste, Gide ne pouvait prétendre disposer de façon certaine de la grâce de Dieu. Il n'était pas forcément un élu. Faut-il ajouter qu'une Anna Shackleton paraissait avoir cette grâce de la femme gracieuse, mais pas Juliette Gide ? Et pour couronner le tout, il était considéré comme un enfant laid, par une bonne à mal faire et par d'autres. Un comble lorsqu'on regarde les photographies ! La grâce est la condition pour que ce monde du reflet – nous disposons d'un véritable miroir parabolique dans notre lobe visuel occipital – qu'est l'imaginaire soit validé, soutienne sa brillance, même si l'on sait qu'il s'agit d'un leurre, mais d'un leurre nécessaire.

C. : À défaut d'un écran de projection cinématographique dans le cerveau auquel il s'intéresserait, le sujet procéderait donc à une mise en scène théâtrale qui serait son seul moyen d'être un autre ?

P. : Absolument ! Alors l'imaginaire est joué… Le clivage du moi provient de là et même le clivage au sein de la réalité. Souvenez-vous que Gide distinguait une réalité première d'une réalité seconde cachée derrière…

C. : … accessible à condition de se crever les yeux.

P. : Pour lui la vision ordinaire ne percevrait que la réalité première, la réalité seconde, la réalité vraiment réelle étant au-delà de cette vision. Ce clivage est analogue à celui qui existe entre l'enfant et lui-même.

C. : Qu'en est-il du déni dans tout cela ? A-t-il la même origine que ce clivage ? Est-il issu d'une même source dont mon obsession causaliste voudrait faire la vraie cause de ce que vous appelez la perversion ?

P. : Il me semble que oui, que le déni, la *Verleugnung*, le démenti, procède du même clivage. Le père, dont la mort est déniée, n'est mort que selon les apparences. Derrière ces apparences, dans les coulisses, il est toujours vivant. Une femme n'a certes pas de pénis, elle a l'air d'en manquer, mais sur un tout autre plan elle ne manque de rien.

C. : Pourquoi cette histoire de castration féminine est-elle si centrale dans votre théorie de la structure perverse ?

P. : N'oubliez pas que la perversion est d'abord et le plus souvent d'ordre sexuel. Il faut donc essayer d'expliquer cette sexualité tellement bizarre. Or, les pervers ont un invariant commun, l'existence de quelque chose d'irrésistiblement et sexuellement attractif et qui n'est pas le sexuel féminin. Dans ce qui attire le névrosé ordinaire auprès des femmes, il y a un je ne sais quoi d'indéfinissable au centre du charme sexuel, même si certaines données sont objectivables – le mâle n'est jamais complètement dénué de perversion. Chez le pervers, c'est autre chose qui attire, quelque chose de défini, d'objectif, d'inentamable et d'éternisé. C'est justement ce que la femme ne possède pas. Cela se définit même par là, comme étant ce que la femme n'a justement pas. C'est ainsi que Freud a forgé son hypothèse : ce que le pervers met à l'écart est le manque du phallus féminin… mais pour mieux le faire revenir ailleurs. Le déni est ce déplacement. Le phallus qui manque à sa place revient par exemple sous la forme réelle de l'enfant éternellement attrayant pour le pédophile, du corps inentamable pour le sadique ou le masochiste, de la chaussure érotique pour le fétichiste, etc. Notez que le pervers soutient son attirance non pas avec un objet imaginaire, mais avec un objet de la réalité, clivé bien sûr de son origine féminine…

C. : « Clivé de son origine féminine » ?

P. : Vous avez raison de me reprendre, je m'exprime mal… Ce que le pervers voit dans le fétiche quel qu'il soit est séparé de la femme chez qui il ne voit pas que quelque chose manque…

C. : Il ne voit pas qu'il ne le voit pas ?

P. : Oui. Au lieu d'imaginer mille et un attraits imaginaires afin de compenser ce manque absolu d'un phallus – dans le monde de la signification des choses bien sûr, car le réel tout à fait réel ne manque de rien –, le pervers introduit quelque part dans la réalité la fausse grâce absolue – fausse pour le névrosé – d'un objet, trivial ou pas, inentamable en tout cas, par exemple un gant qu'il doit enfiler pour avoir une relation sexuelle. En mettant ce gant il place donc un écran devant le sexe féminin…

C. : Alors que lui-même porte ce gant et non pas sa partenaire, et alors que la main est une partie anatomique bien éloignée du sexe ?

P. : Oui.

C. : Mais au fond n'est-ce pas la même chose que ce que le névrosé met en place avec ses fantasmes sexuels imaginaires ?

P. : Il s'agit effectivement de la même chose, à la différence près, et qui est capitale, que le névrosé peut voir le manque féminin.

C. : Mais son imaginaire, riche d'on ne sait quelles choses, n'est-il pas tout autant un déni ?

P. : Disons que le névrosé et le pervers perçoivent tous deux le manque, mais comme le pervers crée ailleurs quelque chose qui le compense dans l'ordre de la réalité, on peut dire qu'il le dénie. Il dément ce qu'il a vu alors que le névrosé le compense non pas dans la réalité du monde, mais dans ses images intérieures. C'est cette histoire de réalité qui fait toute la différence.

C. : Admettons… Je souhaiterais maintenant revenir sur votre élargissement de la perversion en une « névrose agissante ». Vous dites avoir essuyé bien des critiques parce que certains ont cru que vous considériez comme pervers les adeptes de sports dangereux… Ce malentendu ne m'étonne qu'à moitié, et je pense que mettons les boulimiques se sentiront insultés de la même manière par votre élargissement. Comment soutenir les distinctions indispensables tout en ouvrant sur une catégorie générale ?

P. : Je ne peux que constater à quel point nous sommes tous empêtrés par l'usage du terme « perversion ». Il est beaucoup trop proche de « perversité »… et le pire est qu'il arrive effectivement qu'une certaine « perversité », le plus souvent inconsciente, existe chez certains pervers. À leur sujet je reprendrai volontiers l'expression de Kafka : « diabolique en toute innocence ». Il me faut bien utiliser ce terme puisque la tradition l'utilise, mais parce que, à mon sens, elle l'a trop utilisé je cherche justement un moyen pour le supprimer. Cela dit, un arpentage plus vaste n'empêche pas la glèbe du champ initial de coller à mes chaussures…

C. : Attention à ne pas subir vous-même la fracture dont vous avez parlé ! Vous voulez conserver la « perversion » et ne pas la conserver. N'est-ce pas un « clivage du moi » ?

P. : Les deux parties ne se situent pas ici dans un ordre concret. « D'une part… et d'autre part » fonctionnent dans mon imaginaire de théoricien où je peux très bien condenser les choses…

C. : Alors comment allez-vous vous y prendre ?

P. : Je reste persuadé qu'il y a une « structure agissante » où les limites qui s'imposent à la jouissance du sujet lui viennent de la réalité extérieure. Ces limites sont en quelque sorte la cause finale de cette structure-là. Disons que sa raison d'être est de les rencontrer.

C. : La limite de la mort n'est tout de même pas identique à celle de la loi des hommes, et il me semble que tous les gens que vous placez dans la catégorie de la « perversion » ne défient pas tous une loi extérieure.

P. : À mon avis, si, et voilà bien le hic. Défier la mort n'est bien sûr pas du même registre que défier le gendarme ou les bien-pensants. Il existe de multiples défis susceptibles d'être mis en acte et qui visent à rencontrer toutes sortes de limites dans la réalité. J'ai tenté de les réunir sous le terme de « névrose agissante » en raison de cette particularité-là. Il n'y a là rien d'un jugement moral, même si quelque chose dans cette réunion l'induit. La « névrose agissante » rassemble une grande variété de comportements. La pédophilie sodomite, qui provoque l'horreur la plus grande, n'a évidemment rien à voir avec la pratique du deltaplane, toutefois dans les deux pratiques se trouve une confrontation à une réalité, un défi lancé contre une limite réelle. Une identité de structure fondée sur l'invariant de ce défi peut donner lieu à une différence radicale dans le jugement moral, tout comme l'identité névrotique entre l'hystérique et l'obsessionnel produit une différence radicale dans l'effet de séduction sur l'autre sexe. Un point commun n'empêche pas la diversité. La méchanceté sadique est autre chose que la souffrance anorexique. Une même classe n'est pas une identité.

C. : Un psychanalyste peut-il parler de « méchanceté » ?

P. : Vous avez raison de me reprendre là-dessus… Il est bien sûr nécessaire que le psychanalyste offre à chaque humain la possibilité de tenter un travail psychanalytique… Et lorsqu'il unifie certains agirs avec sa théorie, il risque certes de faire peser un jugement négatif là où il n'y a nulle raison qu'il apparaisse, mais à l'inverse il ouvre une possibilité d'écoute et de dépassement là où la vindicte populaire refuse d'entendre, par exemple dans la pédophilie… à condition de mettre en place un dispositif pour empêcher qu'il ne cautionne cette perversion. Il lui faut n'être ni d'un côté ni de l'autre, et n'écouter que ce qu'un psychanalyste écoute : le désir ou le fantasme inconscient, le jeu des signifiants, la structure, etc. Il ne juge pas, ou plutôt il place son éventuel jugement personnel – il est un homme comme un autre – entre parenthèses, à la condition que l'analysant respecte les nouvelles limites que ce travail implique.

C. : Le psychanalyste fait-il donc semblant de ne pas juger ?

P. : S'il a lui-même accompli une traversée psychanalytique suffisante, il ne fera nullement semblant, mais se souviendra néanmoins de la manière dont il jugeait auparavant. Il saura qu'il y a dans un cas pareil une sorte de course de vitesse entre la possibilité d'y introduire une limite symbolique pour passer de l'agir à un symptôme névrotique ordinaire et la survenue d'une nouvelle sanction de la réalité. Certains pervers souhaitent cette limitation névrotique, parce que obscurément ils perçoivent en eux ou anticipent l'arrivée prochaine du gendarme ou de la mort. Un psychanalyste digne de ce nom doit toujours essayer d'entendre chez un pervers le désir d'être débarrassé d'une jouissance qui l'encombre au-delà de tous les défis qu'il lui lance. Le pervers a un désir de se débarrasser d'un excès de jouissance, même si ce désir est ambigu pour lui.

C. : Qu'est-ce qui vous permet de distinguer le désir de s'en débarrasser de celui plus prosélyte de la promouvoir chez son prochain, de chercher de nouveaux adeptes ? Gide voulait des disciples en matière de jouissance. *Les nourritures terrestres* ne sont-elles pas un appel à la jouissance ?

P. : Certes. Mais remarquez que l'exhortation à la jouissance n'est que rarement couronnée de succès. Les enfants des pervers peuvent être normaux ou normalement névrosés. Et par ailleurs, je crois que tout pervers appelle quelque marque paternelle, ou un interdit ayant cette valeur, afin d'être préservé d'une jouissance qui signifie l'intrusion maternelle. Ce n'est pas sans raison que Gide s'est rendu en Angleterre sur les traces d'Élie Allégret, qu'il s'est plaint des sarcasmes de son oncle paternel qui ne s'est pas occupé de lui et qu'il a donné la première place à son père au tout début de son autobiographique *Si le grain ne meurt.*

C. : Pour y décrire les tigres en papier fabriqués par ce père... Défier a-t-il forcément la signification d'un appel ?

P. : Le défi est toujours un appel, mais certainement pas celui d'une claque, d'une leçon de morale ou d'une explication savante. Il est l'appel d'une parole vraie, adressé à quelqu'un qu'on suppose indifférent au départ, une sorte de bouteille lancée à la mer... Voilà encore une cause de la perversion, aussi fondamentale que les autres. L'appel est très souvent répété. N'est-il pas étonnant que Gide ait pu confier sa pédophilie en 1926, dans *Si le grain ne meurt,* et qu'aucun de ses amis n'ait réagi pour lui en dire quelque chose ? N'est-il pas étonnant que sa femme n'ait rien fait pour se rapprocher de lui alors qu'elle avait certainement constaté cette tendance pédophilique au cours de leur voyage de noces ? Comment se fait-il qu'il ait obtenu le prix Nobel de littérature en 1947 alors que ses actes étaient connus de tous ? Autour de lui, au second rang, a siégé une masse de personnes indifférentes, assistant en silence à l'invasion d'une jouissance maternelle.

C. : Mais qu'auraient-ils pu faire ? Le sermonner à la manière de Paul Claudel ?

P. : Sûrement pas. Non pas le condamner, mais lui dire quelque chose de personnel sur le mal qu'il faisait sans le savoir, s'interroger sur ce qui pouvait bien motiver de tels actes, tout en lui gardant leur attachement... Par ailleurs, et j'y pense à l'instant, Gide a lui-même dénoncé l'indifférence des seconds rangs en portant sur la place publique l'exploitation des Noirs sur laquelle l'Europe fermait les yeux et les ferme encore aujourd'hui. Il a également révélé au monde les incroyables aberrations du stalinisme auxquelles les intellectuels ont longtemps fait la sourde oreille. Ces dénonciations n'étaient-elles pas des appels ?

C. : Y aurait-il une éthique du pervers ?

P. : J'en suis certain... Le pervers individuel est la caisse de résonance d'une perversion générale.

C. : Justement, revenons sur cette question du mal qui semble beaucoup vous tracasser. Pourriez-vous reprendre la position du pervers par rapport au mal ?

P. : Il fait du mal, plus ou moins, mais sans vraiment le savoir, et s'il le sait, il ne le sait qu'à cause du savoir de l'autre, qu'il imite parfois jusque dans ce jugement. Mais il ne sait pas pourquoi il fait du mal.

C. : N'est-ce pas là le lot de tous les humains ? Ne se font-ils pas tous mal les uns aux autres sans bien s'en rendre compte et sans savoir pourquoi ? Vous n'avez qu'à considérer la vie amoureuse des gens et vous verrez que tôt ou tard il en va ainsi.

P. : Le mal de la frustration amoureuse n'est pas le mal de la jouissance. Le premier est imaginaire par essence. Disons que le névrosé et le pervers ne font pas le même mal. La pente, mettons naturelle, du pervers est de faire de l'autre un pur objet de jouissance, sans qu'une subjectivité lui soit supposée. Sur cette pente-là il va plus ou moins loin bien sûr, mais elle est très inquiétante. Comme je l'ai rappelé, Gide parlait de son désir de corrompre. Il était là sur un mauvais toboggan, les choses auraient pu aller beaucoup plus loin. La perversion sadomasochiste avérée tend de la même façon à la destruction du corps. Le mal en action, même s'il est un appel à un certain bien, est autre chose que le mal imaginaire.

C. : Tout le monde n'approuverait pas ce que vous avancez là. Nombreux sont ceux qui pensent que les paroles peuvent faire davantage de mal que les actes.

P. : Alors cessons de jauger les maux et disons qu'il y en a deux sortes : l'un lié à une perte ou une limitation de la jouissance, et l'autre consistant à vouloir la « fourguer » à ses semblables…

C. : Vous dites que cette jouissance est « un avatar de la pulsion de mort ».

P. : Voire la cause de la pulsion de mort. Selon Freud quelque chose dans l'humain œuvre dans le sens d'un retour infernal de la même chose, de façon aussi mécanique qu'une machine. La jouissance, éventuellement subie, est la cause finale de cette pulsion. Elle en est la satisfaction. Concevoir ainsi les choses a l'avantage de ne pas considérer la pulsion de mort comme l'ultime vérité de l'homme.

C. : La pulsion de mort introduirait-elle donc l'inhumain dans l'humain ?

P. : Et c'est ce qui fait justement l'humain. Mais certains s'en préservent mieux que d'autres et en préservent ceux qu'ils rencontrent, tandis que d'autres tentent de s'en préserver en déplaçant sur autrui cet inhumain qui les habite.

C. : J'ai un peu de mal à concevoir qu'une vérité aussi générale puisse s'incarner dans le particulier d'une perversion sexuelle.

P. : L'inhumanité agie amène à considérer son prochain comme une chose bonne à satisfaire sa sexualité. La guerre mène au viol tout naturellement. Il y a toujours dans cette affaire un refus de la subjectivité d'autrui… *L'immoraliste* est un roman pédéraste autant que le récit de la destruction d'une femme.

C. : C'est une fiction…

P. : … agie par Gide. Elle fut agie autant que son éthique de la dénonciation le fut. Il s'est fait l'agent de l'inhumain et comme personne, au second rang, ne lui disait mot à ce sujet, il s'est chargé, lui-même placé au second rang, de dénoncer d'inhumaines destructions. Dans son existence il est des deux côtés à la fois, explicitant ainsi une structure en miroir qui est assez commune. Combien dénoncent chez les autres des actes qu'ils commettent ou ont commis ? Gide n'a pas supporté que sa tante Mathilde mêlât ses enfants à sa jouissance alors que c'est ce qu'il a fait. Nous ignorons tous la présence en nous de ce genre de réciprocité…

C. : Dans la perversion sexuelle, retrouve-t-on toujours ce qui paraît si essentiel chez Gide, une identification féminine ? Et d'ailleurs y a-t-il une perversion sexuelle féminine ?

P. : Une identification féminine me paraît en effet fondamentale dans la perversion sexuelle masculine. Mais c'est l'identification à une femme pourvue d'un pénis, et cela est valable dans ce qu'on peut appeler la perversion féminine… Revenons à la cause : la cause de la perversion est le fantasme d'être une femme et d'avoir un pénis en même temps. De ce point de vue le pervers n'est pas dans le « ou bien » mais dans le « et »… Il est châtré et pas châtré. L'exhibitionniste met en scène un tel scénario : il est une femme qui se dévoile et possède un pénis. Le transvestisme relève du même fantasme, l'homosexualité féminine également… Il s'agit d'un refus de la castration féminine.

C. : Quelle est la cause de ce refus ?

P. : Notre conversation opère une vraie boucle. Nous foulons un chemin que nous avons déjà emprunté. Comme j'ai essayé de vous le dire, tout le monde refuse la castration, c'est-à-dire n'avoir pas ce qui peut combler la mère, mais le névrosé compense ce manque par l'imaginaire et le pervers par quelque chose de la réalité. Il ne fait pas de « gonflette », il lui faut un fétiche réel et inaltérable, comme un phallus réel.

C. : J'ai tout de même du mal à penser que le pervers n'a pas d'imaginaire. Les pervers sont souvent des créateurs, des artistes.

P. : Ils ont certes une imagination, mais pas nécessairement un imaginaire spéculaire dans lequel un reflet du monde puisse représenter un morceau du corps qui manque. Il faut du concret pour compenser le manque… J'ai vraiment l'impression de me répéter…

C. : Et la cause du manque de cet imaginaire ?

P. : Disons-le autrement : il n'y a pas eu de projection narcissique imaginaire des parents sur l'enfant. Celui-ci n'a pas bénéficié de cette grâce. Il n'a pas été suffisamment autre que lui-même, suffisamment brillant, suffisamment plus que lui-même, et dès lors le monde qui était autour de lui, destiné pour une bonne part à se refléter en lui, n'était pas suffisamment irradié par cette destination. Une mère montrant un arbre quelconque à son enfant roi lui donne une luminosité particulière, quelle que soit la manière dont elle lui en parle.

C. : Le pervers crée donc un fétiche en guise de « gonflette » imaginaire, et c'est ce qui pallierait la castration féminine. Mais dites-moi, est-ce l'équivalent d'un phallus ou celui d'un pénis ? Le fantasme du pervers est-il d'être une femme phallique ou d'être une femme pénienne ?

P. : Dans la perversion une réalité a valeur de phallus. Le phallus y subit un ravalement réaliste. Voilà pourquoi le théoricien a tendance à dire « pénis » plutôt que « phallus ». L'objet fétiche est dans le monde de la réalité, mais il est évident que ce n'est pas un vrai pénis. Cela dit, on retrouve souvent chez les pervers le faux souvenir de la vision d'un pénis chez une femme. Au contraire d'un fantasme, le souvenir prétend à la réalité. Ai-je besoin d'ajouter qu'il s'agit quand même d'un souvenir imaginaire ? C'est un imaginaire projeté dans la réalité.

C. : Mais tout névrosé ne projette-t-il pas également son fantasme inconscient dans la réalité ?

P. : Il le projette dans la réalité sans le savoir. Il ne prétend pas que quelque chose de la réalité puisse le combler ou combler quelqu'un d'autre. Il parle surtout comme si le fantasme était dans la réalité, mais il ne l'y voit pas. Le pervers lui, voit son fantasme extrudé dans la réalité. Il ne se vit pas comme l'acteur imaginaire d'un fantasme, il le met en scène dans la réalité. Il crée un scénario qu'il vit. C'est, par exemple, une chaussure réelle qui est l'équivalent du pénis manquant.

C. : Étonnant ! Une chaussure enveloppe le bout d'un membre. Elle n'est pas le membre puisqu'elle est creuse.

P. : Pour le pervers l'enveloppe est égale à son contenu. La chaussure n'est pas creuse dans la mesure où on ne voit pas le creux lorsqu'elle est mise. Ce creux est caché ou nié en tant que creux. Comme la chaussure est contiguë au pied, elle est le pied. C'est le raisonnement implicite du pervers.

C. : Ce que vous appelez « métonymie » dans votre exposé ?

P. : La métonymie est, me semble-t-il, la figure de rhétorique préférée du pervers. Par leur contiguïté même les contraires peuvent y être des équivalents. Le sable est équivalent à l'eau, l'eau à la végétation qui la borde et le voile à ce qu'il cache.

C. : Quelle est la raison d'une telle préférence donnée à la métonymie ?

P. : Une autre cause du manque de grâce, du manque de l'imaginaire spéculaire, du refus de la castration, tient à quelque chose du père capable d'initialiser un sens de la métaphore. Le père est présent à l'esprit du pervers, puisqu'il le défie et l'appelle dans le même temps, mais ce père ne signifie pas en soi le désir de la mère. Ce père est accolé à la mère comme par contiguïté. Il n'est pas une métaphore de son désir.

C. : L'absence de métaphore paternelle ne signifie-t-elle pas obligatoirement que nous sommes dans le registre de la psychose ?

P. : Non, dans la psychose, sur laquelle nous reviendrons, il n'y a pas la présence d'un père symbolique repérable dans la perversion par le défi qui lui est lancé. Mais hélas ! dans la perversion, ce père ne se substitue pas au désir de la mère. Très souvent elle-même défie le père. Et nous sommes parfois confrontés au bloc père-mère. Très souvent, le père en tant que père est écrasé, mais il arrive qu'il soit au contraire un père tout-puissant qui écrase le désir de la mère. Le résultat est le même : il n'y a pas un père qui soit métaphore du désir maternel.

C. : J'avoue que cette notion de père métaphorique me paraît compliquée.

P. : J'y reviendrai à propos de la psychose. C'est une notion pourtant facile à saisir chez certaines peuplades dites « primitives ». On connaît le père biologique qui est éventuellement l'amant d'un soir ; le père éducateur, souvent un oncle maternel ; et le père symbolique qui peut être tel rocher ou tel arbre. Dans ce cas il ne peut s'agir que d'une métaphore. Dans notre « civilisation », les trois aspects, et surtout les deux derniers, sont souvent confondus. Votre difficulté tient à ce que vous voudriez que les trois pères soient métaphoriques. Or il y a un père métaphorique, et c'est tout. Il n'est pas le même que les autres. Le pervers cherche cette métaphoricité mais n'en dispose pas. Si Gide marche sur les traces d'Élie Allégret, c'est qu'il voudrait en être, de cet « Allégret-sse paternelle », mais il se trouve qu'il n'en est pas. La chose est à venir, elle est au bout du voyage, au bout de sa provocation, indéfiniment repoussée. On peut déduire cette absence de métaphore chez lui à partir de son proche en proche… La prévalence métonymique est en outre ce qui privilégie l'aventure, l'inattendu, le détail, bref, tout ce qui fait la réalité. C'est la figure de rhétorique qui favorise au mieux la mise en évidence de la réalité, ce qui fait vivre dans la réalité… Vous le voyez, tout est lié.

C. : Si vous le permettez, nous allons nous arrêter là. Une fois de plus je n'ai pas l'impression d'avoir beaucoup avancé dans la connaissance de la cause de la perversion.

P. : C'est que vous cherchez une cause première qui n'existe pas. De fait, il n'y a pas de cause…

La psychose de Schreber

Daniel Paul Schreber (1842-1911) est le délirant sans doute le plus célèbre dans le monde de la psychiatrie et de la psychanalyse. Personnalité éminente, il occupait les fonctions d'un juge de cour d'appel. Cet homme intelligent, cultivé, redoutable raisonneur, était le fils de Daniel Gottlob Moritz Schreber, un homme relativement connu en Allemagne, médecin orthopédiste, éducateur, politicien de la santé et auteur de plusieurs ouvrages, dont une *Gymnastique de chambre* qui fut très largement diffusée. Daniel Paul a développé à l'âge de la maturité un délire paranoïaque et mystique flamboyant, dont il n'allait jamais guérir.

Dans le dessein d'être affranchi de son internement et afin d'instruire l'humanité sur la réalité divine, il a publié en 1903 un gros livre dans lequel il relate en détail, comme personne avant lui, son invraisemblable délire : le soleil emplit une bonne partie du ciel, les oiseaux et le vent dans les arbres parlent, une odeur de suie émane de son corps, il voit des diables rouge carotte, etc. Les commentaires de Freud en 1911, puis ceux de Lacan en 1954-1955 lui ont assuré une gloire posthume et définitive. Ces textes sont d'une richesse inestimable pour pénétrer le mystère de la psychose.

Essayons donc, grâce à ces *Mémoires d'un névropathe*[1] et à leurs prestigieux commentateurs, d'approcher cette folie.

1. D.P. Schreber, *Mémoires d'un névropathe,* trad. de l'allemand par P. Duquenne et N. Sels, Paris, Le Seuil, coll. « Le champ freudien », 1975. Le texte allemand auquel je me réfère est D.P. Schreber, *Denkwürdigkeiten eines Nervenkranken,* Frankfurt am Main, Syndikat, 1985.

La certitude, l'extériorité et la résorption du langage

Ce qui frappe d'emblée, dès la lecture des premiers chapitres, est *l'inébranlable certitude* de Schreber. Même lorsque certains faits démentent ce qu'il a vu à l'acmé de son délire, il conserve la certitude que les visions provoquées *intentionnellement* sont venues *du dehors* et non pas de lui-même. S'il consent à revoir la réalité des faits, il se refuse à mettre en question l'extériorité de ce qui s'est passé. Cette certitude est étroitement liée à celle de l'intentionnalité de ce dehors et d'un *concernement personnel.* Elles sont presque toujours fondées sur ce que lui disent les voix qu'il entend. Il assure qu'il n'aurait pu penser lui-même ce qu'elles lui disent. Puisque ce qu'il entend diffère de ses idées, il lui est impossible d'envisager qu'il puisse s'agir de sa voix intérieure, de ses propres pensées.

L'altérité de ces pensées, leur radicale étrangeté, leur nouveauté par rapport à ce qu'il pensait auparavant, est *spatialisé en une extériorité.* Tout changement est en dehors de lui. Il se place en deçà de toute modification. L'Autre est donc toujours un Ailleurs. Il se forge ainsi un dehors constitué de la voix de la pensée et de la vision de l'imagination. C'est d'Ailleurs que ça pense, c'est d'Ailleurs que ça met en images.

La plupart d'entre nous admettent volontiers un infléchissement de leur pensée au cours de leur existence, notamment après des moments de crise. Altération qui donne la sensation d'une histoire dans notre subjectivité, avec ses tournants, ses mutations, ses inversions. Pour Schreber, la crise existentielle semble n'avoir enrichi que son dehors et l'avoir corrélativement enfoncé dans une espèce de trou noir intérieur central de la subjectivité, où il n'est plus que ce qui se défalque d'un tout devenu dehors, où il n'est plus qu'un *retrait sans fin* qu'il nous faudra définir. *La métaphore n'est plus qu'une « extraphore »,* si vous permettez ce néologisme. Comme dans un maelström, *le sujet fuit vers le plus intime de la langue,* et qui pourtant à chaque pas lui devient de nouveau son extérieur.

Le sujet apparaît ainsi comme égaré entre tous les sens possibles, au-delà de ces sens, dans l'« inter-sens », dans la pâte de la langue, là où le mot est encore chose avant d'être sens, dans lalangue telle que la définit Lacan, c'est-à-dire dans l'inter-langues. En ce lieu il n'y a plus comme sens possibles, ou plutôt à la fois comme perspectives et points de fuite, que la persécution ou la relation mystique, voire un mélange des deux. Pour Schreber, la totalité fuyante du sens, représentée par Dieu, tend alors à converger et s'abîmer en lui indéfiniment comme par une résorption du langage, en même temps que cette totalité renaît par là même de lui indéfiniment abîmé : tel est son délire. Cette extériorité-là, qui a lieu en deçà de la parole qui a du sens et au fond du plus intime du sujet, me paraît fondamentale dans la psychose.

Le début de la psychose

Mais commençons par reprendre l'histoire de ce délire. Le 1er octobre 1893, à l'âge de 51 ans, Schreber, qui vient d'être nommé « président de chambre de la cour d'appel de Dresde », prend ses fonctions. Il n'écrit rien sur la manière dont cette nomination l'affecte subjectivement en son for intérieur, rien sur ses sentiments, ses espoirs ou ses inquiétudes. Le poste lui occasionne, dit-il, un surcroît de travail et l'oblige à être discret. Voilà qui est bêtement factuel. Il est déjà à l'extérieur de lui-même et dans la conception épurée d'une certaine causalité quasiment physicienne.

Après quelques semaines, il est « surmené » (*übernommen,* littéralement « pris dessus » – notez bien tous ces termes) et « le sommeil vient à manquer » *(der Schlaf fing an zu versagen).* Il prend du bromure de sodium, un grand calmant à l'époque, mais sans résultat. À la fin du mois d'octobre et au début du mois de novembre, ses nuits sont quasiment blanches, et il se produit alors un phénomène répétitif qui l'inquiète : au moment de s'endormir, il entend un petit « craquement dans le mur » *(Knistern dans der Wand)* qui le réveille – il l'entendra encore des années plus tard. Peut-être est-il déjà la proie d'un jeu de mots : *die Wand Schaft* (le mur travaille), qui résonne comme *die Verwandschaft* (la parenté) et dont le préfixe *Ver* (dys) rappelle le dysfonctionnement de sa famille. Il y a un craquement dans la parenté.

Courant novembre, son médecin lui prescrit une semaine de repos, qu'il met à profit pour consulter une sommité psychiatrique de ses relations : le professeur Flechsig, de la clinique universitaire de Leipzig – Leipzig, la ville de ses ancêtres, est située près de Dresde où il travaille. Sa femme l'accompagne. La veille de la consultation, un dimanche, alors qu'il séjourne chez un beau-frère non loin de Leipzig, son anxiété est telle qu'un médecin se voit contraint de pratiquer une injection de morphine et de chloral pour tenter de le calmer. Après une très mauvaise nuit, il se rend – en fait d'« il », Schreber répète ici *« Wir »* (nous) au lieu de *« Ich »* (je) – très tôt le matin en fiacre chez Flechsig. Celui-ci disserte sur les récents progrès de la pharmacopée psychiatrique et laisse entendre qu'un bon « sommeil » *(Schlaf)* réparateur, tel celui que ne manquera pas de provoquer un tout nouveau somnifère, arrangera son problème. Schreber se procure donc le médicament miracle, dîne chez sa mère, fait une promenade, puis se couche, toujours chez sa mère. Il y vit un véritable cataclysme. Pris de frissons, il s'agite, ne dort plus du tout, si bien qu'il ajoute du chloral à son somnifère moderne, mais en vain. Affolé, ne supportant pas ce qui l'envahit, il tente de s'étrangler avec une serviette. Sa femme parvient de justesse à l'en empêcher. Au petit matin, il se retrouve totalement effondré, déprimé, frigorifié. Flechsig vient le chercher et l'emmène en voiture à la clinique. Nous sommes le 21 novembre 1893.

Après un bain chaud, « on [le] met au lit » *(wurde ich sofort ins Bett gebracht)*, où il reste plusieurs jours avec un surveillant à ses côtés. L'insomnie persiste, les somnifères s'avérant sans effet. Une nuit, sans doute parce qu'il est trop agité pour l'endroit, on le transfère dans une cellule plus adéquate. En chemise de nuit, s'accrochant comme un désespéré à un billard, et ne sachant pas ce qui lui arrive, il lutte contre les infirmiers qui finissent par le maîtriser. Dans la cellule, il essaie de se pendre avec un drap. Le matin il a néanmoins une agréable surprise : l'assistant de Flechig, le docteur Taüscher, lui parle de façon réconfortante, ce qui lui procure enfin une petite accalmie, mais hélas, pour la journée seulement, qui sera selon lui la seule bonne journée du restant de sa vie. La nuit suivante, au moment d'aller au lit, il est de nouveau pris d'angoisse et le lendemain il vomit son petit-déjeuner.

Sous l'effet du chloral à fortes doses, il vit pourtant quelques semaines d'apparente sédation avec un sommeil correct. Il reçoit régulièrement la visite de sa femme. Durant les deux semaines qui précèdent Noël, il peut même passer une partie de sa journée chez sa mère. Après les fêtes, il se promène tous les jours en fiacre en compagnie de son épouse et d'un infirmier. Mais il demeure intérieurement comme surexcité, et la moindre activité mentale ou physique l'énerve au plus haut point. Les angoisses et les idées de suicide reviennent très vite.

La chute dans la grande folie

C'est vers la mi-février 1894 qu'il bascule brusquement dans l'extrême folie, au moment d'une absence de son épouse qui s'était rendue pour quatre jours chez son père à Berlin. Une nuit, il ressent ce qu'il appelle un « effondrement spirituel » (*geistigen Zusammenbruch* – le mot contient *Samen*, « semence »), caractérisé entre autres par une demi-douzaine d'étranges pollutions nocturnes, auxquelles il ne donne aucun sens lorsqu'il les rapporte dans son livre. À son retour, il ne voit sa femme qu'une seule fois, ne supportant pas le triste tableau qu'il lui offre.

En vérité, c'est non pas uniquement l'esprit qui s'effondre, mais le monde entier, et en particulier celui des êtres humains. Il commence à entendre des voix intérieures et se sent branché sur l'esprit de Flechsig qui lui parle sans être présent, au moyen de ce que les voix appelleront un « raccordement nerveux » *(Nervenanhang)*. Il entend ainsi que Flechsig ne lui veut pas du bien. Ce qu'il entend surtout de façon allusive et dont il ne trouvera le sens que peu à peu, c'est que l'humanité s'effondre pour être remplacée par des « formes humaines miraculées » *(hingewunderte Menschengestalten)*, comme le décriront certains films de science-fiction. C'est ainsi qu'il voit sa femme lorsqu'il l'aperçoit de loin. Ce sont là « les premiers indices d'une relation avec les forces surnaturelles » *(die ersten Anzeichen eines Verkehrs mit den übersinnlichen Kräften)*.

En quelques semaines s'installe un délire dont la forme achevée est bien difficile à caractériser, tant il est foisonnant de détails impossibles à résumer, et dont, tout comme pour un rêve, on rate l'essence si on en donne une forme succincte. Il est par ailleurs impossible d'établir la chronologie précise de ses contenus, puisque Schreber s'en souvient très mal et semble avoir perdu les repères temporels, du moins jusqu'en novembre 1895. Il s'est probablement agi d'une sorte de rapide conflagration masquant un effondrement total – vous verrez plus loin ce que je mets sous ces termes.

Son délire comporte une superposition de deux aspects : un donné immédiat qu'il subit chaque fois avec surprise, singulier, original, poétique et surréaliste, à la limite du compréhensible, et une rationalisation secondaire qu'il construit peu à peu par déduction à partir de ce donné, allant jusqu'à rechercher les axiomes fondateurs impliqués par ce qu'il vit, voit et entend. Son livre mélange les deux aspects.

Le délire conduit Schreber à se dire en relation tout à fait singulière avec les « âmes » *(Seelen),* surtout et d'abord celle de Flechsig, et avec Dieu. Rapport qui bouleverse l'ordre intangible du monde tel qu'il a été créé, de sorte qu'il doit le rétablir en devenant une femme qui l'engendre à nouveau. On reconnaît dans le mouvement de cette folie une espèce particulière de castration faisant suite à une jouissance interdite, ici avec Dieu, ainsi que Freud l'a décrit. Mais on perçoit aussi déjà le dépliement de *l'essence profonde de la métaphore,* si tant est qu'elle a une essence, appliquée au monde entier, dans le sens où elle intègre logiquement qu'une chose doive d'abord ne pas être elle-même avant de pouvoir être autre chose.

Au tout début de son livre, Schreber énonce ses axiomes sur Dieu et sur les âmes, tels qu'ils sont nécessairement impliqués dans son délire. Les âmes – ce sont toujours les âmes humaines dont il entend les « voix » *(Stimmen)* – sont contenues dans les nerfs des « corps » *(Körper),* et en même temps équivalentes à ces nerfs – il écrit : « [...] les nerfs (les âmes des humains) [...] ». Ces âmes quittent les corps après la mort, montent au ciel – le ciel réel de l'astronomie pour Schreber – où elles s'agglomèrent pour constituer une partie de Dieu, les « vestibules du ciel » (*Vorhöfe des Himmels* – ce sont aussi les « parvis du ciel »), et devenir les nerfs de Dieu. Elles connaissent ainsi toujours davantage de « béatitude » *(Seligkeit),* en même temps qu'elles perdent leur individualité, c'est-à-dire leur nom, et parviennent à l'« éternité » *(Ewigkeit)* grâce à un processus de « purgation » *(Laüterung)* sous examen, laquelle comporte une étrange et intéressante particularité : l'accession à une « langue de fond » *(Grundsprache)* qui est la langue parlée par Dieu. Cette langue est une sorte de vieil allemand, plein de tournures poétiques et d'hyperboles, d'inversions de sens et de ce que Schreber appelle des euphémismes, qui sont en fait des atténuations par allusion. Elle est la langue bizarrement allusive des voix qu'il entend. Cette purgation implique parfois une « transmigration de l'âme » *(Seelenwanderung)* vers une autre planète d'où elle peut renaître en un autre corps humain.

Le Dieu de Schreber est également un Dieu de lumière. Certes les âmes purifiées et divinisées sont les nerfs de Dieu, mais elles en sont aussi les rayons. Les astres et en particulier le Soleil sont à la fois les organes transmetteurs de ces rayons et Dieu lui-même. De ce fait Schreber est en lien étroit avec les « corps célestes » *(Weltkörper)*. Son délire est astronomique à tous égards. À l'instar du Soleil dont la lumière et la chaleur dispensent la vie sur terre, les rayons – nerfs – âmes de Dieu peuvent se transformer directement en toute chose du monde créé, y compris en une semence mâle capable d'engendrer des enfants dans l'utérus des femmes – Schreber évoque un « nerf du père ». Ainsi capables de produire des êtres vivants, les rayons de Dieu sont donc eux-mêmes des êtres vivants.

Dans le monde « suprasensible » *(übersinnlichen)* de Schreber, *la circularité est parfaite* entre le ciel et la terre, Dieu et les humains, l'esprit et la matière, grâce aux véritables particules ou ondes intermédiaires que sont les rayons-nerfs-âmes. Tel est « l'ordre du monde » *(Weltordnung)*.

Cette axiomatique de base que Schreber déduit de ce que disent les voix, cette hypothèse qu'il forge et dont il est tout à fait certain, puisqu'il la pense, implique une sorte de *contingence absolue des choses :* elles peuvent être ou ne pas être, voire même *être en tant qu'elles ne sont pas*. Une telle *hypercontingence,* contingence absolue ou dépassée, transparaît dans certains termes récurrents de Schreber, que l'élégante traduction française a malheureusement diversifiés pour en rendre la lecture plus fluide. L'eau fluente de cette traduction ne rend pas compte de la glu de Schreber. Les signifiants de la contingence sont par exemple *« Wunder »* (miracle, magie), *« schaffen »* (travailler, œuvrer, créer), *« einwirken »* (qu'on pourrait rendre pas « impacter »). Chacun implique un néant originaire sur le fond duquel arrive un miracle, une création, un impact. C'est toujours du surajouté. On lit à propos des rayons : « […] la miraculante puissance créatrice de Dieu » *(die schaffende Wundergewalt Gottes)*.

Schreber a d'ailleurs posé comme axiome premier que « la création divine est une création hors du rien » *(daß das göttliche Schaffen ein Schaffen aus dem Nichts ist)*. Dieu est le concept d'un levier qui permet la mise en acte de cette contingence absolue ou dépassée. Il est celui qui répercute le néant sur toute chose et il n'est que Dehors. Il reflète le néant ou le rien originaire du dedans en tant que quelque chose y revient du dehors. C'est le point originaire d'une néantisation. Lorsqu'il ne pense à rien, c'est-à-dire lorsqu'il sent le néant à l'intérieur de lui, ce reflux de la pensée fait comme retour en un vent qui se lève, manifestation selon lui du retrait de Dieu.

Schreber met sa relation privilégiée avec Dieu sur le compte de sa grande excitation nerveuse, laquelle exerce une irrésistible attraction sur les nerfs de Dieu et provoque un raccordement nerveux (*Nervenanhang – ein Anhänger* est un adepte). Prérogative qui n'est en principe accordée qu'aux poètes. En Schreber, il se réalise plus encore que chez les poètes, au point de menacer l'existence même de Dieu, car Dieu n'est Dieu que pour autant qu'il reste inentamé et n'intervient que très peu dans les affaires humaines. Ce sont là des prémisses quasiment parménidiennes : l'Un ne peut Être sinon il est Deux.

Un autre est, selon Schreber, allé très loin dans son emprise sur Dieu : c'est l'âme de Flechsig, ou du moins une partie de cette âme, l'une des rares âmes issues d'un homme encore vivant. À l'insu sans doute du Flechsig vivant, cette âme a réussi à accaparer une part importante des nerfs de Dieu et agit par là même sur le corps de Schreber.

Schreber s'interroge sur l'origine de ce détournement du pouvoir divin, initiateur d'une faille dans ce quelque chose plus vaste que Dieu et à quoi celui-ci est assujetti comme autrefois les dieux grecs, à savoir l'ordre du monde ou de l'univers que les voix désignent comme *« wundervoller Aufbau »* (construction merveilleuse, prodigieuse, miraculeuse). Dans le chapitre II, Schreber écrit qu'« une faille » *(ein Riß)* s'est introduite dans ce « merveilleux édifice ». À lire attentivement son livre, il semble bien que *cette faille dans l'ordre du monde soit l'avènement de sa propre historicité,* l'apparition de lui-même, le surgissement de son destin personnel, transférés sur sa relation à Flechsig, comme si, pour parler heideggérien, son propre étant était une injure à l'ordre de l'être.

Schreber désigne cette faille comme un « meurtre d'âme » *(Seelenmord),* qui aurait été commis par un ancêtre de Flechsig sur certains membres de la famille Schreber, mais se dit incapable d'en préciser la nature. Ce terme lui vient des voix, des « voix qui parlent avec moi » *(die mit mir redenden Stimmen),* selon la ritournelle de son texte. Il se contente de déclarer que l'abus de raccordements nerveux peut aller jusqu'au meurtre d'âme.

Le premier meurtre d'âme, le meurtre historique fondateur a eu lieu au XVIIIe siècle, sous le règne de Frédéric le Grand *(Friedrich der Große)* – il est difficile de ne pas faire le lien avec le nom de jeune fille de la mère de Daniel Gottlob Moritz Schreber, *Frederike Grosse,* née au milieu de ce règne. Il a été commis par un « porteur du nom de Flechsig » : Daniel Fürchtegott Flechsig – *Gottlob* veut dire « honores Dieu », *Fürchtegott* « crains Dieu ». Le *transfert littéral du père* sur la personne de Flechsig semble patent. Ce Flechsig historique exerçait la « neurologie » *(Nervenheilkunde),* tout comme le Flechsig actuel. Cette profession qui intéresse particulièrement Dieu a donc attiré les rayons-nerfs-âmes divins. Fürchtegott Flechsig en a profité pour les accaparer afin d'augmenter encore son pouvoir, qu'il a transmis à ses descendants. Grâce aux âmes détournées, il a fomenté une véritable conjuration contre la « lignée des Schreber » *(Schreber'schen Geschlechtes) :* il lui a été possible en effet, ainsi qu'à tous les siens, de se raccorder à leurs nerfs en profitant de moments d'inattention, et cela afin de donner à Dieu l'image d'une lignée sans intérêt. Les Flechsig trompent à la fois les âmes Schreber, les âmes divinisées en général et Dieu lui-même.

Voilà une image fort intéressante de l'abus de pouvoir inhérent à la psychiatrie. En raccordant abusivement leurs nerfs à ceux de Schreber, Flechsig et tous les Flechsig ou assimilés ont comme absorbé ou aboli le patronyme du père de Schreber (Gottlob devient Fürchtegott) et du même coup celui de l'ancêtre éponyme des Schreber, qu'ils ont remplacés par le patronyme de Flechsig. *Le meurtre d'âme apparait d'abord comme un meurtre du nom :* il devient un nom qui ne tient pas. C'est une éviction du nom. Et ce meurtre est en même temps un vol du pouvoir de Dieu. Il n'est pas nécessaire d'être croyant pour découvrir là une certaine psychiatrie.

Ce meurtre d'âme bouleverse donc l'ordre du monde. La nervosité de Schreber, que Flechsig, selon lui, a tenu à ne pas guérir afin d'en tirer des avantages, exerce en effet une forte attraction sur toutes les âmes du monde et sur Dieu qui est composé d'âmes – Schreber évoque son « rapport avec Dieu » *(Verkehr mit Gott* – terme qui n'est pas sans connotation sexuelle). Et cette attraction va jusqu'à entraîner la « disparition de l'espèce humaine » *(Untergang des Menschengeschlechtes),* voire de la totalité du monde, de la Terre, des étoiles, des planètes (Schreber parle de *Weltuntergang),* car l'afflux de nerfs ou d'âmes venus de Dieu dans le corps de Schreber occasionne une perte du pouvoir de recréation de Dieu et une perte concomitante de béatitude pour les âmes humaines qui ne peuvent plus aller au ciel. Schreber entend la voix de ces âmes attirées vers lui qui se sont détachées des royaumes divins, leurs appels au secours incessants dans le ciel. Il ne s'agit bien sûr que du reflet extérieur et à haute voix de son propre appel muet.

Dans le chapitre V, il détaille à l'infini l'identité de toutes ces âmes qui l'assaillent par centaines, quand ce n'est par milliers. Elles sont prises dans le tourbillon d'un fractionnement qui essaie de compenser le glissement métonymique qui fait très vite disparaître leur individualité. Le fractionnement tente de les maintenir. Ces âmes sont surtout provocatrices par rapport aux idéaux de son milieu, bien-pensant, protestant luthérien et progermanique : elles sont catholiques, juives, panslavistes. Il y a des curés, des moines – « deux cent quarante moines bénédictins firent irruption dans ma tête » –, des cardinaux, le pape lui-même. Il y a un neurologue juif et slavophile de Vienne – Freud n'était pas le seul à habiter Vienne ! Il y a aussi des corporations d'étudiants, et en particulier la « Saxonia » de Leipzig, qui joue un rôle éminent dans son délire, probablement lié à sa jeunesse estudiantine et aux mouvements révolutionnaires qui eurent lieu en Saxe alors qu'il avait entre 3 et 6 ans. Il y encore les âmes des gens de sa famille, sa mère, sa femme, son beau-père et des amis d'enfance.

Toutes arrivent sous forme de rayons lumineux issus des divers corps célestes où elles ont séjourné, Jupiter, Saturne, Sirius, les Pléiades, etc. Les anciens affiliés de la « Saxonia » sont les « suppôts de Cassiopée » *(Die unter der Cassiopeja Hängenden).* Ces âmes célestes, concrètement célestes, lui parlent à travers les voix et, de façon plus subtile, au moyen de ce qu'il appelle le « parler des nerfs » *(Nervensprache),* qui est non pas sonore, mais venu de lui, intérieur, et auquel il est contraint par une suspension du discours sonore des voix. Une voix lui dit par exemple : « C'est à l'ordre du monde que celui-là devrait… », le forçant ainsi à compléter en lui-même avec le mot « penser ». Il a la certitude que cette voix personnelle intérieure lui vient également du dehors : « […] j'entends les rayons fabriquer eux-mêmes la réponse qui leur sera faite par mon truchement comme si c'était moi-même qui la formulais […] ». *Le moi aussi qui répond aux voix lui est par conséquent extérieur.* Et toutes ses pensées, y compris celles qui ne sont pas vocalisées, ne sont pour lui que des « contrefaçons de la pensée » *(Gedankenfälschungen). Elles ne viennent pas de lui.* Il découle de ce « parler de nerfs » que sa tête ne connaît jamais le repos, même lorsque les voix s'arrêtent. Il est forcé de penser continuellement. Ce fond de *contrainte absolue* est un élément essentiel de son délire : il est forcé en tout et empêché de penser à rien. C'est sa modalité de l'être ouvert.

L'attraction permanente qu'il exerce de la sorte sur les âmes et sur Dieu, commandée au départ par l'âme de Flechsig, provoque à partir de la mi-mars 1894, un mois après le début de son délire, l'écroulement de l'univers entier.

Le crépuscule du monde

Tout disparaît alors, pour, le cas échéant, être remplacé par autre chose : l'humanité tout entière, l'univers matériel, sa propre personne, certaines parties de son corps. Cette fin du monde semble néanmoins se stabiliser en deçà du point où il n'y aurait plus rien du tout : il ne reste que lui, dernier homme sur terre. Il est « le Juif errant éternel » *(der ewige Jude),* comme d'autres le furent par le passé, précise-t-il. Et il est en tant que tel chargé d'engendrer une nouvelle race d'hommes en se transformant en femme. Ainsi pourra se rétablir l'ordre du monde, c'est-à-dire la circularité précédemment évoquée. Les rares humains qu'il voit encore à cette époque autour de lui à l'asile ne sont que des « fantoches bâclés et dépêchés » par Dieu (*flüchtig hingemachte Männer* – hommes bâclés à la six-quatre-deux selon la traduction classique de Pichon), lequel s'avère désormais complice de Flechsig – afin de veiller sur lui le Juif éternel. Dans ce mouvement de disparition de l'humanité, se décèle une sorte d'engloutissement dans l'unité par défaillance de la métonymie qui ne soutient plus le proche en proche. En effet, les âmes qui viennent de partout et convergent vers lui perdent rapidement leurs nerfs pour n'en plus garder qu'un seul qui les représente dans leur ensemble. Toutes ces âmes réduites se transforment ensuite en « petits hommes » de quelques millimètres qui se posent un instant sur sa tête avant de se « volatiliser » *(verflüchtigen)*. Elles fusionnent et se résorbent en lui. Une telle fusion rejoint la définition de chaque nerf de l'entendement qu'il donnait au début de son livre, comme le lieu où s'inscrit la totalité des souvenirs du sujet. C'est une réduction – absorption hologrammatique constante.

Il faut noter que Schreber déduit toujours une disparition d'un changement qu'il observe. *Pour lui, rien ne peut changer dans une permanence, ce n'est jamais le même qui devient autre.* Les choses disparaissent, car elles sont radicalement différentes. Il voit, par exemple, au-delà des murs de la clinique, un paysage d'une étrangeté absolue. Les voix lui parlent d'un « saint paysage » *(heilige Landschaft)*. Il voit également une « sainte forêt » *(heiliger Wald)* là où il est persuadé qu'il n'y avait auparavant que quelques arbres alignés. Parce que la Lune lui apparaît étrange, il est persuadé qu'il s'agit de la planète Mars et que par conséquent la clinique ou la ville de Leipzig sont un îlot transplanté sur Phobos, un des deux satellites de Mars. Il raisonne alors : étant donné qu'il voit la flamme du gaz alimentant la ville, ce n'est pas seulement la clinique qui a été transportée sur Phobos, mais toute la ville, car il est peu vraisemblable que l'on entretienne ce gaz rien que pour la clinique.

Le changement radical affecte également sa propre personne : on lui a donné d'autres méninges dans le crâne et une autre conscience de son identité. Il a un autre corps. Parfois le changement récurrent donne lieu à la multiplicité : il a plusieurs têtes.

Dans cette période de disparition, il se sent de plus en plus envahi par l'âme de Flechsig. « J'ai passagèrement eu dans le corps, écrit-il, l'âme, et toute l'âme vraisemblablement, du professeur Flechsig. » Cette âme est comme une pelote en toile d'araignée (*Spinngewebe* – en allemand *« spinnen »* peut signifier « ourdir », mais aussi « avoir une araignée au plafond ») catapultée dans son ventre et qu'il fait ressortir par sa bouche. Il remarque à cette occasion que les âmes impures ont mauvais goût.

Il est informé des différentes disparitions tant par les voix que par les visions. Les voix l'appellent d'ailleurs le « voyant par esprit » *(Geisterseher)* – notons la proximité du terme *Begeisterung* (enthousiasme, exaltation) avec la *Seligkeit* (béatitude), qui contient lui aussi un *se* prononcé de la même façon que celui de *Geisterseher.* À cette « sainte époque » *(heilige Zeit)* de délire aigu, dans ce crépuscule du monde qui va de la mi-mars à la mi-juin 1894 où le temps nocturne est dilaté en siècles, il voit autant qu'il entend, grâce à des rêves qu'on lui dépêche. Leur luminosité et leur fidélité photographique si particulières lui donnent la certitude qu'ils sont la vision de la réalité. Il se voit ainsi pénétrer dans les entrailles de la Terre grâce à un train-ascenseur, et ressortir dans un vaste cimetière où toute la population de Leipzig est enterrée. Il y croise la tombe de sa femme. Une autre fois, il traverse la terre du « lac Ladoga » *(Ladogasee) – se* y revient –, au nord-est de Saint-Pétersbourg jusqu'au « Brésil » *(Brasilien),* où l'on retrouve les signifiants de son questionnement à propos du gaz de Leipzig : la « terre », « je vois le gaz » *(gas – sehe),* « asile » – il connaît le français. Parvenu au Brésil, il y construit un mur immense contre les déferlantes, afin de protéger le monde contre sa submersion. Dans ce même ordre d'idées, on lui annonce parfois une glaciation due au retrait de la Terre à la distance de Jupiter.

Il lui arrive de voir des « ours » *(Bären)* noirs, grands et petits aux yeux de braise. Ce sont ses draps qui prennent la forme d'« ours blancs » *(weiße Bären).* Tout comme l'Homme aux loups il voit des chats, pourvus des mêmes yeux de braise, tapis dans les arbres du jardin. Il interprète la grande luminosité de ses visions comme une abondance de rayons qui convergent vers lui. Il a d'ailleurs la certitude qu'ils lui font une auréole éblouissant médecins et gardiens contraints de détourner le regard. En plein jour il voit deux soleils – car tout se dédouble chez lui –, le soleil habituel, et un soleil plus petit causé par la contraction en une seule étoile de la constellation de Cassiopée. Les voix lui disent qu'il est question que lui-même aille sur une orbite autour de cette nouvelle étoile. L'étonnant dans cette affaire est qu'il maintienne envers et contre tout l'affirmation de la réalité de ses visions. La lecture attentive du *Traité de psychiatrie* de Kraepelin, et en particulier du chapitre consacré aux hallucinations, ne le fait pas changer d'avis. Ce qu'il voit est pour lui la réalité puisque auparavant il n'avait pas la foi. C'est là, dans cette sorte de certitude d'une réalité, que se situe à mon avis l'« abîme temporel » *(zeitliche Kluft)* dont il parle. La réalité délirante vient à la place d'un temps qui n'est fait que de la perte de cette certitude. Rien ne peut bouger en lui. *Le temps ne peut se faire qu'espace extérieur.*

Il ne vit pas seulement un désastre du monde et des corps célestes, les humains également s'effondrent. Et c'est avant tout Schreber qui disparaît : à la mi-mars 1894 il lit dans un journal l'annonce de sa propre mort. On ne sait pas ce qui s'est réellement passé, mais il est évident qu'il n'a pas pu imaginer qu'il s'agisse d'un autre « Schreber », ou d'un autre signifiant se rapportant à lui et que quelqu'un d'autre portait. Ce qu'on peut appeler *la distributivité du signifiant, le fait que, tel un symbole mathématique, il n'ait pas de lieu assigné, est pour lui l'impensable même.* C'est un des aspects de son ratage de la signifiance ordinaire. Flechsig lui aussi, qui sans doute changeait comme tout le monde, est, dans son délire, mort suicidé par balle – comme le frère aîné de Schreber, Daniel Gustav, dix-sept ans auparavant. Schreber voit en rêve le convoi funèbre qui accompagne Flechsig.

Il subit la fin du monde dans son propre corps. Il observe en lui certains signes de maladie qui par ailleurs se propagent dans l'humanité, comme s'il était là aussi cette humanité tout entière dans son esprit et dans son corps. Cette pathologie est fantastique : lèpre orientale, lèpre indienne, lèpre hébraïque, lèpre égyptienne, peste bleue, peste brune, peste blanche, peste noire. Il écrit : « [...] je les cite ici pour démontrer par avance l'objection selon laquelle il ne s'agirait chez moi que d'hallucinations fantasmées par mes propres nerfs ; car, en effet, comment aurais-je pu tomber de moi-même sur ce genre de termes sans avoir aucune connaissance personnelle des différentes formes de cette maladie ? » Il ne doute pas de leurs réalités. Les pestes s'accompagnent de différentes exhalaisons corporelles, la peste brune engendre une odeur de colle, la peste noire une odeur de suie. Pour les âmes, la peste est une « sainte maladie » *(heilige Krankheit).* D'étranges formules, typiques de la poésie de la langue fondamentale, lui viennent : « Je suis le premier cadavre lépreux et je conduis un cadavre lépreux » – ce qu'il interprète comme le fait que tout le monde est condamné et a donc intérêt à veiller à ce que son prochain ait une sépulture décente.

Pour l'anéantir on lui envoie également des « scorpions » *(Skorpionen)* dans la tête, qui parlent et se déclinent en scorpions aryens et scorpions catholiques, lesquels sont plus petits – *Skorpionen* ne vient-il pas de la *Korps Saxonia* à laquelle il s'est opposé dans sa jeunesse ? Afin de noircir ses propres nerfs, on lui inocule des nerfs noircis issus de l'empire sur terre de Flechsig, appelé « l'enfer Flechsig » par les voix. Il y a parmi eux ceux d'un certain Bernard Haase et d'un Julius Emil Haase – Pauline Haase est le nom de jeune fille de sa mère ; celle-ci a perdu un jeune frère qui s'appelait justement Julius Emil Haase. Ces nerfs noircis finissent par disparaître sans avoir réussi à changer quoi que ce soit en lui. Des « rayons salvateurs » *(segnende Strahlen)* – *se* est présent une fois de plus – purs et blancs anéantissent en effet au fur et à mesure de leur apparition les « rayons dégradants » *(sehrende Strahlen)* – toujours *se* ! – chargés de germes ou de poison de cadavre – nerfs noircis et rayons dégradants sont une seule et même entité.

Schreber intitule « Premier jugement de Dieu » toute une série de visions survenues durant la première quinzaine d'avril 1894, et qui annoncent la fin du peuple allemand sur terre et sur toute planète habitée. Dieu punit le peuple allemand parce qu'un Flechsig est apparu en son sein, qui menace les royaumes divins. Vous le voyez, Dieu agit à la manière des terroristes : tous sont punis pour un seul coupable. Les voix lui disent que les protestants, les Allemands, et plus généralement les Aryens « ont failli ou faillissent encore » *(unterlegen sei oder noch unterliegen)* dans leur soutien aux royaumes divins – Dieu possède un royaume, car, comme tout signifiant du système schrébérien, il est affecté d'une spatialité. Cette destruction des Allemands ne sera suspendue que si un champion en « dignité » *(Würdigkeit)* se manifeste. Bien sûr, il ne saurait s'agir que de lui-même ou de quelqu'un qu'il désignera. Ici encore un seul homme vaut pour tous les hommes.

Lorsque lui parvient un afflux particulièrement abondant de rayons issus des « béatitudes » *(Seligkeit)* qui se sont accumulées dans (en allemand c'est « sous », *unter*) les étoiles, celles-ci et tous les « corps célestes » s'éteignent, il n'y voit plus de lumière – *« sehe nicht Licht »* (ne vois pas de lumière) est proche de *« Seligkeit »* (béatitude) dans la prononciation allemande. Captant dans son corps une grande quantité de nerfs de la « volupté féminine » *(weibliche Wollust),* équivalents à ces rayons célestes, Schreber a la certitude d'une transformation féminine objective en lui, par exemple dans la douceur de sa peau. Son corps attire désormais Dieu, dont l'approche se signale par une grande quantité de miracles à proximité. Dieu exerce en particulier une commande miraculeuse des mouvements des gens, appelée « jeu des humains » *(Menschenspielerei).* Chaque mot prononcé par quelqu'un, chacun de ses mouvements, chaque bruit d'un train ou d'un bateau est toujours un miracle auquel Schreber peut s'attendre lorsqu'il ressent une intense volupté féminine. C'est aussi en un moment de grand arrivage de rayons que se produit l'« extinction » (*Ablauf* qui signifie départ, décharge, écoulement) des « horloges du monde » *(Weltuhren)* – il est difficile de ne pas noter qu'*« Ablauf der Weltuhren »* peut s'entendre comme *« Ablauf der Welthuren »* (écoulement des putains du monde), déjà impliqué dans l'expression « corps des mondes » *(Weltkörper,* également « corps célestes »). Le caractère putain de Dieu, des étoiles, du soleil et des planètes s'écoule en lui.

II a la certitude d'exercer une attraction irrésistible, non seulement sur les âmes qui composent les royaumes divins antérieurs, c'est-à-dire les « vestibules du ciel » – comme il spatialise tout, il distingue toujours deux lieux pour les incessantes oppositions qu'il décèle – mais aussi sur les royaumes divins postérieurs qui n'interviennent qu'au bout d'un certain temps. Ces royaumes divins postérieurs sont eux-mêmes subdivisés, puisqu'il existe un Dieu supérieur, *Ormuzd* – remarquez l'analogie avec Moritz –, et un Dieu inférieur, *Ariman* – noms qu'il emprunte à la religion perse de Zoroastre (Zarathoustra), encore appelée mazdéisme ; Ormuzd est selon cette religion le principe du bien et Ariman le principe du mal. Pour Schreber, Ormuzd est plutôt le Dieu des Aryens et Ariman celui des Sémites. Ariman est aussi le Dieu soleil, et le petit disque solaire que Schreber voit dans sa tête représente Ormuzd.

La fin du désastre

Vers la mi-juin 1894 s'achève le crépuscule du monde. Enfin interviennent les royaumes divins postérieurs. Alors commence une phase de recréation miraculeuse active. Ormuzd, le petit soleil, reçoit, lui aussi, un système planétaire. Une flore luxuriante apparaît dans le jardin, où jusqu'alors il n'y avait pas grand-chose – Schreber ne tient pas compte de la réalité des diverses saisons. Ce dernier miracle reçoit de la part des voix le curieux nom de « miracle Flechsig » *(Wunder Flechsig)*. Parmi ces miracles il note l'étonnante apparition « du mari d'une [...] nièce » *(der Mann einer meinen Nichten)*, où l'on peut entendre « un homme issu d'un de mes riens ». Lui-même revient d'une époque passée, tel un miracle, dans un monde qui lui est étranger. À cette époque, celle de la fin de son séjour à la clinique universitaire de Flechsig, il retrouve enfin un sommeil qui lui vient de l'abondance des rayons. C'est un « sommeil de rayons » *(Strahlenschlaf)*. Il nécessite que soient « réunis » *(vereinigt)* les rayons purs, divins, et les impurs. Pendant un an, il ne prend plus aucun somnifère.

D'abord étonné de cette guérison, Schreber met quelque temps avant d'en trouver la raison. Il s'agit d'un vrai complot, d'une conspiration, Dieu s'est rallié à la cause de Flechsig. Ce qui se trame lui est révélé par le « parler de nerfs ». On – le « on » *(man)* dont il use constamment, à partir d'un certain moment, désigne Dieu de façon allusive – lui envoie des rayons qui le guérissent certes, mais afin de le transformer en femme, et non pas pour recréer l'humanité comme il le croyait, mais pour en user comme d'une « putain » *(Dirne)*, et ensuite le « laisser en plan » *(liegen lassen)*, le « laisser gésir » comme l'a traduit Lacan, livré à la putréfaction ou enterré vivant. Ce complot est un des grands thèmes de son délire. Flechsig ne le soigne que pour s'emparer de son âme et le changer en femme, afin de le livrer à un ou plusieurs hommes pour des abus sexuels et l'abandonner en fin de compte. C'est pourquoi on lui prend ses vêtements ; ainsi ressentira-t-il des sensations voluptueuses féminines. On l'enduit d'une « crème blanchâtre » *(weißliche Salbe)* pour adoucir sa peau – *weißliche* s'écrit presque comme *weibliche* (féminine). On lui donne des bains, des « bains sacrés ou saints » *(heilige Bäder)* pendant lesquels on maintient sa tête sous l'eau – *heilen*, c'est aussi guérir. On l'immobilise sur son lit en « s'agenouillant » sur lui. Durant cette féminisation forcée son sexe n'est anatomiquement plus celui d'un homme. Les voix, et surtout celles de la « Saxonia » l'insultent à cause de son manque de bravoure virile. On le pense si peu viril que, lorsqu'il demande du poison pour se suicider, l'âme Flechsig lui exprime qu'elle n'y croit pas. Avec horreur Schreber découvre que Dieu est complice de Flechsig. Peut-être même Dieu est-il le véritable instigateur du plan ayant abouti au meurtre d'âme ? Et ce pour finalement livrer son corps à qui en voudra. Dieu a par là même dérogé à l'ordre du monde. Le délire fait penser ici à la découverte d'*une complicité maternelle chez ceux qui ont souffert d'un père tyrannique.*

Le séjour au Lindenhof de Coswig

À l'aube du 14 juin 1894, sans avoir revu le professeur Flechsig, Schreber est conduit par trois gardiens à la gare de Leipzig pour être transféré en train à la clinique privée du docteur Pierson, au Lindenhof à Coswig. Il y restera quelques semaines, jusqu'à la fin juillet. Il a la certitude que les trois gardiens ne sont que des images d'hommes bâclés à la six-quatre-deux. Il se souviendra de la plus totale étrangeté des rues de Leipzig, vides et éclairées d'une lumière particulière. Il considère tout comme un décor de théâtre, tel celui qu'a construit Potemkine sur le trajet de Catherine de Russie. La rapidité du train l'étonne également. Après un voyage de quelques heures, ils descendent à Coswig, à une dizaine de kilomètres au nord-ouest de Dresde, et prennent un fiacre en compagnie du gardien chef du Lindenhof venu les accueillir – les voix ont déjà donné un nom à cette clinique : « La cuisine du diable ». Une fois arrivés à destination, les trois gardiens s'en retournent à Leipzig.

« C'est pendant la période, que j'ai passé dans l'établissement de Pierson, écrit Schreber, que furent machinés par voie de miracle les dérèglements les plus extravagants. » Il y voit une profusion d'images d'hommes qui tantôt se volatilisent progressivement, tantôt disparaissent brusquement dans une pièce sans que l'on puisse savoir ce qu'ils sont devenus : médecins, gardiens, malades bien trop nombreux pour tenir dans les quelques pièces de la clinique. Fait nouveau, il reconnaît des personnes qu'il a autrefois rencontrées. L'un des gardiens est l'« huissier » (*Diener,* qui signifie serviteur) de la cour d'appel de Dresde ; le docteur Pierson est en réalité un médecin de Dresde ; dans le jardin il reconnaît sa femme, ainsi que le conseiller de la cour d'appel mais avec une tête plus grande ; il voit son beau-père au loin sur un chemin. Chaque humain est un autre que lui-même. Parfois c'est une tête qui change au cours de la journée. « [...] je les regardais, écrit-il, ils se mettaient soudain à évoluer avec une tête différente ». Certains sont présents sous deux formes en même temps. Tout ce qui assure la permanence du monde semble voler en éclats. On lui miracule aussi les objets inanimés : les vêtements des gens, les aliments et même l'architecture de la clinique se métamorphosent brutalement. Mais le gardien chef, qui se nomme Marx, occupe une place très particulière dans son délire, presque équivalente à celle de Flechsig. Pour Schreber, il s'agit en réalité d'un voisin de son domicile, von W. Parce qu'il l'a accusé de masturbation, celui-ci est désormais contraint d'être à son service sous la forme d'un homme bâclé à la six-quatre-deux – Flechsig lui-même se retrouve à un moment donné à son service dans la peau d'une femme de ménage. Les voix pressent Schreber de supprimer la particule nobiliaire de von W., il l'appelle donc « W. », et l'obligent également à le gifler pour préserver son honneur viril. Marx-von W. a le visage et les mains « rouge (un Marx rouge, voilà qui est cocasse) carotte » *(Möhrenrot),* caractéristique des « diables » – terme utilisé pour désigner les âmes en voie de purgation.

Le délire s'intensifie encore. Schreber converse maintenant constamment avec les voix, il est sans arrêt saisi par les miracles qui ont lieu autour de lui. Parmi les âmes connectées à la sienne, celle de Flechsig a toujours la première place – les « suppôts de Cassiopée » sont partis. Cette âme Flechsig engendre une multitude d'âmes en se fractionnant par « partition d'âme » (*Seelentheilung,* le terme s'écrit à cette époque avec un *h* après le *t,* où l'on trouve donc *heilung,* sanctification et guérison). Le but ainsi recherché est une économie de purification, car ce n'est plus qu'une partie de l'ensemble qui a besoin d'être blanchie. Grâce à cette multitude Flechsig tapisse toute l'étendue de la voûte céleste, pour faire obstacle aux rayons divins et se les accaparer. Schreber écrit : « [...] c'était comme si l'intégralité de la voûte céleste avait été tendue de nerfs – certainement enlevés à mon propre corps – la circonscrivant tout entière, et que les rayons divins ne parvenaient pas à franchir [...] ».

L'âme Flechsig se subdivise en un « Flechsig supérieur », un « Flechsig moyen » et quarante à soixante âmes plus petites. L'âme de Marx-von W. n'en vaut que la moitié et ne se fractionne qu'en vingt à trente âmes. Il existe une âme conjointe Flechsig-von W. Toutes ces âmes se servent des nerfs surexcités de Schreber pour intercepter les rayons divins sur le chemin de leur attraction vers lui. « [...] elles s'en paraient, écrit-il, comme le fait le paon de plumes étranges, obtenant par là la puissance miraculeuse ». Bien qu'apparaisse une rivalité entre les âmes de Flechsig et celles de von W., chaque groupe revendiquant l'hégémonie dans la domination du monde, l'âme Flechsig reste le cerveau, si l'on peut dire, de cet immense complot.

Au cours de ce séjour, Schreber voit lors d'un été indien descendre vers lui des espèces de fils de la Vierge (*Alteweibersommer,* littéralement : « été de vieilles femmes ») – ce sont des fils issus d'une certaine araignée. Ils sont de texture très dense. Schreber entend qu'elles sont nommées « béatitudes du clair de lune ». Ils représentent la quintessence de la béatitude féminine.

À un moment donné il est question de recréer les espèces animales sur la terre et une humanité nouvelle sur une autre planète, « une nouvelle race d'hommes faite d'esprits Schreber ». Ces hommes seraient plus petits et élèveraient un bétail de taille correspondante. Ils vénéreraient Schreber tel un « Dieu » ou un « apôtre ». L'âme qui déjà rassemble en elle toutes les béatitudes de ces petits hommes se tient dans son bas-ventre, vers les parties sexuelles – c'est le lieu des âmes bienveillantes, les âmes malintentionnées s'en prenant à sa tête, surtout à son oreille gauche –, sans doute là où tombent les claques. Schreber reconnaît dans l'âme de ces petits hommes « la chair de ma chair et le sang de mon sang » – c'est une vraie maternité. On lui envoie, afin de l'égarer, une contrefaçon de ce « Dieu » ou « apôtre » dans son bas-ventre. Le foisonnement du délire paraît alors à son comble.

Ses débuts au Sonnenstein de Pirna

Le 29 juillet 1894, Schreber est transféré à l'asile provincial du Sonnenstein près de Pirna – Pirna est situé sur l'Elbe, à une dizaine de kilomètres au sud-est de Dresde, mais de l'autre côté par rapport à Leipzig. Cette hospitalisation l'éloigne encore davantage de Flechsig. Elle va durer presque neuf ans.

Une fois encore, il semble qu'on ne lui fournisse pas la raison de son transfert. Un beau jour, on lui fait prendre un bain chaud, le seul de son séjour chez Pierson, et on le conduit en voiture à la gare de Coswig, accompagné de celui qu'il prend pour l'huissier de la cour d'appel de Dresde. Le train traverse la ville, va jusqu'à Pirna. Là aussi, durant le voyage il a l'impression de n'avoir affaire qu'à des images d'hommes bâclés à la six-quatre-deux – les voix lui parlent d'un « Dresde fossile ». À son arrivée, l'asile psychiatrique lui est désigné comme le « château du diable ». Il pensait avoir réussi à quitter la « cuisine du diable » de Pierson grâce aux âmes divines qu'il supposait vouloir mettre fin à la trop grande importance de l'âme de von W. Il lui faut déchanter ; il est cette fois au « château du diable ».

Au Sonnenstein, il séjourne au premier étage, dans une chambre donnant sur des marronniers qui lui cachent une belle perspective sur la vallée de l'Elbe. Pendant deux ans, on le conduit, la nuit, au rez-de-chaussée dans une cellule pour déments.

Schreber distingue deux périodes : la première dure à peu près un an, les images d'hommes bâclés à la six-quatre-deux sont évidentes et les miracles à la fois grandioses et terrifiants ; la seconde où, « considéré de l'extérieur », c'est « comme si » *(als ob)* l'humanité n'avait en réalité pas changé et où les miracles sont anodins, voire niais ou puérils.

Schreber note d'emblée qu'au début il ne sait pas qu'il se trouve au Sonnenstein, pendant un an on ne lui donne ni le nom des médecins ni celui des infirmiers. Le médecin chef est le docteur Guido Weber, il sera plus tard l'expert chargé de son cas lorsqu'il sollicitera sa sortie par voie juridique. Pour Schreber, ce sont avant tout des âmes, et lui-même se trouve au centre d'une vaste bataille. Il note qu'il séjourne presque toujours seul dans cette clinique et que les infirmiers emploient les expressions de la langue fondamentale, grâce sans doute à une connexion nerveuse « qui a été entretenue avec [lui] » *(mit mir unterhalten wurde)*. Pour exprimer son « émerveillement » *(Verwunderung)*, l'infirmier M. dit par exemple « par tous les temps de tonnerre grêleux » *(Alle Hageldonnerwetter)* en « parler de nerfs ». Lorsque les infirmiers déchargent une partie de leur corps dans celui de Schreber, M. s'y place sous le nom de « grand nerf » au niveau de son bras ; c'est une sorte de petite masse gélatineuse de la taille d'une « cerise » *(Kirsche)*.

À son grand étonnement, il revoit son épouse qu'il pensait morte et enterrée depuis longtemps. Il avait pourtant entendu les nerfs de sa femme dire « laissez-moi » *(lassen mich),* sous-entendu : « entrer dans le corps de mon mari et y disparaître *(aufzugehen)* ». Il demeure perplexe. Quelques années plus tard, il écrira dans son texte : « La réapparition de ma femme demeure une énigme non résolue. » Sa certitude est tellement absolue qu'il ne peut envisager avoir halluciné. Il est en particulier très intrigué par une expression d'un poème qu'elle lui apporte : « La paix de Dieu » *(Gottesfriede).* Ces mots désignent justement en langue fondamentale le sommeil engendré par les rayons.

Au cours des premières semaines de ce nouveau séjour, un grand changement s'opère dans l'attitude des rayons-nerfs-âmes à son égard. Comme on l'a vu, par voie de fractionnement, leur nombre a considérablement augmenté, surtout celles issues de l'âme Flechsig. Schreber essaie sans cesse de les attirer afin de les faire « disparaître » *(aufgehen)* dans son corps. Il souhaite éliminer ainsi des âmes interposées dans le ciel entre lui et les âmes pures, c'est-à-dire Dieu, afin d'en obtenir la « guérison » *(Heilung)* en récupérant le sommeil ou, à un autre niveau du circuit, subir l'*Entmannung* (éviration, mais surtout : éloignement de l'état d'homme) pour réengendrer une humanité nouvelle.

Dans cette bataille, les âmes impures ont décidé de ne pas se laisser faire et trouvé des moyens pour se dégager de son attraction. La quatrième ou cinquième nuit de son arrivée, alors qu'en un immense effort de l'esprit, il tente d'attirer l'ensemble des âmes impures, l'âme Flechsig réussit à mettre en place un « dispositif » *(Einrichtung)* céleste spécial qui écarte à jamais le danger d'un anéantissement dans le corps de Schreber. Schreber voit ce qui se passe avec « l'œil de l'esprit » – celui-ci court-circuite l'organe sensoriel de la vision. Il y a d'abord un « arrimage aux rayons » *(Anbinden an Strahlen).* Les rayons-nerfs-âmes impurs y sont fixés à des sortes de faisceaux de verges *(Ruthenbündeln)* écartées en cône vers le bas, et nouées autour de leurs pointes. Dans cette image qu'il voit réelle, Schreber transforme sans doute des « cônes de lumière » *(Lichtkegel)* qu'il a vus en cônes de fils, selon ses irréfragables équivalences. Son esprit méticuleux y ajoute simplement *des détails qui tiennent peut-être aux appareils d'orthopédie de son père,* comme nous le verrons. L'arrimage aux rayons étant trop lâche, le « Flechsig moyen » a recours à un « arrimage à des terres » *(Anbinden an Erden)* bien plus solide. C'est une fixation aux corps célestes, étoiles ou planètes. Les autres âmes Flechsig, l'âme de von W., et finalement Dieu lui-même participent très vite à une fixation aussi efficace.

En même temps que cet arrimage, les âmes impures mettent en place un « système d'inscription » *(Aufschreibensystem),* terme où l'on reconnaît le patronyme de Schreber. Schreber voit bien que ce système est incompréhensible, mais il perçoit chaque jour depuis six ans la preuve de sa « réalité » *(Wirklichkeit).* « On y tient à jour » *(man unterhält)* des livres, ou d'autres moyens d'inscription, dans lesquels on note toutes ses pensées, toutes ses tournures de langage, tous les objets usuels dont il se sert, tous ceux qu'il possède ou qui se trouvent à proximité, toutes les personnes avec lesquelles il s'entretient. C'est une mémoire absolue. Il ne sait pas qui écrit cela ; il suppose qu'il s'agit d'images d'hommes bâclés à la six-quatre-deux, dépourvus d'esprit, contraints par les rayons et d'une façon tout à fait mécanique de noter ces choses. Les autres rayons, les autres âmes, peuvent consulter ces notes à leur guise.

Le but en est de diminuer son pouvoir d'attraction selon un mécanisme extrêmement élaboré, où cependant chacun de nous pourra reconnaître quelque chose de son propre fonctionnement psychologique. En notant absolument tout, les âmes impures sont en mesure de relever tout ce que Schreber a déjà pensé et qui n'est pas une nouveauté. Or, une répétition ou une ritournelle n'a aucun pouvoir d'attraction. Grâce à la lecture des notes, les âmes attirées peuvent par conséquent rétorquer un « zavons déjà » – *hammirschon* au lieu de *haben wir schon,* où le *mir* (à moi) s'intercale à la place de *wir* (nous). Ce système d'inscription a pour visée d'épuiser la pensée, ce que Schreber déclare comme tout à fait impossible, et de le faire passer pour quelqu'un qui a perdu la raison et n'est de ce fait plus très attirant. Le voilà pris dans un système totalement délirant et qui explique comment les âmes s'y prennent pour le « faire passer pour » – il insiste sur ce « faire passer pour » *(darstellen)* – délirant. *Le délire se tend un miroir à lui-même.*

On attente à sa raison tout autant qu'à sa « virilité » *(Mannheit),* non pour recréer une humanité, mais pour un « mésusage sexuel » *(geschlechtlichen Mißbrauch)*. Même les rayons divins se moquent de lui. On le raille en l'appelant « Miss Schreber » (*Miß Schreber,* écrit-il, comme dans *Mißbrauch,* avec un *ß*). On lui fait entrer des nerfs de la volupté féminine, qui pendant un an n'auront pourtant aucun effet grâce à la sainteté de ses représentations religieuses, même s'il lui arrive, « couché dans son lit » *(beim Liegen im Bett),* de ressentir quand même cette volupté. Lorsqu'on se rend compte que l'éviration n'est pas le bon moyen pour arriver à le « laisser en plan » *(liegen zu lassen),* c'est-à-dire le rendre non attrayant, on essaie alors de lui faire perdre la raison au moyen d'un « poison de cadavre » *(Leichengift)* ou d'une quelconque essence de pourriture, venue le long des rayons-nerfs depuis les corps célestes lointains. On donne la « forme d'oiseaux miraculés » *(Gestalt gewunderter Vögel)* à certains de ces rayons-nerfs.

On essaie également de s'en prendre plus directement à son intégrité corporelle. Tout un chapitre du livre est consacré aux détails des attaques corporelles qu'il subit. On réduit sa taille à celle d'une femme, on rétracte son sexe quand il est au lit, on le ramollit, on fait disparaître sa moustache. On lui met un autre cœur, on introduit un « ver pulmonaire » *(Lungenwurm)* dans sa poitrine, on absorbe ses poumons, on remonte son diaphragme jusqu'au larynx, on détruit puis restaure une partie de ses côtes. On insère un « estomac de juif », parfois on le lui supprime. Son œsophage se volatilise, il avale son larynx. On l'empêche de marcher, on paralyse ses doigts, on nécrose ses vertèbres ou l'os du talon. Les rayons lui envoient des poisons et des germes et les font disparaître selon leurs caprices. À cause de cet étrange rapport avec les rayons, il est persuadé d'être invulnérable et immortel.

Sa tête subit beaucoup plus d'avanies que le reste du corps. On tente de lui en arracher les nerfs, et ses « nerfs à moitié arrachés » *(halb herausgezogenen Nerven)* reviennent brutalement à leurs points de départ. Des « tractions de rayons » *(Strahlenzüge)* sont « placées » *(angerichtet)* de telle sorte que de temps à autre son crâne est « débité » *(zersägt)* dans différentes « directions » *(Richtungen)*. Ce sont en réalité les rayons du monde entier qui sont fixés à son crâne et s'efforcent de le disloquer. Ils peuvent voir tout ce qu'il voit à travers ses yeux ou à travers son « imagination » *(Einbildungskraft)*. Dans la langue fondamentale, ce phénomène est appelé le « dessiner » de l'homme. Il est équivalent au système de l'inscription.

Infiniment bizarre est l'intervention de « petits hommes » véritablement gullivériens, analogues aux Borrowers de Mary Norton ou aux Heinzelmännchen des contes allemands. On lui propulse en particulier deux petits hommes dans les pieds, un « petit Flechsig » et un « petit von W. », qui tentent d'aspirer sa moelle épinière. Il entend leurs voix dans ses pieds. Cette image se conforme sans doute à l'expression *« bis in Mark und Bein »* (jusqu'à la moelle et la jambe) qu'il utilise ailleurs dans son texte. D'autres « petits hommes » lui ferment brusquement les paupières ; d'autres, nichés dans ses sourcils, les tirent avec des fils très fins ; d'autres encore, « les petits diables », se promènent sur son crâne. Certains compriment son crâne dans un étau en tournant une manivelle – on trouve cette image dans un livre de son père. D'autres mangent une partie, bien sûr infime, de sa nourriture.

Ces petits hommes disparaissent après quelque temps, lorsque a lieu la glorieuse intervention des royaumes divins postérieurs. Celle-ci, qui constitue un nouveau tournant dans son délire, se manifeste d'abord au niveau du soleil. Au départ, il y a un petit soleil qui rayonne à côté du soleil normal. Schreber le perçoit avec l'œil de l'esprit. Ce petit soleil est commandé dans un premier temps par l'âme de Flechsig, puis par l'âme du docteur Weber. Il disparaît à un moment donné parce qu'il a épuisé son énergie, mais pour mieux resurgir. Une nuit, en effet, alors qu'il est couché, lui apparaît, toujours dans l'œil de l'esprit, le Dieu inférieur Ariman brillant de tous ses rayons. Il entend sa puissante voix de basse devant sa fenêtre et ressent de la peur et de l'effroi. Il entend le mot « charogne » (*Luder*, qui signifie aussi « garce ») qui fait partie de la langue fondamentale. Les âmes impures s'éloignent. Malgré l'insulte, Schreber ressent un apaisement. Les rayons d'Ariman lisent ses pensées sans les falsifier et les transposent en voix parlée ayant la métrique des nerfs humains. Schreber s'écrie : « Ô combien pure ! » *(O wie rein)* à l'adresse des rayons divins et « Ô combien vulgaire » *(O wie gemein)* à l'adresse des rayons impurs. Cet événement lui permet de dormir paisiblement.

Le lendemain, il assiste à un autre prodige : dans le jardin et en pleine lumière du jour, il voit le Dieu supérieur Ormuzd qu'il identifie au soleil devenir réellement immense et occuper une grande partie du ciel. Il ne comprend pas que son infirmier ne voie rien ni que personne n'ait rien vu alors que ce phénomène aurait dû être signalé par des milliers de gens. D'autant que ce glorieux soleil a persisté plusieurs heures.

Après quelque temps, ces prodiges s'évanouissent, les deux soleils pâlissent. Le soleil réel pâlira encore des années après, chaque fois que Schreber lui parlera. Leur magnificence s'en est allée très vite. La raison en est que Dieu s'est laissé limiter par le système de l'arrimage à des terres créé par l'âme Flechsig et est donc resté éloigné de Schreber. L'arrimage a inhibé l'afflux des rayons divins. Un tel retrait de Dieu qui le « laisse en plan » le cadavérise. Tout lui semble uniforme, il reste très longtemps immobile. La passivité absolue lui devient une obligation religieuse. Telle la consigne donnée par les voix divines : « Pas le moindre mouvement. » Il doit se comporter comme un cadavre parce que Dieu ne connaît que les cadavres, il n'accède qu'aux âmes des défunts. Schreber considère qu'il est de son devoir de ne pas bouger, espérant ainsi attirer de nouveau les âmes impures pour les anéantir dans son corps afin de libérer le chemin de Dieu vers lui. Il ne sait pas encore que Dieu mène en vérité un double jeu, et qu'il est du côté de Flechsig.

À la fin de 1894, au début de 1895, les âmes impures réussissent à lui façonner par voie de miracle une humeur plus enjouée. On parle d'ailleurs du « maudit façonnage de l'humeur » *(verfluchte Stimmungsmache)*. Schreber finit par supporter ce « façonnage » mensonger : il se laisse vivre, met les soucis à l'écart, fume de nouveau des cigares, joue aux échecs. Mais l'activité essentielle reste le piano auquel il s'adonne de nouveau. Ce piano, qui lui permet de couvrir les voix, donne l'occasion aux rayons divins, qui sont donc de mèche avec l'âme Flechsig, de produire certains miracles. Par exemple, on lui casse les cordes. Un jour, l'âme de von W. fait apparaître un piano devant lui, chose qui cesse tout simplement lorsqu'il refuse ce miracle. On lui provoque aussi du chaud et du froid. Pour préserver sa tête des rayons, il refroidit souvent ses mains ou ses pieds afin de les attirer, car les rayons cherchent toujours à réchauffer. Pour cette raison il expose un jour ses pieds à la pluie glacée en les sortant par la fenêtre. C'est, selon Lacan, une véritable mise en scène de la naissance. Mais Schreber ne se contente pas d'observer que les rayons se dirigent vers le froid. Il construit aussi une véritable psychologie transitive à leur sujet : il élabore ainsi la conception que se font les âmes des processus de pensée des humains et du rapport entre les deux sexes. *C'est comme une théorie ou une pensée du dehors.* Les rayons distingueraient par exemple une pensée de décision d'une pensée de souhait, ou encore d'une pensée d'après-coup. Lors de la relation sexuelle, la femme serait, selon les âmes, « la partie couchée en dessous » *(unterliegender Theil).* Elles concevraient d'ailleurs toute chose comme étant sexuée : le lit serait féminin, la bêche masculine. Les âmes enfin auraient accès aux symboles : l'expression « retirer les bottes » serait, par exemple, leur manière à elles de parler de l'éviration.

La coupure de novembre 1895

C'est justement cette éviration qui provoque au mois de novembre 1895 une « coupure » *(Abschnitt)* capitale dans « l'histoire de [sa] vie » *(in der Geschichte [m]eines Lebens).* Elle est décrite dans son chapitre XIII. Il se souviendra que ce tournant a lieu par une belle journée d'automne, alors que la brume s'étire sur l'Elbe. Tout le paysage s'apaise. Devant l'évidence des signes de féminisation de son corps et devant la force de sa « volupté d'âme » *(Seelenwollust),* Schreber se laisse aller à son destin de femme putain chargée d'attirer un Dieu dévoyé, afin cette fois d'être fécondée et d'engendrer une humanité nouvelle. Il y a en lui un changement radical dans l'« orientation de sa volonté » *(Willensrichtung).* L'abandon de son honneur viril lui est d'autant plus facile qu'il croit que le genre humain a disparu et qu'il est remplacé par des images d'hommes bâclés à la six-quatre-deux. Il « inscrit sur son étendard le soin qu'il doit à sa féminité » *(die Pflege der Weiblichkeit […] auf mein Fahne geschrieben).* C'est ainsi qu'il peut enfin accéder à un excellent sommeil. La « volupté se transforme en effet de sommeil » (*Wollust geht* […] *in Schlaf über).*

Dans le chapitre XXI, il détaille tout ce qui lui donne la certitude de sa métamorphose. Ainsi peut-il palper les nerfs de la volupté féminine sur tout son corps. Ces cordons ou filaments avec leurs nodosités lui procurent des sensations de volupté. Il les a d'ailleurs déjà remarqués dans les bras de sa belle-sœur. Il en a au niveau des seins. Ces nerfs à l'origine de la douceur de sa peau sont d'anciens nerfs de Dieu, ils transitent dans son corps. Leur abondance dépasse celle de n'importe quelle autre femme. La volupté est pour Schreber une part de la béatitude des âmes concédée d'avance aux humains encore vivants. Parce que « Dieu le veut » *(Gott will es),* parce qu'Il a besoin de rester dans l'ordre du monde, Schreber se doit de cultiver pour Lui cette volupté. Dieu la commande constamment. Lorsqu'on s'oppose à cette attraction, les signes de féminité décroissent et les nerfs de la volupté sont refoulés à l'intérieur du corps. Schreber voit ainsi ses seins alternativement se gonfler et se dégonfler durant quelques minutes. Il propose aux médecins de constater scientifiquement la féminité de son buste. Le maintien de ce lien voluptueux avec Dieu le conduit à écrire des choses surprenantes : « [...] ce qui est exigé, c'est que je me regarde moi-même comme homme et femme en une seule personne, consommant le coït avec moi-même *(mit mir selbst den Beischlaf vollziehend)* [...] ». Cette expression n'est qu'une autre face de « la rétractation du sexe masculin » *(Einziehung des männlichen Geschlechtstheils)* contre laquelle il a lutté. Dieu ne se retire pas de lui s'il assume sans cesse d'être sa femme dans son étreinte, de toujours reposer son regard sur des êtres féminins, de toujours contempler des images féminines. Les voix lui confirment que la volupté est chose « pieuse » (*gottesfürchtig*, littéralement « craignant Dieu »). Lorsqu'il n'arrive pas à penser ou à éprouver de la volupté, il est pris de hurlements, ressent des douleurs, entend du bruit autour de lui ou un appel au secours venant des âmes de Dieu.

Son revirement vers une acceptation s'accompagne d'un phénomène étrange : un « bouleversement dans les rapports célestes » *(Umschwung in den himmlichen Verhältnissen).* Dieu a maintenant pris goût à se fondre dans le corps de Schreber, alors qu'il refusait jusque-là un tel anéantissement. Avec son acceptation, il retrouve dans la volupté de Schreber la béatitude céleste qu'il avait perdue. Les effets en sont considérables sur Ariman et Ormuzd. Ariman, le soleil nocturne, avait toujours été proche de l'âme Flechsig et hostile à Schreber à cause de la conjuration, tandis qu'Ormuzd, le Dieu supérieur, plus lointain, avait toujours été très correct avec lui. La situation s'inverse désormais. Ariman rompt ses liens avec Flechsig, qui contracte alors une alliance avec Ormuzd, lequel devient hostile à Schreber. De plus en plus amical, Ariman ne lui miracule plus que des farces innocentes, et les voix venant de lui ne font guère que seriner des phrases apprises par cœur et au contenu insensé (« David et Salomon », « salade et radis », proches par assonance, « on redit petit tas de farine »). Une telle insignifiance soulage Schreber, car elle équivaut à une « pensée de penser à rien » *(Nichtsdenkeunsgedankens)*. Ariman possède une théorie sur les causes du conflit que Schreber déduit des voix qui jacassent d'abord dans sa tête, puis à travers les oiseaux miraculés dans la nature. Schreber entend qu'Ariman saisit fort bien les « nécessités » *(Notwendigkeithen)* de l'ordre du monde, et affirme qu'il est vain de vouloir le faire passer pour fou afin de le laisser en plan. Une voix dit par exemple : « Tout non-sens s'annule » *(aller Unsinn hebt sich auf)* – Schreber comprend qu'il s'agit du non-sens de vouloir lire ses pensées. Ariman peut s'adresser à Schreber ou bien au Dieu supérieur. Ariman dit ainsi à Ormuzd : « Souvenez-vous que toute tentative de "faire passer pour" *(Darstellung)* est un non-sens », ou encore : « Souvenez-vous que la fin du monde est une "contradiction *(Widerspruch)* en soi". » Ariman reconnaît même son manque d'ouverture d'esprit passé, et admet qu'il a eu tort de jouer avec lui, de lui miraculer des hommes bâclés à la six-quatre-deux, etc. Schreber, très magnanime, attribue un tel discernement de la part du Dieu inférieur à sa plus grande proximité des hommes. Ormuzd, le Dieu supérieur, est en effet beaucoup plus loin. Mais tous deux sont dans l'incapacité de comprendre que ce qui n'est en lui que l'effet des nerfs n'est pas sa pensée propre et qu'une pause des pensées ne signifie aucunement sa débilité ; ils confondent le parler en nerfs et le parler véritable de l'individu. Schreber tente même d'expliquer pourquoi Dieu ne peut à ce sujet s'instruire par l'expérience. De fait, il s'embrouille dans la recherche de l'explication : c'est parce qu'une partie lointaine des nerfs de Dieu n'arrive pas jusqu'à son corps, l'empêchant de le connaître, ou alors c'est parce qu'Il possède déjà l'« omniscience » *(Allweisheit)* que Dieu ne peut rien apprendre. Dieu finit néanmoins par se laisser instruire par Schreber, et même Ormuzd le lointain, qui finira par avoir une attitude semblable au Dieu inférieur Ariman ; Ormuzd se contentera bientôt de ne plus miraculer qu'une chute de cendres de cigare ou un barbouillage de la bouche et des mains avec de la nourriture – Schreber remarque avec satisfaction qu'il avait prévu depuis longtemps cette évolution d'Ormuzd. Bien avant qu'elle ne se produise, il avait déjà noté qu'il se pourrait que celui-ci préférât un jour l'attrait de la volupté interne de Schreber à un « enc...age » (*« F...erei »,* c'est-à-dire le « se faire baiser ») extérieur et opposé à l'ordre du monde.

Cette inversion qu'est l'acceptation de Schreber de la nouveauté de son inversion sexuelle est donc réfléchie par Dieu comme par un miroir parabolique du dehors – et elle est encore redoublée, miroir dans le miroir, d'une inversion d'attitude entre les dieux supérieur et inférieur. Cette bascule est certainement l'un des passages les plus singuliers des *Mémoires* de Schreber.

Cet important changement est connoté d'une modification des âmes en voie de purgation qui le persécutent et en particulier de celles issues des fractionnements de l'âme Flechsig et de l'âme von W., ainsi que des âmes affiliées. Une grande partie d'entre elles ne sont plus occupées qu'à des « mouvements d'encerclement » *(Umgehungsbewegungen),* « manœuvres élaborées » *(ersonnenen Manöver)* par l'âme Flechsig pour attaquer les rayons divins « par derrière » *(von hinten).* Schreber en voit l'image « dans [son] souvenir » *(in [meiner]) Erinnerung).* Il réussit néanmoins à en attirer un certain nombre pour les faire disparaître, mais c'est une « vaste razzia » divine qui procède au plus grand nettoyage. Il ne reste bientôt plus qu'une ou deux formes de l'âme Flechsig et une seule de l'âme de von W. Celle-ci siège quelque temps dans sa bouche et dans ses yeux, ce qui lui procure un certain « divertissement » *(Unterhaltung).* Sans nulle pensée, elle se contente de voir ce que voit Schreber et donne une expression vitreuse à son regard du fait d'une « masse séreuse » *(wässeriger Masse)* qui recouvre son globe oculaire. Cette âme de von W. disparaît totalement au cours de l'année 1897. Schreber accompagne son trépas au piano d'une marche funèbre. L'âme Flechsig subsistera encore sous la forme d'un reste arrimé quelque part, mais elle aussi sans aucune pensée.

Presque toutes les âmes en voie de purgation disparaissent ainsi progressivement. Schreber signale les noms abracadabrants dont les voix les affublent. L'ensemble issu de l'âme Flechsig, de l'âme von W. et des âmes affiliées s'appelle le parti « Et alors ? » *(je nun ?)* parce qu'elles n'ont que faire de l'ordre du monde. La plus lointaine issue de celle de Flechsig, « Flechsig postérieur » *(hintere Flechsig),* conservera très longtemps cette appellation. Il existe aussi une âme von W.

nommée « Pourrissement du bas-ventre » *(Unterleibsfäulen)*, une âme von W. « De midi », une âme von W. « Assurément » *(allerdings)*, une âme von W. « Ois [de “sois”] damné » *(Ei [de Sei] verflucht* – *Ei* veut dire œuf, et par conséquent l’expression signifie « œuf damné »), une âme « Fouet von W. » (*Geißel von W.* – où l’on décèle la proximité de *Geist*, esprit). Toutes ces âmes se délitent peu à peu.

De plus en plus Schreber passe ses journées à jouer du piano et aux échecs, et rédige des notes toujours plus élaborées pour ses *Mémoires.* Des miracles anodins surgissent lors de ses gestes les plus quotidiens – on le fait se mordre la langue lorsqu’il mange, on lui casse parfois une dent, on lui introduit des poils de sa moustache dans la bouche. Mais ses nuits sont en revanche très agitées. Pendant deux ans et demi, il dort dans une cellule pour déments, fermée par des volets qu’il tente en vain de briser. Il s’en prend parfois physiquement à des gardiens ou à des patients. Il entend constamment des voix, parle tout haut, se met à hurler, passe son temps à faire des exercices de mémoire, des nœuds dans les mouchoirs, à compter en français. À l’issue de cette longue période d’agitation, lorsqu’on consent enfin à lui laisser les volets ouverts, il sera tout heureux de pouvoir contempler le ciel étoilé. Il éprouvera un sentiment très singulier en songeant que c’est de là-haut que partent tous les miracles qui l’agressent.

Toujours en cette belle arrière-saison de 1895, il change également de conception des miracles que l’on produit à proximité de sa personne. Trois circonstances le conduisent à penser que le genre humain n’est pas éteint comme il le croyait, et qu’à côté des « hommes bâclés à la six-quatre-deux » *(flüchtig hingemachte Männer)* « il existe comme jadis [...] une vraie humanité » *(daß eine wirkliche Menschheit [...] wie früher existire).* C’est la fête de famille à laquelle il assiste à Noël chez le docteur Weber, une lettre expédiée par sa belle-sœur et qui porte le cachet de la poste de Cologne, et enfin la vision depuis sa fenêtre d’un cortège d’enfants. Autant de signes d’une humanité préservée. Schreber ne précise pas d’où lui vient sa conviction nouvelle qui toutefois ne remet pas en cause son ancienne croyance. La cohabitation des deux est simplement une énigme de plus qui lui semble impossible à résoudre, car il a réellement perçu et non pas halluciné des voix qui parlaient des « hommes bâclés à la six-quatre-deux » et des « jeux avec les humains ».

C'est pour lui *un fait de perception et non d'interprétation* que tout ce qui se dit et tout ce qui se fait autour de lui ne sont qu'« effet de miracle » *(Wunderwirkung)* dû aux rayons et à leurs efforts pour se retirer. Il ressent comme un « coup » *(Streich)* lorsque quelqu'un parle, ouvre une serrure ou entre dans sa chambre, et une douleur due à l'arrachement d'une partie de la substance osseuse du crâne lorsque Dieu s'éloigne trop – quand il parle à Dieu et arrive ainsi à le capter, tout autour de lui entre dans un silence de mort, lui donnant l'impression de se trouver au milieu de cadavres ambulants et silencieux. Il en va de même lorsqu'il regarde une femme ou lorsqu'il se met à penser. Si en revanche il interrompt une de ses activités, il se produit d'abord un bruit en sa proximité, souvent à cause de l'un quelconque des « fous » *(Verrückten)* qui l'entourent ; puis un « miracle du hurlement » *(Brüllwunder)*, dû à la mise en action par Ariman de ses muscles respiratoires ; le vent se lève alors, en particulier s'il cesse de penser ; et enfin il entend les nerfs-âmes de Dieu détachés de la masse divine qui l'appellent « au secours ». Schreber invoque des raisons fort tarabiscotées pour son hurlement : on le fait « passer pour » *(darstellen)* dément et ce hurlement permet au Dieu inférieur Ariman de ne pénétrer en lui qu'à coup sûr, au moment où il éprouve une volupté d'âme, car le hurlement l'avertit d'une absence de volupté.

Il y a une autre attaque divine contre Schreber destinée elle aussi à se défendre contre son attrait. À côté des âmes en voie de purgation, Dieu a conservé des âmes en état de béatitude qu'il charge de poison de cadavre pour le moment où elles seront attirées par Schreber. On accumule ainsi du poison de cadavre dans son corps pour le tuer ou du moins perturber sa raison, le but étant une fois encore de ralentir son attraction sur les nerfs divins. Ces rayons-nerfs-âmes en état de béatitude, et issus des « vestibules du ciel », apparaissent également sous forme d'« oiseaux miraculés » *(gewunderte Vögel)*.

Cette forme de miracle, commente Schreber, repose « sur le plus intime dans l'essence de la création divine » *(aufs Innigste in dem Wesen des göttlichen Schaffens)*. Il vit un cliché digne des plus naïves images de nos communions solennelles : les oiseaux sont des âmes en état de béatitude, elles parlent en eux. Il les entendra pendant de longues années. Chacun des « oiseaux parleurs » *(sprechende Vögel)* contient une âme différente. Avec l'esprit scientifique qui le caractérise,

Schreber se demande si ces oiseaux sont miraculés à chaque fois qu'il les rencontre, à la manière des images d'hommes bâclés à la six-quatre-deux, ou s'ils sont dotés d'une existence plus pérenne, car il les a vus manger et faire des nids, on encore si ce sont les oiseaux naturels portant une âme introduite après coup. Il reconnaît chaque oiseau à son « timbre de voix » *(Klangfarbe)* et aux particularités des phrases « dénuées de sens » *(sinnlose)* qui lui ont été « insufflées » *(eingeblaüten Phrasen)* et qu'il débite (*ableiern* – le terme revient souvent à propos des oiseaux, on y retrouve *Ei* – œuf – sans cesse). Schreber attribue l'absence de sens des phrases au « poison de cadavre » *(Leichengift)* dont on l'a chargé et tente de s'en défendre en récitant des phrases ineptes. Et c'est après la vidange que les oiseaux parviennent enfin à exprimer le plaisir d'entrer en contact avec la volupté d'âme du corps de Schreber. En ce cas, ils crient par exemple « sacré gaillard » *(verfluchter Kerl)* ou « ois damné d'une certaine façon » (*Ei* et non pas *sei* une fois de plus – *verflucht einiger maßen*, expression où le *ei*, qui signifie œuf, est repris tout comme il l'est dans *abgeleiert*, débité).

Toujours raisonneur, Schreber s'explique la capacité à parler des oiseaux par une distension de leurs nerfs sous l'effet du poison de cadavre qui les fait vibrer à une plus grande amplitude de nature humaine. Les oiseaux parleurs ne comprennent nullement le sens des mots, mais sont sensibles à l'« homophonie » (*Gleichklang der Laute* – on retrouve dans *Laute* quelque chose de l'*Erläuterung*, la purification – Lacan a évoqué un « pur parlant »). S'ils entendent chez Schreber, ou chez quelqu'un à côté de lui, le renvoi d'une quelconque « assonance » *(gleichen Klang)* avec leurs propres mots, ils en sont si surpris qu'ils oublient les phrases qu'ils devaient débiter, et se laissent aller à ressentir leur volupté. Ainsi sont-ils sensibles à l'analogie entre « Santiago » et « Carthago ». Schreber s'amuse volontiers à les « décontenancer » *(verwirren)* de la sorte.

Certains oiseaux sont miraculés par le Dieu supérieur Ormuzd, d'autres par le Dieu inférieur Ariman, mais tous deux essaient de faire en sorte que les oiseaux de l'autre soient décontenancés par le jeu de l'homophonie en orientant les paroles des gens de l'entourage de Schreber. Et ce afin de les anéantir ainsi que les rayons porteurs dans la volupté d'âme de son corps. Pour connaître l'homophonie nécessaire, le Dieu supérieur se sert du système d'inscription du Dieu inférieur et inversement. Dans les notes écrites du Dieu inférieur, le Dieu supérieur découvre par exemple les termes de « chemin de fer » *(Eisenbahn* – on notera de nouveau la présence d'*Ei,* œuf) ou de « lumière électrique » *(elektrische Licht) ;* le Dieu supérieur peut par conséquent provoquer des allusions aux « trains électriques » *(elektrischen Bahnen)* comme cela s'est produit dans une conversation à table chez le docteur Weber. Le choix des oiseaux parleurs de la part des dieux varie en fonction des saisons : au printemps, ce sont plutôt les pinsons et autres oiseaux chanteurs, en été les hirondelles, en hiver les moineaux ou les corneilles. Les pigeons, les poules, les oies, les canards et les canaris ne sont pas des oiseaux parleurs. Il arrive qu'une même âme ait plusieurs formes d'oiseaux. L'une venue du Dieu inférieur Ariman et appelée « petit ami » *(kleiner Freund)* s'incarne dans un pic-vert et un merle au printemps, dans une hirondelle en été et dans un moineau en hiver. Elle est également appelée « Picus le pic » *(Picus der Specht)* par les voix. Schreber lui-même donne des prénoms de fille à la plupart de ces âmes en raison de leur « curiosité » *(Neugier)* et de leur « disposition à la volupté » *(Hang zur Wollust).*

Les études schrébériennes sur la nature des miracles

Le délire paraît s'envoler avec les oiseaux. Au dernier quart de ses *Mémoires,* Schreber abandonne quelque peu son histoire pour tenter d'approfondir la nature des miracles perpétrés par Dieu sur sa personne et sur le monde. Cette partie est essentielle à qui veut entrer dans sa pensée ou son imagination, en une subjectivité qu'on pourrait appeler « mondaine ». Le chapitre XVI décrit sa « contrainte à penser » *(Denkzwang),* si dérangeante au regard du droit de chaque être humain de « ne penser à rien » *(des Nichtsdenkens).* Elle perturbe son « soubassement » *(Untergrund).* Pour l'exercer, les rayons de Dieu font vibrer les nerfs avec des fréquences qui « correspondent » *(entsprechen)* à certains mots et se servent en outre de ce que Schreber appelle « le système du rien dire » *(System des Nichtausredens)* : il est dans l'obligation de parachever des morceaux de pensée incomplets du point de vue du sens, afin d'obtenir un sens rationnel. Ce

« système du rien dire » s'est amplifié au fil des années à mesure que les âmes manquaient de pensées nouvelles. Il s'agit, par exemple, de tournures à fonction conjonctive ou adverbiale, « destinées à introduire » *(zur Einleitung [...] bestimmt)* des propositions relatives : « pourquoi, parce que... » *(Warum, weil...)* ; « eu égard à son... » *(rücksichtlich seiner...)* ; « Oh oui... », etc. Parfois ce sont des phrases tronquées : « Je veux y... » *(Das will ich mir...)*, qui l'oblige à compléter par un « réfléchir » *(überlegen)* ; « il doit maintenant quand même... » *(nun muß er doch...)*, qui induit « être bien cuit ce filet de porc » *(mürbe sein, der Schweinbraten)* par quoi on le désigne. La raison invoquée pour ce « rien dire » est surprenante : avant de se défendre contre son attraction en s'attachant aux rayons et aux terres, les âmes flottaient librement dans le ciel et sautaient volontiers dans sa bouche pour y finir leur existence. Cela arrivait également – et c'est cela qui est étonnant – lorsqu'elles donnaient une expression grammaticalement achevée à une pensée. Le « rien dire » a pour but de maintenir ces âmes à mi-chemin de son corps et surtout de sa bouche. *Comme si la parole n'existait qu'avant son sens achevé, Schreber confère une réalité spatiale et délétère au tomber juste de cette parole.*

Schreber décrit abondamment la torture de la contrainte à penser. Et il spatialise l'induction ou l'« introduction » *(Einleitung)* de cette pensée contrainte : les voix extérieures, par exemple celles des oiseaux, « s'étirent » *(hineinziehen)* en tant que voix intérieures comme de longs fils *(Fäden)* dans sa tête et y engendrent une tension douloureuse due au poison de cadavres dont elles proviennent. La parole n'est-elle pas le don des morts ? La chose est simplement un peu plus matérielle pour Schreber.

Au fil des années, il réussit à se défaire quelque peu de cette obligation de penser les compléments de phrases, en venant à considérer ces phrases inachevées comme équivalentes au penser à rien. Parfois, il lui suffit de les répéter très lentement. Mais la défense contre la contrainte reste difficile en raison de l'incroyable acharnement des voix qui reviennent sans cesse. Appendues à des terres lointaines et néanmoins de plus en plus attirées, et sans matériel nouveau, il arrive que les voix parlent comme lui de façon ralentie. L'expression « mais certes » ou la question « pourquoi donc ne ch...-vous pas ? » prennent jusqu'à trente à soixante secondes. La force nécessaire à l'attraction augmente avec la distance à laquelle elle doit s'exercer et avec l'épuisement de la nouveauté ; ce qui est connu est comme éloigné, et ce qui est éloigné subit tel un élastique une attraction plus grande et donc une plus forte volupté. Schreber tente de couvrir ces voix, étirées parce que trop connues, en jouant du piano, en lisant, en récitant à voix haute des poèmes, ou encore en comptant jusqu'à un nombre très élevé, malgré les inconvénients d'aussi bruyantes défenses.

À la question qu'il entend : « Pourquoi ne ch...-vous pas ? », Schreber fournit, dans son commentaire, un intéressant parallèle entre la voix et la défécation. Le « besoin de déféquer » *(Ausleerungsbedürfnis)* – où l'on entend à la fois l'exigence de faire le « vide » *(leer)* et celle de se défaire de tout ce qui a été « appris » *(gelehrt)* – est engendré par Dieu par voie de miracle. Lorsqu'il n'y a plus de « matériel » – tout comme pour les pensées –, le Dieu supérieur Ormuzd lui barbouille l'orifice anal avec un reste de contenu intestinal. *Ce reste est l'équivalent du complément qui fait le sens d'une phrase.* Schreber s'étonne ici de la méconnaissance de Dieu lorsqu'il croit naïvement que la défécation signifie la destruction de la raison d'un homme et pense obtenir ainsi la libération des âmes attirées par sa volupté. Il n'en revient pas d'une mise en équivalence aussi stupide. Il lui semble que Dieu s'imagine que lui Schreber pourrait ch... sur le monde. Il existe un énorme « malentendu » *(Mißverständnis)* sur la « signification de l'acte de la défécation » *(Bedeutung des Ausleerungsaktes). Dieu* perçoit le vide d'une certaine façon alors que lui-même lui donne un tout autre sens. Dieu n'est pour Schreber, nous l'avons dit, que le miroir parabolique qui réfléchit du dehors toute chose comme équivalente à rien. Schreber réabsorbe les âmes de Dieu et Dieu lui-même, pour en faire un rien, à l'image de la défécation à l'issue de la digestion. Dieu est vidé d'âmes à travers le plus corporel du corps de Schreber. Tout en le harcelant avec sa question : « Mais pourquoi ne ch...-vous pas ? », laquelle fait écho sur le plan de la parole à : « Pourquoi ne le dites-vous pas ? » (sous-entendu : à voix haute), Dieu tente contradictoirement et avec « perfidie » – c'est le mot de Schreber – d'empêcher sa défécation qu'il provoque par ailleurs, en dépêchant quelqu'un de l'entourage aux toilettes qui sont ainsi toujours occupées – ce qui, pour Schreber, est tout aussi stupide puisqu'il peut faire dans un « seau » *(Eimer).* Il ressent également une volupté d'âme chaque fois qu'il défèque ou urine, faisant ainsi tomber quelques-unes des âmes des royaumes divins dans un néant définitif.

Si le chapitre XVI parle de la voix et de la défécation, le chapitre XVII aborde la question de la vue et nous permet de connaître en détail la théorie de Schreber concernant *l'activité imaginaire qui s'avère étonnamment réelle.* L'imagination est d'abord une « compensation » *(Ausgleich)* aux torts qui lui sont faits. Elle est l'un des seuls plaisirs qui lui soient accordés avec celui d'avoir vu se développer son intelligence des choses du monde sous l'effet de sa contrainte à penser tout le temps. Elle l'a obligé sans cesse à approfondir la cause de toute chose. Il a par exemple été contraint de se demander : « Pourquoi tel homme est-il monsieur Schneider ? » Sa réponse est étrange : « […] parce que son père, lui aussi, s'appelle Schneider ». Mais une réponse aussi triviale ne le satisfait pas et il se met à chercher la raison circonstancielle des noms, de tous les noms d'ailleurs, ce qui explique qu'il se soit intéressé à l'étymologie qui le captivait dès avant sa maladie. Un mot n'est rien par lui-même, il n'est plus que son histoire et ses circonstances. Schreber décrit l'« imagination » *(Einbildungskraft)* comme une illumination réelle par les rayons du système nerveux, marqué par des impressions visuelles qui conservent les souvenirs. Il n'est pas question d'invention. Il croit être le seul à posséder la faculté de reproduire à volonté ces images. Une telle reproduction volontaire est appelée le « dessiner » *(Zeichnen)* par les voix, parce qu'elle a lieu au regard des rayons-nerfs-âmes-oiseaux et de Dieu en fin de compte. Les âmes miraculent des images dans ses rêves et lui-même fournit aux âmes celles qu'il perçoit dans la journée. On pourrait faire usage ici du verbe pronominal réciproque « s'imager » : je t'image, tu m'images, il ou elle s'image, nous nous imageons, etc. Dans une note, Schreber parle de *« sich einbilden »,* qui signifie « s'imaginer » mais plus littéralement encore « s'enimager ».

Le « dessiner » est l'utilisation de son « imagination », une sorte d'« enimagement » qui ferait apparaître des images dans sa tête, susceptibles d'« être aperçues » *(eingesehen werden)* par les rayons. « Dessiner » consiste à « créer » *(schaffen)* des images de gens, d'animaux, de plantes, d'objets usuels issus de ses « souvenirs » *(Erinnerungen),* avec pour « conséquence » *(Wirkung)* qu'elles seront « visibles » *(sichtbar)* dans sa tête et « selon son point de vue » *(nach [m]einer Absicht)* en lui et à l'extérieur, pour ses propres nerfs aussi bien que pour les rayons qui sont en relation avec eux, là même où « il veut savoir perçues » *(wahrgenommen wissen will)* les « choses dont il est question » *(betreffenden Dinge)*. Schreber localise donc son imagination d'une étrange façon. Chaque point y est vu du monde entier. Son délire préfigure le point *aleph* de Borgès. Ainsi peut-il s'amuser à tromper les rayons en imaginant, par exemple, qu'il pleut ou que la foudre tombe, pour les amener à croire que Dieu est en train d'exercer sa « puissance miraculeuse » *(Wundergewalt)*. « Il lui semble » *(wie es mir scheint)* que les rayons persistent dans l'« impression » *(Eindruck)* que ces apparitions sont « réellement présentes » *(wirklich vorhanden)*. Dans le but de les tromper, il s'imagine parfois, dans la pièce à côté, vêtu d'une parure féminine ou avec un derrière de femme. Il nomme le « dessiner » un « miraculer inverse » *(umgekehrtes Wundern)* : d'une certaine manière il y miracule en miroir ce qu'on lui miracule. C'est une consolation pour lui que de faire défiler devant son « œil mental » *(geistigen Auge)* et devant des rayons bien disposés à son égard les magnifiques paysages qu'il a pu voir jadis, « comme si ces paysages en question étaient réellement bien présents là où il voulait qu'ils fussent vus » *(als ob die betreffenden Landschaften da, wo [ich] sie gesehen wissen wollte, auch wirklich vorhanden waren)*. Il imagine ainsi le Matterhorn près de Dittersbach. Il promène dans sa chambre ou dans le jardin des personnes imaginaires ou très réelles comme Napoléon, Frédéric le Grand ou Guillaume Ier ; parfois ce sont des femmes sexuellement provocantes. Il réserve un mets de choix aux oiseaux parleurs qu'il imagine dévorés par un chat. Schreber est étonné par cette faculté d'imaginer, alors qu'elle va de soi pour tout un chacun. À côté de sa « visée divertissante » *(Unterhaltungszwecke)*, le « dessiner » possède une vertu « purificatrice » *(reinigend)*. La vision des images atténue l'acuité perturbatrice des rayons impurs. On tente pour cette raison d'effacer les images. Le plus souvent, Schreber arrive néanmoins à imposer sa volonté, et les images « intentionnelles » *(beabsichtigten)* qu'il produit demeurent visibles à lui-même et aux rayons.

Après la description du contre-miracle du « dessiner », Schreber poursuit sa revue des miracles divins. Il évoque tous les bruits qui « paraissent lui parler » *(zu sprechen scheinen)*. Ceux un peu prolongés des trains ou des bateaux, ou encore les musiques le conduisent à parler. Il ne s'agit pas de cette parole venue du soleil ou des oiseaux. Ce n'est ici, dit-il, qu'une « impression subjective » *(subjektives Gefühl)*. Les rayons supportent mal ces bruits et se plaignent : « Si seulement ces fichus chemins de fer pouvaient se taire. » Schreber s'étonne de nouveau de la naïveté de ces âmes qui sont certes aptes à jouir, mais non à réagir correctement dans la vie pratique. Elles pensent qu'il suffit de formuler un vœu pour qu'il se réalise. De fait lui-même n'est guère gêné par les bruits qui lui permettent d'imposer aux rayons un moment de penser à rien.

Le chapitre XVIII décrit l'une des conditions nécessaires à la miraculation divine. Celle-ci, qui a d'abord consisté à « créer » *(schaffen)* un humain et non pas à le détruire, doit absolument respecter ce que Dieu a initialement mis en place, et surtout les « rapports spatiaux » *(raümlichen Verhältnisse)* avec le corps céleste qui est une irradiation de Dieu hors de lui-même. Dieu doit ainsi passer par l'organe du soleil pour accomplir ses miracles, car la lumière est l'organe principal de sa volonté miraculante, conformément à la phrase : « Que la lumière soit et la lumière fut. »

La création de l'homme a nécessité un effort inhabituel de la part de Dieu et, plus concrètement encore, un rapprochement exceptionnel du soleil de la Terre. L'homme est le couronnement de la Création, il ressemble à Dieu et peut de nouveau se transformer en Dieu après sa mort. À côté de la Création fondamentale, il y a les miracles d'une création continue, auxquels Schreber ne cesse d'assister. Celle en particulier d'une « génération spontanée » *(Urzeugung)* d'insectes variant selon l'heure et les saisons : il y a les araignées, les fourmis, les perce-oreilles ; il y a les guêpes, les frelons, les abeilles ; il y a les mouches, les moustiques, les papillons de nuit. L'« humeur » *(Gesinnung)* de Dieu en infléchit la production. Sa mauvaise humeur favorise par exemple les insectes piquants. Ainsi est-il en mesure de « prédire » *(voraussagen)* leur apparition lorsqu'il somnole sur un banc au soleil.

Sa plus grande « conviction » *(Überzeugung)* tient à la « certitude irréfragable » *(unumstrittliche Gewißheit)* du caractère miraculeux des choses et le « miracle de la direction du regard » *(Wunder der Blickrichtung)* – n'oubliez pas que *Hinrichtung* signifie « exécution ». Ce

« miracle de la direction du regard » est une orientation forcée, brusquement donnée à ses yeux afin de tomber sur ce qui justement fait plaisir aux rayons : les femmes ou les insectes nouvellement créés qu'il semble contempler avec satisfaction. Le plus étonnant pour lui est que son regard tombe toujours à l'endroit précis où se trouve la chose à voir, même dans la quasi-obscurité. Une attention toute particulière est donnée à chaque moustique ou à chaque papillon. Lorsque après quelques années les rayons se montrent plus amicaux à son égard, ce regard si précis ne tombe plus que sur un livre qu'il cherche ou une petite aiguille au sol. Il les découvre instantanément et en conclut de nouveau très scientifiquement que les rayons sont capables de lire dans sa pensée, puisqu'ils savent ce qu'il cherche, et où se cache l'objet recherché. La raison en est qu'ils sont la lumière du soleil qui n'est lui-même que l'œil de Dieu.

Le « miracle de la direction du regard » et la création des insectes s'accompagnent de voix dont le contenu signifie qu'on lui a fait, dans le même temps, passer un examen. Il y a certes des phrases explicites du genre : « Si seulement ces fichus moustiques pouvaient cesser *(aufhören)* » ; mais il entend parfois le seul nom de l'animal prononcé par quelqu'un de l'entourage, suivi, dans le parler des nerfs, de ces mots : « A trouvé réception » (*Fand Aufnahme* – qui assone avec « a trouvé sur le nom »), comme si l'on avait cru qu'il était idiot au point de ne plus savoir de quel animal il s'agit. Une telle « intention de lui faire passer un examen » *(Examinationsabsicht)* est présente pour tous les concepts.

Le dernier miracle évoqué dans ce chapitre XVIII est le « miracle de l'effroi » *(Schreckwunder)*, appelé ainsi par les voix. L'effroi est ce que l'on escompte de certaines visions qui lui sont miraculées à proximité. Au fil des années, cet effet d'épouvante s'est émoussé. Ce sont des figures étranges ayant la taille de son lit, des ombres noires qui ressemblent à des ours noirs, des ours blancs, certaines de taille humaine, surgissant brusquement. Il peut lui-même les faire apparaître avec ses mains – et prend donc tout à fait au sérieux les ombres chinoises qu'il crée sur des « surfaces blanches » *(weiße Fläche)* et planes. Ces ombres vers lesquelles l'attire un « miracle de la direction du regard » sont à ses yeux les premières amorces de la création divine d'« hommes bâclés à la six-quatre-deux ».

Dans le chapitre XIX, Schreber revient à des considérations plus générales sur les miracles divins. On en retient sa « conviction » *(Überzeugung)* d'une « génération spontanée » *(Urzeugung)* – comme si la proximité des mots faisait de sa conviction une génération spontanée sans parents. Dieu y a eu recours au départ, puis plus du tout pendant des millénaires. C'est avec Schreber qu'il a repris cette miraculation et ce à l'encontre de l'ordre du monde. Auparavant, il s'occupait d'autres corps célestes et, en ce qui concerne la Terre, se contentait de faire accéder à la béatitude les âmes des défunts. Schreber ne tranche pas la question de l'origine divine des corps célestes et pense très curieusement que Dieu n'est pour rien dans la constitution du règne végétal – à cette époque on ne connaissait pas la photosynthèse. Selon lui, Dieu n'a créé que les animaux, qui possèdent seuls l'attribut divin de la conscience de soi – son Dieu est aussi hégélien.

Et Il crée des humains. Les rayons ont à Sa guise la faculté de se changer en êtres humains. Il en tient pour preuve une vision de silhouettes humaines qui descendaient jusque dans sa tête à l'instar de ce qu'il a vu sur une reproduction d'une gravure de Francesco Pradilla intitulée *Vol d'amour*. Ces silhouettes lui étaient adressées par le Dieu supérieur Ormuzd. Le Dieu inférieur Ariman lui a envoyé des silhouettes qui étaient sous l'emprise du « plaisir des sens » *(sinnlichen Behagens)*. Schreber souligne qu'il faut prendre « à la lettre » *(buchstäblich)* le fait que Dieu a créé l'homme à son image. Mais avec Schreber, Dieu a bouleversé l'ordre du monde qu'Il avait pourtant lui-même mis en place. Il s'est de nouveau adonné à la création alors qu'il s'était contenté jusque-là de laisser ses créatures livrées à elles-mêmes sans rien en connaître à l'avance. Il s'est rapproché de la Terre, négligeant la béatitude des âmes des défunts des autres astres. Désormais tout est de nouveau miracle, autour de Schreber et en lui, chacune des manifestations de son entourage, une parole, une toux, un éternuement, uriner, déféquer, l'aboiement d'un chien, le hennissement d'un cheval. Oiseaux et insectes sont créés *ex nihilo,* de même que, nous l'avons vu, certains humains. Schreber vit au sein d'une sphère de miraculation plus ou moins étendue. Tout cela lui apparaît comme un « tourment dépourvu de sens » *(zwecklose Quälerei)*. Pour Dieu aussi il n'y a que des inconvénients à une telle entreprise puisque les âmes sont attirées vers lui. Elles se détachent de la masse divine et appellent « au secours » *(Hülfe)*. Ce que Schreber n'évoque pas du tout c'est qu'*il est très clairement devenu le rival de Dieu.*

Au chapitre suivant – le XXe – il écrit en effet : « Tout ce qui se passe se ramène à moi » *(auf mich bezogen wird)*. Il a gardé cette idée en réserve pour la fin du livre. Il sait bien qu'une telle infatuation relève de la maladie mentale, mais de nouveau comme en miroir, il soutient que c'est Dieu qui est en proie à une aberration mentale et « dominé [...] par l'erreur » *(von dem [...] Irrthum beherrscht ist)*. Il décrit l'erreur narcissique de Dieu : « [...] je suis devenu pour lui, en un certain sens, l'Homme, tout simplement – soit l'être humain unique autour duquel tout devrait graviter, auquel tout devrait être ramené, celui auquel toutes les choses devraient être ramenées selon son point de vue à Lui » – il s'agit du point de vue subjectif censé être celui de Schreber dans la pensée de Dieu, lequel se trompe complètement. Schreber se crée ainsi une subjectivité intime définie par sa seule négation du point de vue de Dieu. « Quand par exemple je lis un livre ou un journal, on croit que les pensées contenues dans ce livre ou dans ce journal sont « mes propres pensées » *(meine eigenen Gedanken)*. C'est une « méconnaissance naïve » *(naive Unkenntniß)*. Ce n'est pas lui qui se voit dans le miroir de Dieu, c'est Dieu qui se mire en lui et se trompe dans ce mirage. Il se préserve une subjectivité en s'affirmant non identifié à cette image spéculaire dans laquelle Dieu se voit.

Dieu se trompe à beaucoup d'égards : à propos de la « question de la défécation » *(Ausleerungsfrage)*, dans l'assimilation du « penser à rien » *(Nichtsdenken)* à l'« imbécillité » *(Blödsinn)*, dans le « parler de nerfs » *(Nervensprache)* qu'Il prend pour le langage humain. Il entend tout dans sa valeur faciale et n'a pas le sens du second degré. Et Il n'est pas du tout l'être infaillible que l'on croit. Ses manœuvres pour se préserver de Schreber et le « laisser en plan » *(liegen lassen)* (le système de l'inscription, le non-achèvement des phrases, l'arrimage aux terres) sont sans espoir. Il est dans l'ordre du monde que Dieu ne puisse anéantir la « raison » *(Verstand)* d'un humain. Schreber, qui a d'ailleurs lui-même, au début de son délire, cru pendant un an qu'il allait perdre la raison, affirme le caractère absolu de l'ordre du rationnel.

L'« exigence » *(Ansinnen)* divine que tout se rapporte à Schreber est particulièrement insupportable lors des promenades dans le jardin, car tout ce dont parlent les gens qui l'entourent est une allusion à lui venue de Dieu, de même tous les bruits et tous les insectes. *C'est un concernement absolu.* Et chaque fois que Dieu se retire, la tension des fils provoque des douleurs sciatiques, des crampes dans les mollets, des céphalées, des maux de dents, etc. On retrouve alors le corps morcelé de la théorie de Lacan. Les pensionnaires de l'asile harcèlent Schreber même lorsqu'il se tait, ce qui provoque parfois une bagarre, dont il constate non sans fierté qu'il est souvent le plus fort malgré les miracles à l'encontre de sa rotule.

Il pense préserver son jugement intact, grâce en particulier aux échecs auxquels il joue dans le jardin, même par grand froid, afin de conserver sa raison. Les travaux féminins lui apportent un grand apaisement : coudre, enlever la poussière, faire les lits, laver la vaisselle. Son amélioration au fil des années est à mettre sur le compte d'une augmentation de la volupté d'âme dans son corps, autrement dit sa volupté féminine. Elle est selon lui suffisante pour justifier la fin de sa mise en tutelle établie en 1895.

Dans la conclusion que constitue le chapitre XXI, il évoque les sept années de souffrance de sa maladie de nerfs : il a perdu son travail, subi torture mentale et torture physique, été séparé de sa femme et frustré des grands plaisirs de l'existence. Souffrance qui ne peut se comparer qu'au calvaire du Christ sur la croix – *le Christ est aussi son rival.* Mais il n'a pas perdu la conscience de son identité ainsi qu'on (dieu) l'espérait. Dieu n'a pas pu entièrement déroger à l'ordre du monde.

Schreber a espéré pendant plusieurs années être transformé en femme. Il se rend compte que la chose n'arrivera jamais tout à fait, et qu'elle n'est en fait pas nécessaire, puisque l'humanité n'a pas complètement disparu de la surface de la Terre comme il l'avait cru. Il mourra, pense-t-il, en étant toujours un homme, si tant est qu'il disparaisse un jour. Il doute en effet sérieusement de sa mortalité puisqu'on lui restaure chaque fois miraculeusement les organes détruits. Même unc balle dans la tête, écrit-il, ne le ferait probablement pas mourir. Si sa mort devait néanmoins se produire, la question se pose de ce qu'il adviendrait de Dieu. Celui-ci devrait alors retourner à l'ordre du monde, renoncer à sa politique, son arrimage aux terres par exemple, et ne plus s'occuper que de l'accession des âmes à la béatitude. Schreber ne sait pas comment Dieu s'y prendrait, mais il sent qu'une « justice immanente » *(ausgleichende Gerechtigkeit)* est à l'œuvre dans le monde à laquelle Dieu n'échappe pas. Sa volupté d'âme allant croissant, le combat que Dieu lui livre est devenu véritablement haineux. Peut-être sera-t-il quand même en fin de compte transformé en femme et engendrera-t-il alors une nouvelle lignée après une fécondation divine ? Schreber termine en disant que son histoire personnelle risque certes de bouleverser certaines croyances religieuses, mais qu'il apporte tout au moins à l'humanité le réconfort de la certitude qu'un Dieu vivant existe et que l'âme est immortelle. Il espère qu'une « constellation » *(Gestirne)* favorable veille au succès de son travail. Et en septembre 1900 il met un point final à ses *Mémoires.*

Les « compléments » aux *Mémoires*

Entre octobre 1900 et juin 1901, Schreber ajoute sept « compléments » *(Nachträge)* à ses *Mémoires,* destinés à préciser certains points, il en ajoute un autre en octobre et novembre 1902. Dans le premier « Concernant les miracles » *(Wunder betreffend),* il explique que ce qui fonde le caractère miraculeux d'un miracle est toujours un détail *a priori* insolite. Son barbier a par exemple accompli un « miracle de la coupure » le 5 octobre 1900. Dieu avait orienté les muscles de sa main, occasionnant une toute petite blessure aussitôt pansée avec un peu de coton. Cette blessure était immédiatement devenue un objet d'« entretien » *(Unterhaltung)* avec quelqu'un de l'entourage, et ce grâce à un double miracle : l'orientation des muscles des yeux et l'action divine sur la volonté qui induit la question « Qu'est-ce que vous avez donc à la bouche ? » Il en va de même lorsque Schreber se salit en mangeant, ou lorsqu'il casse une assiette ou une pièce du jeu d'échecs. Chaque fois la chose devient un objet d'« entretien ». Dès qu'on fait attention à lui, ce ne peut être que par l'effet d'un miracle.

Le deuxième texte, daté du 11 octobre de la même année, porte sur les relations entre l'intelligence divine et l'intelligence humaine. Bien qu'il puisse assimiler les nerfs de tous les humains, Dieu les dépouille pourtant de leurs souvenirs et de leurs singularités, ce qui ne Lui permet qu'une connaissance fort abstraite de leurs affaires. Il ne connaît par exemple le « chemin de fer » *(Eisenbahn)* que par une « impression extérieure » *(äusseren Eindruck).* Bien entendu, Il ne possède pas uniquement une connaissance acquise des choses, Il est aussi pourvu d'un savoir inné, puisque c'est Lui qui a créé les humains. Schreber est pris, comme vous le voyez, dans l'aporie philosophique la plus classique concernant le savoir, celle du *Ménon* de Platon : comment apprendre si l'on ne sait déjà ? Or, à travers la langue et plus précisément la langue allemande, Dieu trouve un chemin vers un « ressenti authentique » *(echten Empfindung)* – ainsi lorsque Ariman, le Dieu inférieur, est pris dans une volupté d'âme et qu'il s'écrie : « Cela me réjouit » *(Freut mich).*

Le troisième complément, écrit en janvier 1901, est consacré au « jeu avec les humains » *(Menschenspielerei).* Comme pour les autres, le titre s'ouvre par : « Concernant… » *(Betreffend…)* – sauf le sixième qui commence par « Considérations sur… » *(Betrachtung).* Le « jeu avec les humains » qui a été traduit par « malices » désigne l'ensemble des miracles produits par Dieu sur les hommes situés à proximité de Schreber. Leurs paroles et leurs actes y sont commandés par les rayons de Dieu. Au fil des ans, Schreber a eu l'occasion d'observer ce phénomène sur une étendue de plus en plus vaste, lors de ses promenades à Pirna ou dans les environs, ou encore à Dresde où il s'est rendu auprès de sa femme. Chez les gens concernés, tout n'est pas l'effet des rayons, et hors de sa présence peut-être agiraient-ils ou parleraient-ils de la même façon, mais en sa présence, ce sont les rayons qui ont un effet sur eux à travers lui. Ces personnes subissent ce jeu et provoquent par là des « perturbations » *(Störungen)* destinées une fois de plus à empêcher l'attraction des rayons vers son corps. Même à l'église ou au théâtre, où ces « perturbations » se réduisent à quelques chuchotements ou toussotements, il sait qu'il s'agit des effets des rayons si, dans le même instant, il ressent des douleurs dans la tête, entend des voix et s'aperçoit que certains mots utilisés par les gens sont souvent empruntés au « système d'inscription ». À ce sujet, il remarque qu'au fil des années tous les mots ont fini par y être inscrits et que par conséquent, même si un mot prononcé est un mot inscrit, il n'est pas impossible qu'il soit dit par hasard.

Il y a là un étrange mode de guérison par une reconnaissance de ce qui est de plus en plus habituel, de ce qui va toujours davantage de soi, un peu comme la constitution d'une sorte de miroir de substitution. On pourrait dire que la *Lebensäußerung* (manifestation extérieure de la vie) qu'il évoque est toujours davantage le reflet d'une *Lebenserinnerung* (manifestation intérieure de la vie au sens littéral, et « souvenir de vie » au sens habituel). Cette guérison-là n'est bien sûr pas complète, puisque Schreber s'étonne encore dans ses tout derniers textes de certains comportements imprévus qu'il interprète encore comme une action des rayons destinée à empêcher qu'il ne pense à rien, parce qu'il les attire toujours beaucoup par sa volupté d'âme. En fin de compte, tout s'avère être une « perturbation » voulue par Dieu afin qu'il ne puisse L'absorber totalement dans le rien ou dans la félicité, y compris un malade qui sort de sa chambre ou une personne qui entre dans la sienne.

Le quatrième complément, daté de février 1901, est une description extrêmement fine des hallucinations auditives et visuelles. Schreber s'appuie d'abord sur le chapitre que Kraepelin a consacré aux hallucinations dans son *Traité de psychiatrie.* Kraepelin « semble leur dénier » *(scheint [...] zu verneinen)* « l'existence d'un arrière-fond réel » *(die Existenz eines realen Hintergrundes).* Son opinion est « fausse » *(unrichtig),* commente Schreber. Il ne nie certes pas qu'un malade atteint d'un delirium tremens puisse croire qu'il voit des petits hommes ou des petites souris qui n'existent pas en réalité, mais il affirme qu'« à coup sûr » *(sicher),* dans son propre cas, il y a « effectivement une cause extérieure agissante » *(in der That eine von außen her wirkende Ursache)* dans l'excitation de ses nerfs. Plus loin il évoque une « cause objective » et « l'influence de facteurs suprasensibles » *(der Einfluß übersinnliche Faktoren).*

Schreber s'emploie à « décrire » *(zu beschreiben)* les « impressions » *(Eindrücke)* visuelles et auditives qu'il « réceptionne » *(empfange)* en tant que « voix » ou « visions » *(als Stimmen, Visionen).* Pour les capter il faut le préalable d'un « système nerveux maladivement excité », c'est à cette condition seulement qu'on peut recevoir des impressions surnaturelles ou suprasensibles. Les autres humains sont comme des aveugles qui voudraient persuader les voyants que les couleurs n'existent pas. Il ne peut « participer » *(einstimmen)* à l'« étonnement » *(Verwunderung)* de Kraepelin devant la puissance de conviction des hallucinations. On peut se laisser convaincre par cette conviction de Schreber sans pour autant adhérer à son délire. Schreber ne percevrait-il pas en effet quelque chose que nous ne percevons pas ? Il me semble qu'il y a pour lui un ordre de réalité attaché aux mots qui n'existe qu'à travers les mots, en eux, par eux et avec eux, et que c'est peut-être cet ordre-là d'existence qu'il perçoit en toute certitude dans l'hallucination. Nous reviendrons plus loin sur la manière dont il vit ce « nominalisme réaliste » très particulier. N'y aurait-il pas là un réel qui échappe effectivement à la plupart d'entre nous, névrosés ordinaires, et que l'halluciné « voit » ou « entend » ?

Les « voix » – Schreber utilise souvent les guillemets – s'« expriment » *(äußern)* par des excitations des nerfs ayant le caractère d'un « bruit légèrement chuchotant » *(leise lispender Geräusche)* « avec la tonalité *(von dem Klange)* de certains mots humains *(bestimmter menschlicher Worte)* ». Peu à peu, ces voix ont changé à la fois de contenu et de tempo. Leurs phrases, répétées comme des ritournelles, sont devenues de plus en plus incomplètes, arrêtées en plein milieu et par là même insensées. Il y a en revanche des voix intérieures qui ne cessent jamais. Longtemps Schreber s'est senti contraint de compléter les voix extérieures par sa « pensée involontaire de souvenir » *(unwillkürliche Erinnerungsgedanke)*. Le « ralentissement progressif » *(Verlangsamung)* des voix extérieures l'a encore davantage conduit à vouloir compléter leurs phrases. Il compare ces voix au « chuintement » *(Gezisch)* du sable d'un sablier.

Lorsqu'il parvient à les laisser se répéter en lui ou au contraire à les couvrir en comptant ou en lisant à haute voix, en jouant du piano ou en parlant avec d'autres personnes pour les « surtonaliser » (*übertönen*), une injure plus forte et plus distincte se fait entendre à son « oreille mentale » *(geistiges Ohr)*. S'il les écoute de nouveau, elles reprennent en plein milieu d'une phrase, ce qui à son avis démontre que « le fil de l'entretien s'est entretemps prolongé » *(daß der Faden der Unterhaltung inzwischen weiter gesponnen worden ist)*. Il est en proie à un automatisme.

Une fois atteint le silence de la non-pensée, ce qui équivaut à une pause des voix intérieures, alors lui parviennent des voix extérieures perceptibles à l'oreille corporelle. Ce sont les voix des oiseaux et sans doute du soleil, même s'il ne l'écrit pas à cet endroit. Un oiseau lui crie par exemple : « N'avez-vous pas honte ? » – sous-entendu selon Schreber : devant votre femme. Tout germanophone arrivera aisément à imaginer ce *« Schämen sie sich nicht ? »* avec l'aigu de ses trois i prononcé par un oiseau. Le silence des voix intérieures, c'est-à-dire leur interruption, est pour lui comme le sommet du non-sens, à savoir l'équivalent du silence. Comme nous l'avons vu, les voix elles-mêmes commentent mystérieusement : « Tout non-sens s'annule. »

Schreber attribue le ralentissement des voix, qui va jusqu'à ne plus détacher les mots les uns des autres, à l'augmentation de sa volupté d'âme. Son effet d'accroissement de l'attirance provoque un étirement des « rayons-fils » *(Strahlenfäden)* qui tentent de s'accrocher aux corps célestes lointains. Plus il jouit, plus le non-sens s'annule, plus le tempo des voix est lent et plus les fils sont étirés. Tout cela constitue une seule et même chose. La distance entre les mots est astronomique pourrait-on dire.

Dans une note apparaît une troisième sorte de voix : celle qu'il croit entendre dans les bruits, dans les aboiements, dans les chants des coqs, etc. Il s'agit là, dit Schreber, d'une impression purement subjective, bien que ces bruits semblent parler, ce ne sont pas des voix réelles.

Les hallucinations visuelles sont également « pérennes » *(perennirend)*. Schreber voit constamment les rayons avec son œil mental. Ces « porteurs des voix » *(Träger der Stimmen)* déchargent en lui du poison de cadavre. Il les voit s'étirer et converger vers son crâne et différentes parties de son corps depuis de multiples points de l'espace. Il les voit parfois avec ses « yeux corporels » dessiner non pas une ligne droite, mais une boucle ou une parabole. Einsteinien avant l'heure, il explique cette forme bizarre par le ralentissement des voix et donc des rayons. Ils entrent comme des fils dans son crâne et y font un mouvement tournant comme une « percerette en boucle » *(Schleifbohrer)*. D'autres s'attachent aux poumons, aux doigts ou au « cordon spermatique » *(Samenstrang)*. Leurs tiraillements provoquent des douleurs auxquelles il s'est peu à peu endurci. Ce qui le gêne davantage à l'égard des autres, c'est le hurlement au moment du reflux de ces rayons-fils. Mais ce hurlement génère en même temps un bien-être en attirant de nouveau les rayons. Il lui arrive même de s'endormir après un hurlement.

Tout doit être visualisé et vocalisé pour Schreber. Quel que soit le « but » *(Zweck)*, il lui faut le penser, l'ouïr, le voir, même si c'est celui de s'exonérer *(Ausleeren)*. Pour faire cesser les voix qui accompagnent son exonération, il lui arrive de jouer du piano fortissimo tout en faisant dans un seau hygiénique.

À la fin de ce chapitre capital, Schreber explique que les autres n'entendent pas les voix au moyen d'une comparaison : les fils qu'il voit sont comme des fils téléphoniques qui ne parleraient qu'à leur seul destinataire.

Le cinquième complément, écrit le 19 mars 1901, aborde la nature de Dieu et les rapports qu'il entretient avec Lui. Comment Schreber conçoit-il Dieu lorsqu'il écrit dans le complément précédent que sans l'arrimage aux corps célestes lointains, sa volupté serait parvenue à décrocher Dieu du ciel ? Schreber analyse d'abord la position de Dieu dans l'espace. L'énergie calorique et lumineuse du soleil et des étoiles dérive, pense-t-il, de Dieu, et pas seulement du Dieu supérieur Ormuzd comme il l'a longtemps cru. Certes elle provient de certains points de l'espace, mais aussi de tout l'ensemble de l'espace situé au-delà des astres les plus éloignés. Hypothèse qu'il développe en raison de l'énormité de l'énergie et de l'éternité qu'il spatialise une fois de plus en un éloignement extrême – *tout se retourne en une positivité hyperbolique, et même ce qui est perdu est perdu par hyperprésence.*

dieu lui parle par l'intermédiaire du soleil qui répercute tous les rayons-nerfs-âmes. Celui-ci est directement branché sur Schreber qui en bénéficie parce qu'il est le seul encore en vie. Ce privilège constitue un « rapport contraire à l'ordre du monde » *(weltordnungswidrigen Verhältnisse)* de par son caractère unique et le fait qu'il concerne une personne encore vivante.

Une telle position ne nous renvoie-t-elle pas au stade du miroir, où un reflet, qui n'est pas une image vivante, se met dans un rapport privilégié avec un humain vivant ? Tout comme cette image dans le miroir est au fond une méconnaissance du sujet véritable, Dieu, selon Schreber, méconnaît les humains. Dieu ne peut pas « juger de façon correcte » *(richtig [...] beurteilen)* un organisme vivant. Il méconnaît les « besoins » *(Bedürfnisse)* du corps vivant et impute à Schreber la manière de penser et de ressentir des âmes, lui parle dans leur « langue » *(Sprache)*, exige de lui une jouissance *(Genießen)*, une pensée constante. Il ne demeure en Schreber que dans la mesure où celui-ci voit *(sieht-* du verbe *sehen)* quelque chose, jouit de sa volupté d'âme ou formule en mots toutes ses pensées. À défaut Il reflue de lui, ce qu'Il tente de faire de toute manière par l'arrimage aux corps célestes, avec ce que cela implique pour Schreber, de douleurs, hurlements, miracles, perturbations dans l'entourage, guêpes qui le réveillent – miracle d'Ormuzd –, mouches qui folâtrent, malade mental qui le frappe. Si la masse globale des rayons est en soi pleine de « sagesse » *(Weisheit)* divine, elle est en revanche devenue stupide et dénuée de pensée dans sa relation avec lui. Relation d'ailleurs médiatisée par un nombre d'âmes de plus en plus restreint, le reste de l'âme Flechsig et des « vestibules du ciel ».

Au fil des ans, toutes ces instances intermédiaires ont perdu leur intelligence et se sont logées dans les nerfs des oiseaux parleurs, qui vont et viennent autour de lui à une distance équilibrée. Tout cela a été prévu par la sagesse divine à travers la voix du Dieu inférieur Ariman dès 1894 ou 1895 : « Si ça ne tient qu'à moi, que ce soit la solution. » Si Dieu avait alors pu saisir la signification de ce qu'Il formulait, Il aurait compris que les âmes devaient se laisser aller à leur attraction vers lui et qu'il n'y avait pas lieu d'en avoir peur. Schreber entend Ariman dire : « Excitez-vous sexuellement » *(regen sie sich geschlechtlich auf)*. Ainsi, peu à peu, Dieu se retrouve en lui qui devient son soutien. Schreber va jusqu'à écrire que « l'éternité est tributaire de lui » *(daß ihm die Ewigkeit dienstbar sei)*, ce qui l'autorise quelquefois à être un « railleur de Dieu » *(Gottesspötter)*, privilège réservé à lui seul. Pour le reste de l'humanité, Dieu demeure le créateur du ciel et de la Terre, l'origine de toute chose et celui qu'il faut vénérer. Mais Il contient aussi, tel un mystère, la dualité de l'absurde politique menée à son encontre et d'une sagesse intacte. Schreber pense ne jamais réussir à élucider une telle contradiction.

Toutefois, cette relation en miroir avec Dieu attente à un ordre du monde impliquant la transformation de Schreber en femme qui s'accomplit au présent et sera sans doute complète après sa mort. C'est le sujet du sixième complément. Schreber y revient sur l'identité entre volupté féminine et béatitude de l'âme défunte. C'est probablement un aspect du meurtre d'âme qu'il évoquait au début de son livre. On découvre une sorte d'apaisement dans ces lignes. Schreber souhaite désormais vivre en paix avec les siens jusqu'à sa mort. On y apprend aussi qu'il a perdu son premier procès pour une levée de sa mise en tutelle. Le tribunal du Land de Dresde en a décidé ainsi le 15 avril

1900. Schreber n'a pas connaissance des attendus du jugement. Il reste néanmoins confiant dans l'avenir.

Le reste, noyé dans des détails insignifiants, présente moins d'intérêt. Schreber évoque la possibilité pour un rêveur d'entrer en relation avec des parents décédés ou pour le diable de passer par le trou de la serrure, les voix lui parlent encore chaque jour de l'âme Flechsig, à différencier, selon lui, du Flechsig vivant. Le septième complément, écrit en mai 1901, développe surtout une critique de la crémation des défunts en raison de la destruction des âmes qu'elle provoque, empêchant toute véritable résurrection, car Dieu n'est pas assez puissant pour recréer une âme disparue. Schreber reste indéfectiblement matérialiste.

Un an et demi plus tard, alors que la cour d'appel de Dresde a levé sa mise en tutelle depuis le 14 juillet 1902, en octobre et novembre 1902 il rédige de nouveaux compléments et l'avant-propos de son livre. Ces écrits témoignent de son état mental quelques mois avant sa sortie fin 1902. Les voix persistent, mais sont de plus en plus ralenties et les miracles de plus en plus anodins, touchant surtout les objets usuels, comme les cordes du piano qui cassent encore trop souvent. D'autres miracles résiduels sont plus ennuyeux, surtout celui qui a lieu « quand il est couché dans son lit » *(beim Liegen im Bette),* et qu'il ressent des crampes ou des paralysies « dans les extrémités inférieures » *(in den unteren Extremitäten)* et dans le dos. Il ressent toujours des maux de tête, ainsi que des frissons ou des palpitations lorsque les rayons cherchent à se dégager de lui. La substance osseuse de son crâne s'en amincit. Les crises de hurlements sont plus modérées. Dans un lieu public, il parvient en comptant sans s'arrêter à les transformer en toussotements, en raclements de gorge ou en bâillements. Mais lorsqu'il est seul sur une route, il lui faut encore hurler à pleins poumons cinq à dix minutes, jusqu'à ce qu'il soit parfaitement détendu. D'une manière générale cependant, il va bien et parvient à dormir.

Il lui semble de plus en plus devoir renoncer à convaincre les autres hommes de la réalité des miracles. Il regrette de n'avoir pas bénéficié d'un examen médical pour attester de sa transformation en femme et que l'on n'ait pas photographié l'enroulement des rayons autour de lui. Il ne conteste pas qu'en sa proximité il y a à la fois des miracles et des manifestations qui n'en sont pas. Il a de plus en plus affaire à ces phénomènes banals, mais le miracle du forçage de la direction du regard persiste toujours, comme celui de la fermeture imposée à ses paupières. Sans doute la vérité de ses propos apparaîtra-t-elle au moment de la dissection de son cadavre.

Il termine son imposant livre-réquisitoire par des considérations générales sur le fait que Dieu s'est enchaîné par égoïsme à un être humain unique vers lequel il doit maintenant se laisser attirer même s'Il ne le veut plus. De telles menées contre lui Schreber sont contraires à l'ordre du monde – *c'est au fond un refus de tout ego pour quiconque.* Elles prendront fin avec sa mort. Schreber déclare enfin ne pas être l'ennemi de Dieu ; il suffirait que Dieu se laissât faire. « Le cours des choses apparaît donc comme le triomphe grandiose de l'ordre du monde, triomphe auquel, pour ma modeste part, je crois avoir contribué. »

Les rapports d'expertise du docteur Weber et la réponse de Schreber

Avant d'aborder ce qui s'est passé après sa sortie, il nous paraît intéressant de reprendre les trois rapports d'expertise du docteur Weber, datés de 1899, 1900 et 1902, la réponse de Schreber et le jugement de levée de sa mise en « tutelle » *(Vormundschaft).*

Les expertises détaillent bien la chronologie des faits : son hospitalisation à Leipzig le 21 novembre 1893 et au Sonnenstein de Pirna le 29 juin 1894, après un court séjour dans la clinique du docteur Pierson. Elles développent surtout dans une perspective objective le tableau clinique d'une folie évidente sur le plan du comportement et qui s'atténue peu à peu.

Au début de son hospitalisation à Leipzig, alors qu'« il se tenait pour mort et en putréfaction, pestiféré », Schreber restait immobile des heures entières, comme pétrifié. Il a tenté à plusieurs reprises de se noyer dans sa baignoire. De même au Sonnenstein, il restait des heures sans bouger, debout ou couché, fixant au loin droit devant lui son regard angoissé. Le visage était agité de tics et ses mains tremblaient. Le plus souvent il ne répondait pas aux questions ou alors par monosyllabes et avec brusquerie. Il fallait l'alimenter de force. Il arrivait qu'il se souillât avec ses selles. Il disait qu'il lui était impossible de lire parce que « chaque mot qu'il lisait était repris et claironné par l'univers entier ».

À partir de novembre 1894, son discours est devenu plus cohérent, révélant un système délirant absolument fantastique. Il accordait peu à peu plus d'attention à ce qui se passait autour de lui, mais restait surexcité, en proie à des éclats de rire bruyants et forcés, de jour comme de nuit, tambourinant souvent de toutes ses forces sur le piano. Dans le jardin, il lui arrivait de regarder fixement le soleil en grimaçant, de l'injurier, de le menacer en hurlant qu'il prenne garde, qu'il devrait pâlir ou bien se cacher : « Le soleil est une putain *(die Sonne ist eine Hure)* », criait-il. Il tonnait également à voix haute contre Flechsig, répétant par exemple « petit Flechsig ». La nuit il lançait ses invectives par la fenêtre, provoquant un attroupement de gens. Il était en revanche beaucoup plus courtois envers les médecins et le personnel, même en plein milieu de son tapage nocturne. Il s'était remis peu à peu à la lecture, au piano, aux échecs. Il recommençait à manger, mais, en raison du dérangement qu'il occasionnait, il avait fallu longtemps encore l'isoler la nuit.

Un comportement très surprenant avait un jour fait son apparition : il se tenait à moitié nu dans sa chambre, paré de rubans multicolores et convaincu d'avoir une poitrine féminine, il regardait des illustrations de femmes nues, les dessinant parfois. Il s'était coupé la moustache. À partir de 1897, après avoir repris une correspondance avec son épouse et sa famille, son état était encore amélioré. Il avait cependant gardé ses rires, ses cris et ses insultes nocturnes. Durant la journée, sa conversation était devenue de plus en plus cohérente et détachée de son délire. Sa grande culture dans tous les domaines était frappante, de même que sa présence d'esprit, sa logique, son intelligence et sa mémoire.

Schreber était depuis un certain temps l'hôte quotidien de la table familiale du docteur Weber. Le délire semblait s'être enkysté. Il n'en faisait plus part pendant les repas où il se montrait très aimable, plein de tact et manifestait un certain humour. Parfois il fixait encore son regard droit devant lui, s'agitait un peu sur sa chaise, faisait des grimaces, se raclait la gorge et s'évertuait à relever ses paupières que l'on s'acharnait, disait-il, à lui fermer. Quelque temps après, à partir de l'été 1900, il fut autorisé à se promener dans les environs, dans la ville de Dresde, puis à se rendre dans sa famille et chez sa femme, accompagné d'un infirmier, et tout seul dès la fin 1901. Nulle part, ni dans la rue, ni dans les magasins, ni au théâtre, ni à l'église, il n'a fait d'esclandre. Il arrivait à contrôler ses explosions de cris. Schreber expliquait que plus il offrait de choses à voir à Dieu, moins les rayons se retiraient de lui, et moins il avait tendance à hurler. C'est dans ce but qu'il offrait à voir à Dieu des images de femmes ou sa propre image en femme. Par ailleurs, il contrôlait parfaitement ses dépenses ; ce sera un argument majeur pour sa libération.

La réponse de Schreber à ces expertises témoigne de son extraordinaire capacité de raisonnement et surtout de la possibilité pour lui de se mettre à la place de son critique. Un point en particulier mérite d'être souligné : dans la troisième expertise, après avoir de nouveau conclu ne pas savoir comment Schreber se comportera lorsqu'il sera sorti et être incapable de garantir un comportement normal, Weber argumente comme s'il avait avec certitude une connaissance de la nature des hallucinations de Schreber. Il affirme que ce sont des « erreurs sensorielles » *(Sinnestäuschungen)*, évoque des croyances qui « sont nées directement dans le cerveau », « nées de processus indubitablement pathologiques ». Il écrit : « [...] contentons-nous de faire observer que l'excitation interne anormale des centres cérébraux de la perception provoque dans la conscience de l'individu halluciné exactement la même chose que, dans des circonstances normales, les impressions externes provoquent [...]. Ce qu'il [l'halluciné] perçoit ce sont les phénomènes qui se déroulent dans son système nerveux central ». Une telle argumentation qui déplace un réel supposé sur un autre réel supposé n'échappe pas à la vigilance de Schreber qui remarque que Weber semble effectivement croire que lui Schreber perçoit réellement ce qu'il hallucine, autrement dit pour l'expert aussi il ne s'agit pas d'une perception ordinaire. Il ne lui reste plus qu'à confirmer que son réel n'est effectivement pas celui de la perception. « Je retiens avec satisfaction, écrit Schreber, qu'il [Weber] attribue lui-même une certaine réalité à mes prétendues hallucinations, au point qu'il ne doute pas que les "voix" dont il est question dans les *Mémoires* ne se fassent réellement entendre de moi. Notre divergence d'opinion ne porte que sur la question de savoir si l'impression subjective que j'ai d'entendre des voix est occasionnée uniquement par le fonctionnement pathologique de mes propres nerfs ou bien si une cause externe les agit [...]. C'est la même chose pour mes mimiques, mes grimaces, la fermeture de mes paupières, etc. »

Dans leur jugement du 26 juillet 1902 qui va le libérer, les juges insistent sur le caractère tout à fait contenu du délire, le faible risque pris à le laisser libre et l'amour préservé pour son épouse – de quinze ans plus jeune – ; ce n'est donc qu'une « folie partielle ».

Les dernières années de Schreber

Schreber sort de l'asile en décembre 1902, après neuf années d'internement. Il a 60 ans. Il vit quelque temps chez sa mère puis retourne auprès de son épouse et d'une fillette de 13 ans, Fridoline, qui sera adoptée plus tard par le couple. Bien qu'il ait encore quelques hallucinations, il ne parle plus de son délire. Il s'occupe correctement de la construction d'une nouvelle maison, se montre très paternel envers sa fille adoptive – à moins que ce ne soit maternel –, gère au mieux les affaires de la famille et des « Associations Schreber », associations de parents à but éducatif issues de l'œuvre de son père. Il voyage, rédige quelques poèmes à diverses occasions, va à l'opéra.

Sa mère meurt le 14 mai 1907. Le 14 novembre qui suit, sa femme subit une « attaque d'apoplexie » qui lui fait perdre l'usage de la parole pendant quatre jours. Très affecté, Schreber perd le sommeil et sent venir une rechute sans que l'on en sache davantage. Il demande à sa fille de prévenir un médecin pour qu'on vienne le chercher avec un infirmier. Réhospitalisé le 27 novembre 1907 à la clinique de Dösen, il n'en sortira plus. Il y meurt quatre ans plus tard d'une insuffisance cardiaque, le 14 avril 1911. Ainsi prend fin ce tragique et bouleversant destin amorcé sans doute dès l'automne 1893.

Une reprise des circonstances de l'éclosion du délire

Pour essayer de comprendre la raison de ce que l'on considère comme une « psychose hallucinatoire chronique » dans l'espace psychiatrique français, et plus simplement comme une « paranoïa » dans la terminologie allemande du XIXe siècle, il nous faut revenir, suivant en cela les conseils de Freud, et sur les circonstances de la maladie, et sur les détails inhérents au délire lui-même, c'est-à-dire sur le dehors ou le dedans, l'histoire et la structure. La première sorte de causalité, la causalité par enchaînement, prend en compte le fait que le délire de Schreber est immédiatement consécutif à une importante promotion professionnelle, la seconde, plus difficile à évoquer, établit un lien entre l'« assassinat d'âme » *(Seelenmord),* que Schreber estime être la vraie cause historique de sa maladie de nerfs, et le fait que dans son délire son propre rôle est justement de faire disparaître en lui les âmes détachées de Dieu et donc de les « assassiner ». Ici la cause efficiente (l'assassinat d'âme) semble n'être que la rétroprojection dans le passé de la cause finale (l'absorption des âmes). Il se peut que les deux abords, l'historique et le structural, ne soient que les deux faces d'une seule et même chose qui serait considérée du dehors dans un cas et du dedans dans l'autre. D'autant que ce genre de retournement est, nous l'avons vu, tout à fait flagrant dans la psychose de Schreber, qui vit dans le monde ce qui est à l'intérieur de sa tête et tente de faire rentrer tout l'univers dans sa personne.

Peu avant son éruption psychotique, en juin 1893, Schreber apprend de la bouche même du ministre de la Justice, le docteur Schurig, qu'il sera nommé au 1er octobre président de la haute cour (cour d'appel) de Saxe à Dresde – il est à ce moment-là président du tribunal de première instance à Chemnitz. C'est une promotion importante pour un homme âgé de 51 ans seulement. Entre les mois de juin et d'octobre, il fait quelques rêves auxquels il n'accorde guère d'importance. En particulier il se voit de nouveau atteint de ses anciens troubles nerveux, une hypocondrie sévère qui, neuf ans auparavant, l'avait amené à séjourner pendant six mois à la clinique universitaire de Flechsig à Leipzig.

Franz Baumeyer[2], un psychanalyste allemand qui a eu accès aux différents dossiers de Schreber, a rapporté, en 1956, les détails de cette hospitalisation. Schreber, entré le 8 décembre 1884, en est sorti le 1er juin 1885. Il semble en réalité avoir souffert depuis toujours de

2. F. Baumeyer, « Le cas Schreber » (1956), dans *Le cas Schreber,* Paris, PUF, 1979, p. 171-200.

troubles hypocondriaques qui se sont aggravés après son mariage en 1878, à l'âge de 36 ans – mariage plus ou moins désavoué par sa famille parce que la jeune fille âgée de 21 ans était issue du milieu du théâtre. Cette première hospitalisation avait surtout fait suite à son échec aux élections du 28 octobre 1884, où il s'était présenté pour la députation au Reichstag, non pas contre Bismarck, comme on l'a dit, mais sous les couleurs du parti qui soutenait ce personnage éminemment paternel. Très largement battu, Schreber était parti en cure dès le lendemain. Dans son dossier, il est décrit comme labile dans ses émotions et profondément déprimé. Il aurait fait deux tentatives de suicide. Au début de son hospitalisation, Schreber pensait mourir bientôt d'une crise cardiaque et se croyait incurable. Plus tard, son angoisse s'est fixée sur son poids : il était persuadé d'avoir perdu treize à dix-huit kg alors qu'il avait en réalité grossi de deux kg. Sans doute percevait-il que son être n'avait pas fait le poids. On note aussi la présence d'un élément paranoïaque : il avait la conviction que sa femme serait envoyée au loin sous un prétexte quelconque et ne lui reviendrait plus. Il avait donc déjà l'idée d'être « laissé en plan ». Après quelques mois, il avait cependant paru tiré d'affaire.

Les huit années suivantes furent très heureuses, du moins l'a-t-il écrit. La seule ombre au tableau fut l'impossibilité pour son épouse d'être enceinte, ce qui le privait d'un héritier d'autant plus désiré qu'après le décès de son père et le suicide de son frère aîné il s'était retrouvé le dernier représentant mâle de la lignée des Schreber. Il était extrêmement reconnaissant à Flechsig de l'avoir guéri et son épouse plus encore : elle avait très filialement placé une photographie du professeur sur sa table.

Autre élément déstabilisant pour Schreber : en tant que président de la cour d'appel, il avait sous ses ordres des hommes qui par leurs âges auraient chacun pu être son père. La confrontation massive à toutes ces figures paternelles ne semblait pas aller de soi.

Freud et Lacan ont tous deux invoqué, à l'origine de cette psychose, ce qu'on peut appeler faute de mieux *la notion de père*. Mais Freud la pense bien autrement que Lacan. Pour Freud, la psychose de Schreber est conçue comme une affaire libidinale qu'il traite d'une manière à la fois énergétique et spatialisée. Pour Lacan au contraire, s'appuyant sur la théorie du signifiant issue de la linguistique,

Schreber, au moment où il eût fallu pouvoir signifier l'idée très condensée d'un père à la fois père et procréateur, n'aurait rencontré qu'un trou préexistant à cette place dans sa structure psychique, ce qui aurait eu pour effet de *totalement diffracter les deux fonctions du signifiant et du signifié dans la parole.*

L'analyse de Freud

Dans son explication du cas, Freud[3] note très précisément la succession des données afin d'en tirer les déductions qui s'imposent, avec la conviction que si une donnée B succède à une donnée A, ce n'est jamais par hasard, car B est bien souvent une façon de signifier A. Ce mode de théorisation relie des faits apparemment disparates, elle « nécessitarise des contingences », Freud tentant de couvrir toutes les singularités. Une théorie est pour lui d'autant plus valide que l'hypothèse explicative corrobore d'autres données. Freud fait enfin très souvent appel à des éclairages venus d'autres cas cliniques qu'il insère dans son argumentation.

Freud souligne, chez Schreber, l'énorme importance de la figure de Flechsig dans son délire. Celui-ci est, d'abord et avant Dieu, son grand persécuteur, au point que, une fois son livre achevé, Schreber lui écrit encore une lettre ouverte en guise de préface. Il reproche à Flechsig d'assassiner son âme, répétant ainsi ce qui était censé avoir eu lieu plusieurs générations auparavant entre leurs deux familles. Freud remarque aussi l'imprécision de cet « assassinat d'âme ».

À ce délire de persécution s'ajoute un délire de rédemption dans lequel Schreber prend une place capitale dans l'univers. Dieu y succède à Flechsig dans le rôle du persécuteur, cependant que Flechsig n'est plus qu'un « capitaine de rayons » *(Strahlenführer)* et que certaines voix ont même passagèrement annoncé son suicide par balle ou sa folie.

Freud joue alors de son formidable esprit de déduction : on sait que le persécuteur des paranoïaques était au préalable quelqu'un

3. S. Freud, « Remarques psychanalytiques sur l'autobiographie d'un cas de paranoïa (Le Président Schreber) », dans *Cinq psychanalyses,* Paris, PUF, 1967, p. 263-324.

d'aimé – « l'importance émotionnelle qui revient à cette personne est projetée au-dehors sous forme d'un pouvoir venant de l'extérieur, et la qualité de l'émotion est changée en son contraire ; celui que l'on hait et craint à présent en tant que persécuteur était en son temps aimé et vénéré ». Il ajoute à cela l'histoire de la première hospitalisation de Schreber et surtout sa reconnaissance à l'égard de Flechsig. Se référant au rêve de l'été 1893, il établit un lien entre les rêves de retour de la maladie et celui qui est célébrissime mais que les observateurs ne rapportent que rarement en langue allemande, négligeant ainsi l'immense résonance sur laquelle nous reviendrons plus tard : « Il serait vraiment beau d'être une femme soumise à l'accouplement » *(Es wäre recht schön ein Weib zu sein und im Beischlaf unterliegen).* Freud en déduit que Schreber a souhaité revoir Flechsig et subir l'accouplement avec lui. « La cause occasionnelle de cette maladie était donc une poussée de libido homosexuelle », écrit-il. La psychose aurait éclaté parce que Schreber, dans une sorte de « protestation mâle », aurait rejeté ce fantasme érotique comme étant inacceptable. Cela expliquerait qu'au début de son hospitalisation, vers mars ou avril 1894, il se soit vécu victime d'un complot visant à le transformer en femme afin que son corps soit livré à un homme pour des abus sexuels. À cette époque, il ne pouvait bien sûr s'agir que de Flechsig.

L'hypothèse d'une poussée libidinale homosexuelle est encore corroborée – en psychanalyse les hypothèses ne donnent pas lieu à la mise en place d'un protocole expérimental qui pourrait les infirmer, mais à des corroborations d'une richesse telle que leur fausseté devient fort improbable – par le fait que le délire proprement dit se soit brutalement déclenché au moment où sa femme qu'il voyait tous les jours s'est absentée pour aller chez son père. Ses pollutions nocturnes pendant cette absence sont en nombre inaccoutumé. Et Freud ajoute qu'à 51 ans, une certaine involution de la fonction sexuelle peut déjà conduire la libido vers d'anciens investissements – Freud a lui-même 55 ans lorsqu'il écrit cela.

C'est une théorie bien étrange, concède Freud, que de penser qu'un sentiment de sympathie pour un médecin se soit amplifié au point d'éclater huit ans plus tard en un délire. Il a donc recours à l'hypothèse d'un transfert, d'une transposition de ce qu'il avait éprouvé à l'égard de son père ou d'un frère. Il a lu quelque part que tous deux sont morts et a remarqué que Schreber est resté très attaché à leur souvenir : « La mémoire de mon père et de mon frère [...] m'est aussi sacrée que [...] », etc. Celui dont il avait une forte nostalgie – Freud pense surtout au père – est devenu son persécuteur par l'intermédiaire de Flechsig lors du réveil d'un « fantasme de désir de nature féminine (homosexuel passif) ».

Freud s'efforce alors d'expliquer le passage de Flechsig à Dieu comme un moyen de dédommager le moi blessé par une homosexualité inacceptable. Le délire des grandeurs d'une relation avec Dieu dérive du délire de persécution par Flechsig. Le moi s'est enflé par un mécanisme de compensation à la dimension d'un Dieu créateur. Schreber s'est vécu destiné à recréer toute la race humaine. Notons, même si Freud ne l'a pas dit, que l'ajournement de cette recréation a réintroduit un certain sens de la réalité. La réalisation de cette ambition délirante est en effet pensée comme asymptotique par Schreber et non pas comme immédiate. Ce qui est encore à venir, ce qui est indéfiniment différé, peut faire office d'un manque qu'on reconnaît. Cela n'est arrivé à Schreber qu'après quelques années de flambée délirante.

Freud s'interroge aussi sur les nombreuses subdivisions présentes dans ce délire. Les persécuteurs sont au nombre de deux : Flechsig et Dieu, Flechsig se divise en un « Flechsig supérieur » et un « Flechsig du milieu », et Dieu en un « Dieu supérieur » et un « Dieu inférieur ». « Une telle division est tout à fait caractéristique des psychoses paranoïaques », écrit Freud. « Cette bipartition serait la réaction paranoïde à une identification antérieure entre deux personnes ou à leur appartenance à une même série. » Freud formule ainsi l'idée que Dieu représente le père et Flechsig le frère aîné, le délire étant le décalque de l'histoire des liens affectifs. Notons que Freud écrit qu'il a pensé cela avant de savoir que Schreber avait effectivement eu un frère aîné.

Ce qui pour Freud étaye encore l'hypothèse que Dieu est une représentation du père, c'est l'attitude de Schreber à son égard. Il note chez lui un « curieux mélange de critique blasphématoire, de rébellion, d'insubordination et de dévotion respectueuse » ; or, « nous connaissons parfaitement l'attitude infantile qu'ont les garçons envers leur père ; elle implique ce même mélange de respectueuse soumission et d'insubordination révoltée ». Freud a appris que le père de Schreber était un médecin éducateur célèbre. Dès lors, quand

Schreber écrit que Dieu ne comprend rien aux vivants et ne connaît que les cadavres, n'est-on pas en droit d'y lire une remarque ironique à l'égard de ce père médecin ? En outre, on sait bien qu'un médecin est censé opérer des miracles. Or la guérison de son hypocondrie a sans doute fourni l'idée qu'un miracle avait effectivement été accompli. Lorsque Schreber évoque des miracles souvent absurdes et stupides, cela ne vient-il pas le confirmer ? Freud rappelle ce qu'il a écrit à propos des rêves absurdes : ce sont souvent des critiques adressées au père. Et il rapporte un passage de Schreber sur Dieu : « Toute tentative d'exercer sur lui une influence éducative doit être abandonnée comme étant sans espoir. » Freud va plus loin encore dans son argumentation : Schreber n'aurait-il pas réprimé *le souhait d'un meurtre du père,* ce qui se serait traduit par un *effet de retour d'une autoaccusation* ? C'est Dieu qui assassine son âme et non pas lui qui assassine Dieu. Telle serait l'origine de « l'assassinat d'âme ».

Freud élargit ensuite le regard qu'il porte sur le Dieu de Schreber : « Nous allons à présent risquer une interprétation de la curieuse structure que Schreber prête à l'Être divin. » Les empires antérieurs de Dieu, appelés vestibules du ciel, dépêchent des oiseaux miraculés qui sont des jeunes filles. Cela ne signifie-t-il pas qu'il y a une part féminine chez Dieu ? Le traducteur de Freud a d'ailleurs noté que *Vorhof,* le vestibule, désigne aussi une région des organes génitaux externes de la femme. Quant à la bipartition entre un Dieu supérieur et un Dieu inférieur, n'est-elle pas elle aussi le souvenir de ce qu'après la mort prématurée du père un frère aîné a pris sa place ? Quant au soleil enfin, l'organe de transmission de Dieu, qui parle à Schreber et que celui-ci injurie copieusement, il serait lui aussi un *symbole universel du père* selon un Freud sans doute influencé ici par Jung.

Freud récapitule : nous sommes en présence d'un « complexe paternel » *(Vaterkomplex).* Le conflit avec Flechsig puis avec Dieu traduit un conflit infantile avec le père. Et la source de ce conflit ne saurait être qu'un refus d'une menace de castration venue limiter une masturbation infantile, ou plus généralement l'autoérotisme. Une telle menace serait à l'origine du fantasme de la transformation en femme. Le délire de Schreber ne déclare-t-il pas von W. semblable à ce voisin qui, d'après les voix, l'aurait accusé d'onanisme ? L'hypocondrie, l'idée que l'on veut détruire sa raison, le pompage de la moelle épinière par ces petits hommes qui ne sont peut-être que des spermatozoïdes, tout cela n'est-il pas une allusion massive à la masturbation ? Le devenir-femme de Schreber serait alors comme un retour à l'attitude féminine des premières années à l'égard du père.

La métamorphose est probablement liée aussi à cette idée de Schreber que s'il avait été une femme, il aurait su mieux s'y prendre que son épouse pour avoir des enfants. Un élément ignoré de Freud a pu également jouer : Flechsig faisait pratiquer des castrations par un chirurgien pour « guérir » certains malades mentaux dont il avait la charge, ce dont Schreber devait avoir connaissance.

Dans une troisième partie de son texte, intitulée « Du mécanisme de la paranoïa », qui fait suite à « L'histoire de la maladie » et aux « Essais d'interprétation », Freud se demande pourquoi le complexe paternel ne s'est pas manifesté par une simple névrose, car en soi ce complexe n'est en rien caractéristique de la paranoïa. Il lui semble que c'est une défense contre un fantasme de désir homosexuel qui constitue le point central de la paranoïa. Toute la clinique va dans ce sens. C'est son affirmation fondamentale.

Mais comment les désirs homosexuels interviennent-ils dans la genèse de cette paranoïa ? Il existe selon Freud un stade très archaïque des investissements de la libido, le *narcissisme,* qu'il raccourcit en *narcisme* (comme pour Sigismund devenu Sigmund). Cette phase où l'objet d'amour est le sujet lui-même se prolonge parfois un certain temps. Il en va ainsi de la paranoïa. *La paranoïa est d'abord une folie narcissique. Le narcissisme implique un investissement libidinal particulièrement fort des organes sexuels*, ce qui explique *le passage du narcissisme à l'homosexualité*. Évolution qui peut être revécue à l'occasion d'une déception avec les femmes.

Ce fantasme de désir homosexuel, qui s'énonce comme « aimer un homme », se décline de diverses manières selon les paranoïas comme autant de refus. La phrase « Je l'aime (lui, l'homme) » peut être renversée en « Je ne l'aime pas, je le hais », puis « Je le hais » en « Il me hait ». Tel est le délire de persécution. L'érotomanie transforme encore autrement la phrase : « Ce n'est pas lui que j'aime, c'est elle que j'aime, parce qu'elle m'aime. » Le délire de jalousie offre une troisième traduction : « Ce n'est pas moi qui aime l'homme – c'est elle qui l'aime. » Dans le délire des grandeurs enfin, on obtient : « Je n'aime que moi. » Freud fait dériver ainsi toutes les paranoïas d'une même phrase fondamentale. Lacan verra dans ce souci la mise en avant du signifiant au détriment de la signification.

Mais le mécanisme central dans la production du symptôme paranoïaque est pour Freud *la projection* : le sujet situe à l'extérieur ce qui est à l'intérieur. *Dans le conflit entre son moi et le monde, c'est le monde qui finit par céder la place :* le monde entier est détruit pour satisfaire le fantasme. L'idée de fin du monde signe le retrait de la libido. Au moment de la reconstruction, dans la phase de « guérison », il s'avère que « ce qui a été aboli au-dedans, revient du dehors » *(daß das innerlich Aufgehobene von außen wiederkehrt).* Freud se promet d'étudier une autre fois la projection, car là réside le mystère fondamental. C'est le retrait de la libido de la personne de Flechsig qui a initié celui du monde entier. À cet égard, la vision qu'a Schreber des rayons-spermatozoïdes (ainsi dénommés parce qu'ils peuvent engendrer) qui se retirent du monde et convergent vers lui serait une extraordinaire perception de la réalité endopsychique du retrait de la libido du monde et de sa réintégration dans le sujet.

Dans l'appendice ajouté au texte, Freud développe de nouveau le symbole paternel du soleil. Schreber prétend pouvoir le regarder sans en être ébloui, un peu comme les membres de certaines tribus dont le totem est l'aigle, l'aigle étant le seul animal supposé capable de cet exploit. Regarder le soleil est pour Freud une véritable ordalie, dont la finalité est de reconnaître l'appartenance de Schreber au monde du soleil. Et cette ordalie sert à établir la paternité. C'est au fond ce que cherche Schreber : avoir en lui ou sur lui la paternité du père. Le fait de se désigner comme issu de la plus haute noblesse – « les Schreber appartiennent à la plus haute noblesse céleste » *(die Schreber gehören des höchste himmlische Adel an)* – vise cette reconnaissance. Freud va jusqu'à énoncer très lacaniennement que l'*Adler,* l'aigle, l'animal totémique, est proche de l'*Adel,* la noblesse.

Il tente visiblement d'ouvrir tout l'ontogénétique de son texte au phylogénétique de la mythologie. N'est-il pas là, à propos du père, sur le chemin de traverse entre une explication historique et une explication structurale ? Il tourne ici en tout cas autour d'un autre père que le père réel. Et si nous lui appliquons sa propre méthode, n'est-il pas pensable qu'il conçoive l'appel à une reconnaissance de la part du père comme un aspect de la force de la poussée libidinale ? Schreber est à tous égards un « aspirant père », et cela même de façon libidinale.

Ces dernières remarques nous introduisent à la notion de père telle que Lacan l'a élaborée dans son exploration de la psychose de Schreber.

La famille de Schreber

Mais avant d'aborder la théorie de Lacan, revenons aux circonstances les plus anciennes de ce délire : essentiellement la relation de Schreber à son père réel, que détaillent les travaux de William Niederland [4], de Han Israëls [5], de Daniel Devreese [6], de Francis Croufer [7], et de bien d'autres. Un aspect essentiel du délire tient à ce qu'on pourrait appeler *un marquage du père* – c'est une suite donnée à l'ordalie de Freud. Difficile en effet de faire fi du père réel, dans la mesure où Schreber paraît avoir cherché en un temps présent un réel de la marque du père qui comportait un « noyau de vérité historique », selon l'expression de Freud rappelée par Niederland.

Niederland a montré dans les années 1950 l'étonnante analogie entre certains détails des idées de persécution manifestées par Schreber et certaines recommandations données par son père, en particulier dans ses ouvrages sur l'éducation des enfants et ses manuels d'orthopédie. Nombreux sont ceux qui, suivant en cela une théorie traumatique, en ont conclu que le père de Schreber avait été un impitoyable tyran qui aurait pesé sur sa famille. La persécution délirante de Schreber s'inscrirait ainsi dans une persécution réelle de la part de son père. Cette théorie a heureusement été infléchie par l'immense et

4. W.G. Niederland, « Le “monde miraculé” de l'enfance de Schreber » ; « Nouvelles données et événements mémorables sur le cas Schreber » ; « Schreber et Flechsig : encore une contribution au “Noyau de Vérité” dans le système délirant de Schreber », dans *Le cas Schreber, op. cit.*, p. 227-259, 330-347, 348-355, 419-431, 467- 475.

5. H. Israëls, *Schreber, père et fils,* Paris, Le Seuil, coll. « Le champ freudien », 1986 ; *Schreber inédit,* Paris, Le Seuil, coll. « Le champ freudien », 1986.

6. D. Devreese, « Anatomie du meurtre d'âme » ; « Metamorphosis sexualis paranoica », dans *Schreber et la paranoïa. Le meurtre d'âme*, Paris, L'Harmattan, 1996, p. 79-133, 237-258.

7. F. Croufer (anonyme à l'époque), « Une étude : la remarquable famille Schreber », *Scilicet,* n° 4, Paris, Le Seuil, coll. « Le champ freudien », 1973, p. 287-321.

scrupuleux travail d'un jeune sociologue hollandais, Han Israëls, dont la lecture est par ailleurs fort édifiante sur la manière qu'ont les psychanalystes de se copier les uns les autres et d'extrapoler des faits à partir de simples suppositions. Sa lecture devrait nous rendre définitivement modestes. Il n'en demeure pas moins que Moritz Schreber était un homme très particulier, dont les principes, plus que ceux d'un père, étaient ceux d'une mère hyperprésente, éducatrice et hygiéniste à tout crin.

Il ressort de ces biographies que, d'une certaine façon, *le fils place son délire dans le père, qu'il se met dans ses traces, dans ses pas, au sens large et plus spatial que l'idée même de trace ou de pas*, et c'est cela qu'il nous faut détailler. Schreber ne répète pas seulement des traumatismes subis ou non dans l'enfance, il imite ou vit activement, au présent, le paternel dans le sens le plus vaste. Toute la difficulté est de concevoir ce geste que pour l'instant nous ne pouvons décrire que comme un « supertoucher » du père de la part du fils, où la parole qui lui arrive en tête se retourne sur elle-même en un prodigieux mythe évhémerien et prétend retrouver le contact des choses dans ses mots, ce qui ne saurait être qu'une erreur, en y séparant le signifiant de sa signification. C'est même tout l'effort du délirant, comme on le verra avec Lacan, que d'écarter le sens, l'imaginaire, dans l'espoir insensé que la parole puisse retrouver le réel, réel qu'il nous faudra aussi définir.

Certains miracles prétendument subis correspondent parfaitement à l'effet subjectif au niveau du corps de la mise en place des appareillages orthopédiques de son père, tels qu'ils ont été décrits dans ses livres. L'un des plus connus est le miracle de l'« oppression thoracique » *(Engbrüstigkeitswunder)* que Daniel Paul Schreber décrit ainsi dans ses *Mémoires* : « [...] toute la cage thoracique se trouvait alors comprimée, en sorte que l'état de suffocation provoqué par la détresse respiratoire se communiquait à tout le corps ». N'évoque-t-il pas là le *Geradehalter* (le mainteneur droit), cet appareil inventé par son père pour que les enfants se tiennent droits ? Ce système composé de deux barres de fer, l'une attachée à la table et l'autre horizontale appuyée sur la poitrine, empêche tout mouvement en avant ou de côté. Le *Kopfzusammenschnürungswunder* (miracle de la compression de la tête par nouage) du délire n'est pas sans rappeler le *Kopfhalter* (le mainteneur de la tête) du père, sorte de casque à mentonnière, destiné à assurer un développement correct des mâchoires, du menton et des dents. Porté une à deux heures par jour, il est remplacé le reste du temps par un système de lanières de cuir, tenues par des tiges. Le fait que Schreber soit empêché de marcher par voie de miracle sur ses rotules correspond bien à l'effet de certains appareils destinés à éviter les jambes arquées. « On provoquait des miracles sur chacun de mes muscles » écrit Schreber. Les traités d'orthopédie de son père concernent quasiment l'ensemble du squelette et tous les mouvements.

Schreber a-t-il réellement subi ces contraintes ? Rien n'est moins sûr d'après Han Israëls. Moritz Schreber était un médecin orthopédiste spécialisé dans les déformations du squelette des enfants, ses appareils étaient à vocation thérapeutique. Il n'en a pas forcément fait usage sur ses propres enfants. Soutenir que le fils a subi ces contentions est pure extrapolation et très réducteur. L'erreur est du même ordre que celle qui attribue l'hystérie à une séduction réelle.

Ravaler à la seule réalité ce qui est le plus souvent et surtout un fantasme réduit à néant la subversion de 1897 de Freud, lorsqu'il attribue l'hystérie à un fantasme et non plus à une séduction paternelle réelle. Invoquer une tyrannie réelle du père écrase le fantasme, le désir et finalement le sujet lui-même. N'est-ce pas une telle réduction qui constitue une sorte d'« assassinat d'âme » ? Lorsque Morton Schatzmann, dans son ouvrage *L'esprit assassiné (Soul Murder*[8]*)* paru en 1973, fonde le délire de Schreber sur une persécution réelle exercée par son père, ne met-il pas, d'une certaine manière, en acte ce qu'il croit dénoncer ? Ce qui permet de penser que le délire de Schreber n'est pas nécessairement issu des actes paternels est, par exemple, la description délirante des petits hommes enserrant sa « tête dans une sorte d'étau, en tournant une espèce de manivelle filetée ». Elle correspond très précisément à l'une des images rapportées dans le *Schreber, père et fils* d'Israëls : un grand pas de vis servant à effectuer des mouvements avec une manivelle y est dessiné avec un petit homme qui la tient à deux mains. Un carrousel à plusieurs rayons rapporté à la page précédente offre l'image d'un pilier central qui se prolonge vers le haut en plusieurs bois incurvés tout comme la tige

8. M. Schatzmann, *L'esprit assassiné,* Paris, Stock, 1974.

centrale d'un parapluie avec ses baleines. À l'extrémité des bras, lanières et ressorts composent un système fort complexe qui enserre la tête et le tronc de deux petits bonhommes. C'est la nette évocation de l'« arrimage aux rayons » et de l'« arrimage aux terres » avec les rayons qui descendent de la voûte céleste et tournent autour de la tête. Peut-être Schreber a-t-il seulement vu ces images et s'y est-il simplement glissé. Il n'a certainement pas subi la totalité de cette orthopédie. Il s'est mis dans le geste médical de son père.

De même s'est-il placé dans ses conseils d'hygiène. Dans l'un de ses livres *(Plan systématique pour augmenter l'acuité des organes sensoriels)*, Moritz Schreber préconise certains exercices oculaires pour l'enfant : se concentrer sur des objets, comparer les impressions visuelles qu'ils suscitent, évaluer les distances, etc. À propos du « miracle de la direction du regard » Schreber note ainsi : « On communique à mes yeux, par une action appropriée sur mes muscles oculaires, l'orientation nécessaire pour que mon regard tombe sur les choses qui viennent d'apparaître. » Le père conseille d'endurcir progressivement un enfant par des ablutions à l'eau froide. Le fils parle du « miracle du froid » et du « miracle du chaud ». Le père recommande les clystères, « moyen laxatif le plus subtil, ils sont aussi bienvenus et excellents dans le but d'une thérapeutique tranquillisante, antispasmodique, antistimulante, nourrissante ». Le fils évoque le caractère miraculeux de toute défécation comme de tout empêchement pour aller à la selle.

Moritz Schreber était-il le tyran que l'on a décrit ? On a fait appel à ses impulsions homicides évoquées dans le dossier de la première hospitalisation du fils. Mais, d'après certaines pages probablement autobiographiques du père, il semble plutôt qu'il ait souffert de ce qu'on a appelé à une certaine époque « phobies d'impulsion » ou plus récemment « troubles obsessionnels compulsifs (TOC) ». C'est la peur de passer à l'acte, de se jeter sous un train, de proférer des insanités à l'église, de se déshabiller dans la rue, de planter un couteau dans le ventre du premier venu, etc. Le passage à l'acte effectif ne se produit jamais dans cette névrose.

Il est difficile de voir en Moritz Schreber un prénazi assassinant ses enfants. Il fut probablement un doux tyran trop occupé de sa famille et entièrement pris dans l'idéal *Mens sana in corpore sano*. Il emmenait femme et enfants pour de grandes marches, allait avec eux patiner, nager… et expliquait la nature à ses enfants. Dans ses *Mémoires,* la sœur de Schreber, Anna Jung, morte à 103 ans, n'a rien exprimé de désobligeant envers son père. Il semble avoir été extrêmement présent, au point que l'on peut se demander si de tels soucis d'éducation et d'orthopédie ne relevaient pas plutôt d'un fantasme proche de celui de son fils, celui d'être une mère. Il passait tout son temps à former ses enfants.

Daniel Paul Schreber paraît, à beaucoup d'égards, avoir voulu marcher dans les traces de ce père. Ses deux hospitalisations se produisent à des âges plus ou moins significatifs de ce point de vue. La première à 42 ans, c'est-à-dire l'âge de son père lorsqu'une vraie cassure a lieu dans sa vie. Moritz Schreber, adepte fervent de gymnastique, a reçu une lourde échelle en fer sur son crâne. Par la suite, il a souffert de violents maux de tête, est devenu dépressif, il s'enfermait souvent dans sa chambre et s'est pratiquement retiré de la vie publique. Il est mort le 10 novembre 1861, à l'âge de 53 ans, d'une appendicite perforée. Daniel Paul Schreber entrait dans la cinquantaine au moment de sa seconde hospitalisation, caractérisée entre autres par l'idée d'être mort, et en novembre 1895, à 53 ans, précisément, il signale un grand changement dans son existence, un « tournant capital » : il est désormais en paix avec son destin de femme. Il ne pouvait de toute évidence se soutenir homme au-delà du temps imparti à son père. Ses deux hospitalisations ont eu lieu comme par hasard en novembre, le mois du décès du père. On peut aussi remarquer qu'à la première difficulté survenue au début de sa seconde hospitalisation, il s'est accroché à un billard alors qu'on l'emmenait de force dans une autre pièce. Or, le billard n'était pas rien puisque c'était le seul motif pour lequel son père s'absentait de la maison.

Dans son délire, Schreber habitait aussi des mots et des phrases de son père qui ne concernaient pas le corps. Mais il s'agissait de la même aliénation. « La matière et l'âme, écrit Moritz Schreber, sont inséparables : il n'y a pas de matière à laquelle n'échoirait l'une des forces naturelles les plus communes, ni de force qui ne serait liée à une matière. Comme la force est présente partout, comme raison à nous inconnue de l'activité, il n'y a dans toute la nature rien de réellement mort. Ce que nous appelons la mort n'est à la vérité qu'un changement de forme, ce n'est pas un anéantissement. » On retrouve ces idées dans les axiomes énoncés au début des *Mémoires* par le fils. Moritz évoque aussi l'effet des punitions très tôt infligées à l'enfant : *« Man ist den Herr des Kindes für immer »* – on est le maître (ou seigneur) de l'enfant pour toujours. La phrase sonne de façon quasi religieuse, comme celle du délire.

Concernant le soleil, Daniel Paul a des mots qui sont comme préparés par son père. « On ne doit pas considérer le soleil comme une puissance extérieure à Dieu ; d'une certaine manière, il faut l'identifier à Dieu lui-même, c'est-à-dire qu'on doit se représenter le soleil comme étant parmi les instruments du pouvoir divin de faire des créatures miraculeuses, le plus proche de la Terre. » Moritz, partisan de l'héliothérapie, préconisait l'exposition quotidienne des enfants malingres au soleil. Le terme de « rayons », si essentiel dans le délire du fils, apparaît sans cesse sous la plume du père, par exemple : « On doit souvent rappeler avec douceur à l'enfant de se mettre lui-même en présence de Dieu à la fin de la journée, afin de mirer son moi intérieur dans les purs rayons du concept divin », ou encore : « Dans ses prières, l'enfant doit laisser les purs rayons de Dieu pénétrer jusqu'à lui. » Et notons cette autre maxime de Moritz : « Réfléchis à ce qu'un Dieu habite ton corps, et que le temple soit à jamais tenu à l'abri de la profanation », car « le corps est la racine de l'arbre de vie spirituel et de l'existence terrestre, il est le temple d'un divin ».

Un livre de Moritz a pour sous-titre : *« Der Wunderbau des menschlichen Organismus »* (« La construction merveilleuse de l'organisme humain »). Le fils utilise les termes de *« Wundervoller Aufbau »* à propos de la création continue par Dieu des êtres à partir des âmes. Et il ajoute : « De nouveau une expression que je n'ai pas inventée [...] me fut alors suggérée de l'extérieur, l'expression de "construction merveilleuse" ». Han Israëls évoque encore une autre de ces reprises. Le fils écrit : « Une besogne entreprise doit être achevée, voilà la formule par laquelle on exprimait l'idée que ce que l'homme entreprend, il faut qu'il le conduise au terme fixé sans que des influences viennent se mettre en travers », quand, dans *L'ami du foyer,* le père recommande : « Ce qui a été promis ou décidé doit être mené à bien aussi loin que possible, ne fût-ce que parce que la chose a été promise ou décidée. » Et le père déclare plus loin qu'« en dépit de la punition infligée reste la possibilité de se racheter ». Israëls met cette dernière phrase en relation avec l'inversion de sens caractéristique de la langue fondamentale où « récompense » signifie « châtiment ».

L'universelle présence du paternel se signifie encore autrement que par le vécu corporel ou par « la *Weltanschauung* du père », comme l'a écrit Niederland. Rijnders a attiré l'attention d'Israëls sur la correspondance anagrammatique entre Ormuzd et Moritz, nous l'avons déjà évoqué. Il suffit de changer *i* en *u* et, ce qui n'est pas grand-chose, *t* en *d*, et de changer l'ordre des lettres. Dans les *Mémoires*, il y a un révérend père dont le nom était quelque chose comme Starkiewicz. C'est une fois encore une allusion au père qui fut dans sa jeunesse le médecin privé d'un barine (seigneur) russe nommé Stakowitch.

Schreber a également, on le sait, marché dans les pas de certaines figures paternelles. Son frère aîné Gustav était juriste, il s'est suicidé en 1877, à l'âge de 38 ans, alors qu'il allait être nommé à un poste très élevé à Berlin. On a d'ailleurs retrouvé une invitation personnelle du chancelier Bismarck. Daniel Paul a lui aussi commencé son délire peu après sa nomination à Dresde annoncée par le ministre de la Justice. Et toutes les significations politiques de son délire sont reliées à Bismarck et aux idées proprussiennes de son père.

Plusieurs schrébérologues ont exploré ces données. La fameuse déclaration de Bismarck en 1872 au Reichstag : « *Nach Canossa gehen wir nicht* » (nous n'irons pas à Canossa), rappelle l'épisode de 1077 où l'empereur saxon Henri IV, excommunié, s'humilia à demander pardon au pape Grégoire VII à Canossa en Tuscie[9]. Dans sa lutte pour un empire allemand sous tutelle prussienne, Bismarck s'était opposé aux catholiques, aux socialistes, et aux minorités ethniques. Les Schreber, bourgeois de Saxe et protestants intellectuels, étaient des proprussiens et, comme beaucoup de Saxons, en difficulté parce que le roi de Saxe était catholique. Le délire de Schreber résonne d'allusions à une persécution des proprussiens et des protestants, à l'initiative par exemple de la corporation étudiante *(Burschenschaft)* Saxonia qui était opposée à la Wartburg, dont faisait partie Schreber.

9. Premier nom de la Toscane, les Tusci étaient les Étrusques.

Le château de Canossa en Tuscie évoque le titre pompeux et délirant que les voix donnent aux Schreber : « Margraves de Tuscie et de Tasmanie ». Il est probable que la Tuscie renvoie au château de Canossa et donc à Bismarck. La Tasmanie était une colonie pénitentiaire anglaise, un lieu de bannissement, ce qui selon Niederland signifiait donc l'asile psychiatrique. Niederland a également découvert des allusions au père dans le nom de Casati, lui aussi présent dans le délire. Casati était un explorateur qui avait participé aux expéditions africaines d'Emin Pacha (alias le docteur Schnitzer) et de Stanley. Emin Pacha, décédé en 1892, s'était fracturé le crâne en 1889, au cours d'un grave accident. La similitude avec l'accident du père est évidente. Une expédition était partie de Lado, que l'on retrouve dans Ladoga, qui désigne aussi un lac russe. Traverser la terre du *Ladogasee* (lac Ladoga) jusqu'au *Brasilien* (Brésil), n'est-ce pas également aller du « Lado paternel » à l'« asile », de la Tuscie à la Tasmanie ? Le père est apparemment recherché à travers des connexions dignes d'un cruciverbiste. Sans doute est-ce non pas le sens qui compte ici au travers des mots, mais les traces réelles qu'elles comportent, bien au-delà du sens.

La chose paternelle était aussi pour Schreber sa lignée paternelle dont il connaissait bien l'histoire, et c'est dans cette lignée qu'on peut également, à la suite de Devreese, chercher l'« assassinat d'âme » supposée à l'origine de sa persécution. Ses ancêtres furent tous de grands intellectuels protestants. Déjà chez un Johann David Schreber (1669-1731), auteur d'un ouvrage *Sur les livres obscènes,* s'énoncent une attaque contre les confesseurs catholiques et l'idée que le mariage ne serait destiné qu'à « la propagation du genre humain ». Un de ses fils, Daniel Gottfried (1708-1777) – on retrouve dans ce prénom la « paix de Dieu » du délire –, fut un économiste brillantissime, d'une grande érudition, professeur à l'université de Leipzig. Il s'est marié deux fois. Le fils issu du premier mariage, Johann Christian Daniel (1739-1810), fut très précoce. Dès l'âge de 16 ans, il rédigeait des articles qui furent publiés dans la collection des œuvres paternelles. Le second fils, Johann Gotthilf Daniel (1754-1837) – Gotthilf signifie « aide de Dieu » –, enfant du second mariage, de quinze ans plus jeune, ne fut qu'un pauvre avocat assez insignifiant dans cette lignée prestigieuse. Son père semble l'avoir négligé. Johann Gotthilf, le père de Gottlob

Moritz Schreber, s'est marié très tard, à l'approche de la cinquantaine, avec une Frederike Grosse, sa cadette de vingt-cinq ans. Nous étions alors à l'époque de Frédéric le Grand. Le fils préféré, Johann Christian Daniel, devint un grand naturaliste, élève de Linné à Upsala, auteur d'un livre sur les *Nouvelles espèces d'insectes,* thème qui alimente également le délire de Schreber sous la forme des insectes miraculés. Johann Christian Daniel fut anobli en von Schreber en 1791 – rappelez-vous le problème de la particule nobiliaire de von W. Johann Christian Daniel n'eut aucune descendance.

Il semble bien que Schreber ait pensé cette lignée du fils mal aimé par le père comme une lignée écartée d'une certaine succession. Ce bannissement expliquerait selon Devreese le terme de « margraves » (les margraves sont les nobles des marches, des confins d'un royaume), allusion à l'explication donnée par Feuerbach (le père du philosophe) à l'énigme de la naissance de Kaspar Hauser, le mystérieux enfant trouvé. Kaspar Hauser aurait été le dernier des margraves de Bade, descendants de Stéphanie Tacher de la Pagerie, fille adoptive de Napoléon Bonaparte. Lignée évincée tout comme celle de Daniel Gotthilf, d'autant que des documents témoignent d'un conflit de succession entre la lignée noble des Schreber et la lignée pauvre, celle du père de Moritz. Daniel Paul Schreber a sans doute conçu cette éviction comme un meurtre d'âme, terme que l'on trouve chez Strindberg, mais qui vient de Luther accusant le Pape en 1522, et qui, introduit dans la législation allemande, a désigné l'intention de nuire à la santé sous le concept de *« noochiria »* par un certain Tittmann. Chez les margraves de Bade, tout comme chez les Schreber, il y eut trois filles, et deux garçons qui moururent tragiquement (dont Kaspar Hauser). Ainsi donc les traces du père se sont manifestées également comme des traces de la lignée. Il s'agit là d'un autre « noyau de vérité historique ».

Le transfert sur Flechsig aurait lui aussi des fondements réels. Le père de Flechsig était en effet un théologien ami du musicien Schumann, dont la femme, Klara, avait justement donné son prénom à la plus jeune sœur de Schreber. Cette Klara Schumann était une amie de Pauline Haase, la mère de Schreber ; elle avait joué dans le *Freischütz* de Schumann auquel Schreber fait allusion. Il semble qu'il existe bien d'autres jonctions réelles entre les deux noms. Le père de Flechsig, par exemple, a été reçu chez Andreas Haase, le grand-père maternel de Schreber. À la lumière de ces travaux minutieux, on peut se demander si le transfert de Schreber sur Flechsig n'était pas fondé avant tout sur un noyau réel, sur un contact réel entre les deux lignées. Dans un délire, ce réel est sans doute plus important que l'effet de signifiant.

Le réel surgi de l'écart entre le symbolique et l'imaginaire

Pour émerger et acquérir pareille importance, ce réel, qu'il nous faudra définir, nécessite la désolidarisation entre le registre symbolique du jeu des signifiants et celui imaginaire de la seule signification, c'est-à-dire du signifié. Comme si cette désunion libérait un passage pour ce réel. C'est peut-être l'essentiel et la chose la plus complexe que Lacan ait dite dans le séminaire sur *Les psychoses*[10].

Son texte, d'une richesse infinie, constitue certainement la plus grande avancée qui soit dans le mystère du délire. Lacan interprète le délire hallucinatoire de Schreber comme s'il provenait d'une sorte de diffraction – il évoque à plusieurs reprises un phénomène de frange, se réfèrant sans doute aux franges d'interférence lors de la décomposition spectrale de la lumière – entre le registre symbolique du signifiant et le registre imaginaire de la signification ou du signifié de la parole, contrairement à la névrose, où les deux registres sont plutôt confondus ou superposés au point qu'il est possible de soutenir que l'imaginaire ou la signification empêche d'y entendre l'hallucination qui y serait toujours présente.

L'autonomisation du registre imaginaire dans la psychose produit cette étrange relation en miroir entre Schreber et Dieu où « l'un offre à l'autre son image inversée » selon l'expression de M. Safouan[11]. De cette relation spéculaire s'origine le thème central du délire. Il y a en effet dans tout délire un tel rapport d'exclusivité en miroir. Chez Schreber, il existe avec le monde entier. Chaque point du monde, chaque étoile, chaque homme, chaque mouche le concerne personnellement et reflète quelque chose de lui. La totalité du monde est

10. J. Lacan, *Les psychoses. Le Séminaire, Livre III*, Paris, Le Seuil, 1975.
11. M. Safouan, *Lacaniana*, Paris, Fayard, 2001, p. 43-58.

soumise à cette aspiration imaginaire et décrochée de sa subsistance externe.

Il y a en outre dans le délire de Schreber une autonomisation du registre symbolique, c'est-à-dire du registre des signifiants, en tant qu'il s'oppose à celui des signifiés, selon la distinction établie par de Saussure. C'est pour Lacan cette autonomisation qui crée le phénomène des hallucinations auditives. Contrairement à ce que l'on croit, l'hallucination n'est pas une sensorialisation des mots, la voix des délirants n'est pas réellement entendue, eux-mêmes en conviendraient d'ailleurs. Elle est un effet du débranchement du signifiant de son signifié. Les signifiants du murmure intérieur, en principe silencieux, qui accompagne une vie, s'y autonomisent, non seulement du signifié, mais aussi entre eux, l'un par rapport aux autres, ou, pour reprendre une idée d'Érik Porge, s'y « autonymisent », c'est-à-dire y deviennent leurs propres référents, comme lorsqu'on dit que « le chiot est bisyllabique » ou que « le chat est un substantif ». Par la simple allusion à leur poétique ou à leur grammaire, les mots « chiot » ou « chat » résonnent davantage et « parlent » déjà autrement. Dans l'hallucination, chaque mot, et tout le langage au-delà du mot, n'y parle que de sa sonorité. Il se sonorise en même temps qu'il fait ce qu'il dit.

Mais d'où provient un tel écart entre signifiant et signifié ? Lacan le dit lié à l'absence de ce qui d'ordinaire les noue ensemble, à savoir un signifiant très particulier, ayant donné matière à des catéchèses et des gloses plus ou moins obscures faute de retourner aux sources textuelles. Ce signifiant articule l'ordre signifiant à celui de la signification, du signifié, tel le point de capiton du matelassier qui réunit, grâce au bouton, les deux surfaces d'un matelas. Lacan appellera ce signifiant Nom-du-Père.

Sa présence est ce qui permet à un sujet de signifier qu'il est ou sera père, *qu'il est ou sera quelqu'un qu'on peut nommer « père »,* et qu'il ne l'est ou ne le sera que par cette seule nomination, indépendamment de tout ce que l'on sait de sa biologie. Ce signifiant manquait totalement à Schreber, et le séminaire de Lacan tente de le démontrer. Il aurait fallu à Schreber l'avoir à sa disposition ou plutôt en être, au moment où il était sollicité pour se « positionner » comme tel par le ministre, pour siéger parmi les « pères », alors qu'il ne pouvait par ailleurs être un père ayant des enfants. Il n'y avait rien en lui pour répondre à une telle interpellation. La rencontre d'un vide en lui et à cet endroit a eu pour premier effet de le renvoyer à une position féminine imaginaire, et plus précisément féminine procréatrice.

Faute de soutenir une position de « père » au sens procréateur, devant l'étrangeté radicale de cet « être père » qui allait être sa condition professionnelle, il rêve qu'il serait beau d'être une femme subissant l'accouplement – il s'agit sans doute déjà du rêve d'un accouplement procréateur. C'est le début de ce qu'il vivra dans son délire : sa transformation en femme génitrice, forme donnée à sa « dévirilisation » (*Entmannung,* qui signifie, rappelons-le, plutôt une soustraction de la qualité virile).

Dès lors se dissout tout l'imaginaire, c'est l'expansion du vide, la destruction du monde et des gens. Bientôt ne subsiste plus qu'un seul élément imaginaire : Dieu, un père imaginaire exponentiellement surgonflé au point d'absorber l'ensemble du monde, un père qui reste de son côté, et avec lequel il sera en rivalité. Alors surgissent les voix, des paroles qui ne se bouclent sur rien, qui signifient l'autonomie du signifiant, lequel se met à vibrer à sa seule place, à se sonoriser, corrélativement au trou imaginaire. Plus tard, Schreber se laissera « être femme » et femme « procréatrice », pour lui permettre une restauration du monde imaginaire détruit, bien qu'il n'ait pas changé autant qu'il le croyait, et qu'il pense surtout engendrer une humanité nouvelle dans une sorte de rédemption. Faute d'« être père », il se rabattra donc sur l'« être mère ».

À côté de cette étonnante disjonction entre signifiant et signifié, entre symbolique et imaginaire, et en relation avec elle, il y a dans le délire une extériorisation de ce qui est à l'intérieur. C'est ce qui fonde le réel. Schreber ne fait pas que rêver d'être une femme à l'intérieur de sa tête, il le vit dans sa réalité corporelle extérieure. Pour expliquer cette extériorité, Lacan fait appel à un petit texte très dense et fort connu de Freud : *« Die Verneinung »* (« La négation[12] »), qu'il commente en y introduisant la notion de « symbolisation primordiale » là où Freud évoque une *Bejahung* (« affirmation ») primordiale. Dans cet article, Freud analyse les jugements auxquels nous soumet-

12. S. Freud, « La négation », dans *Résultats, idées, problèmes, II,* Paris, PUF, 1985.

tons une chose de la réalité, en se référant à la philosophie d'Aristote. Il soutient qu'il y a un premier jugement concernant cette chose, le jugement d'attribution, qui en décrit les attributs, les qualités, les particularités, indépendamment de son existence réelle. Sur le plan de l'histoire libidinale personnelle d'un sujet, ce jugement d'attribution ou « affirmation » serait en relation avec une première introduction orale et le maintien en soi de cette chose. C'est une « introjection ». Elle nécessite une appréciation de cette chose comme étant bonne. Elle est bonne si elle n'est pas recrachée, si elle n'est pas exclue. Le second jugement, le jugement d'existence, vérifie si elle existe encore, si dans la circonstance présente elle peut être retrouvée. Lacan considère que le jugement d'attribution est une « symbolisation primordiale ». L'attribution est la création du signifiant, c'est-à-dire l'introduction d'une chose dans le registre où ne fonctionnent que des oppositions, le jour et la nuit, l'homme et la femme, la guerre et la paix, le ciel et la terre, etc. Et ce qui n'a pas été symbolisé subit une « expulsion » *(Ausstoßung)* à l'extérieur, conformément au recrachement freudien de la *Verneinung*. Ainsi se constitue le registre du réel, comme ce qui est exclu. *Mais c'est à mon avis un dehors « encore partout » plutôt qu'un dehors spatialisable ou localisable.*

Lacan reprend alors un concept freudien négligé avant lui, celui de *Verwerfung* (« forclusion » selon sa propre traduction, – ce terme juridique signifie le rejet par prescription). Ce qui est hors de la symbolisation primordiale, ce qui en a été « forclos », revient du dehors. Comme je l'ai proposé, il est encore dans le partout. À l'époque du séminaire sur *Les psychoses,* Lacan se contente de parler de dehors ou de réalité, il n'a pas encore donné de la consistance à son registre réel. Le dehors est imaginarisable, même si cette référence imaginaire est particulière. De cette théorie, l'essentiel à retenir est qu'il manque à Schreber quelque chose qui lui permette d'intégrer comme faisant partie de lui l'« être père procréateur » ou l'« être père » tout simplement, puisque la notion de père se fonde en fait sur celle de procréation : il s'agit pour un homme de concevoir que l'enfant est de lui autant qu'il est de la mère. Cette intégration, cette « introjection » est présente, mais sous une forme délirante, puisque les rayons de Flechsig entrent dans la bouche de Schreber et sont recrachés sous forme d'une pelote. Schreber illustre ainsi les données de la *Verneinung.*

Afin de montrer comment opère le point de capiton du signifiant « père » pour relier signifiant et signifié, Lacan prend l'exemple du théâtre, la scène III de l'acte I d'*Athalie*[13] de Racine. L'action se passe dans le temple de Jérusalem. Un certain Abner, un des principaux officiers de la reine Athalie, y dialogue avec Joad, le grand prêtre du Temple, ennemi d'Athalie, la reine impie, qui s'adonne au culte de Baal. Abner et Joad y sont très allusifs, tous deux s'évertuant à cacher ce qu'ils pensent vraiment. Aucun n'en vient au fait qui lui importe. Ce caractère sans cesse différé de la signification ou du signifié de ce qu'ils disent fait résonner le côté purement signifiant de leurs propos. Chacun pourrait bien dire à l'autre : « Au fait ! » Abner ouvre le dialogue en disant à Joad qu'il vient dans le Temple pour la Pentecôte, que ce jour n'a plus sa solennité d'antan, qu'on oublie Dieu, etc. et enfin qu'il « tremble » qu'Athalie ne se venge sur Joad. Est-il sincère ? On l'ignore. Joad lui demande pourquoi. Abner donne plusieurs raisons, mais pas la vraie : elle hait sa fermeté, son attachement à la religion, elle jalouse son épouse Josabet, elle est influencée par Mathan le grand prêtre de Baal qui déteste lui aussi Joad, le présente comme redoutable et prétend qu'il détient des trésors, etc. Tout se passe « comme si » Athalie craignait qu'« un vengeur armé » ne se cache dans le Temple. Sait-il donc que Joad cache le jeune Joas qui seul a échappé au massacre des descendants de David perpétré par Athalie ? On ignore ce qu'il sait. Joad réplique à un certain moment : « Je crains Dieu cher Abner, et n'ai point d'autre crainte. » Ce signifiant « crainte de Dieu » est pour Lacan un exemple de point de capiton, il boucle la boucle, boucle une unité signifiante et met fin dans le dialogue à l'errance du signifiant de la crainte en quête d'un signifié. Il n'y a maintenant pour Abner plus rien à ajouter. La « crainte de Dieu » a en outre un effet rétroactif sur les propos d'Abner. Sa menace est ainsi arrêtée. Puisqu'il vient honorer Dieu et qu'il tremble pour Joad, il ne sera désormais et n'aura été, lui aussi, que pris dans la « crainte de Dieu ». Joad avance même : « Je crains Dieu, dites-vous… », alors qu'Abner ne l'a pas formulé. C'est une interpré-

13. J. Racine, « Athalie », dans *Œuvres complètes,* Paris, Le Seuil, 1962.

tation forcée, un sens donné au tremblement d'Abner et au reste. Le point de capiton est un centre irradiant rétroactivement et prospectivement une signification qui s'empare de tout le discours.

Pour Lacan, le signifiant « père », qui donne l'investiture de l'« être père », fonctionne sur le même mode que ce signifiant « crainte de Dieu », qui relie le registre signifiant au registre signifié. C'est ce signifiant « père » qui permet à la réalité d'un sujet de ne pas être comme celle que vit le psychotique. Celui-ci la vit comme l'effet d'un Dieu absolu auquel elle est totalement soumise, qui l'absorbe et la résorbe. Ce Dieu qui apparaît comme le tout Autre, qui est d'une étrangeté radicale, qui est étranger aux choses vivantes, qui n'est pondéré en rien parce que non référé à un père purement symbolique, cet Autre est à même de modifier la réalité à sa guise. La réalité est alors non plus essentielle par elle-même, mais le lieu de la certitude du concernement. Ce Dieu peut tout aussi bien maintenir qu'anéantir la réalité. C'est ce qui explique le crépuscule du monde de Schreber au début de son délire. Arrive un moment où la seule pondération possible face à un Dieu absolu est celle de « l'ordre du monde ». L'« ordre du monde » soumet Dieu à une certaine loi à laquelle Il ne peut déroger. C'est ce que Lacan dira dans le texte consacré à Schreber [14]. C'est ce Dieu absolu qui confère à la réalité du psychotique l'inconsistance de l'imaginaire. Chez Schreber, l'imaginaire ne tient plus que par un terrible face-à-face érotique en miroir : Schreber est face à Dieu, l'un étant le reflet de l'autre. Lorsque, après quelques mois d'inanition, cet imaginaire se restaure de nouveau, c'est grâce au délire de recréation, Schreber étant alors une mère, une femme fécondée par Dieu et destinée à enfanter.

Telle est selon Lacan la manière délirante de Schreber de signifier le père, ou plutôt son impossibilité de le signifier. Le délirant ne parvient à le signifier qu'en contournant son manque. Elle s'oppose à la manière névrotique classique où le père est signifié en tant que père symbolique : ce peut être un arbre ou une pierre chez les « primitifs », seule compte la désignation par le nom de père, et c'est là l'origine du

14. J. Lacan, « D'une question préliminaire à tout traitement possible de la psychose », dans *Écrits*, Paris, Le Seuil, coll. « Le champ freudien », 1966, p. 531-583.

concept de « Nom-du-Père » – on pourrait parler de l'« arbre-père » ou du « pierre-père ». La manière délirante s'oppose également à ce que Lacan appelle une « symbolique de la conduite ». On se conduit comme un père, c'est une sorte d'imitation, à la manière de Gide lorsqu'il va sur les pas d'un père (Élie Allégret) en Afrique ou en Angleterre. Dans la manière délirante est mise en avant la fonction réelle de la procréation, de l'engendrement. Le père y est un engendreur. Mais on trouve aussi cette « symbolique de la conduite » dans le délire de Schreber qui se place dans les traces de son père lorsqu'il se vit subissant les contraintes orthopédiques présentes dans ses dessins et ses conseils.

Lacan métaphorise de multiples façons l'absence du point de capiton du signifiant du « Nom-du-Père ». Beaucoup ont été négligées par les commentateurs, comme ce qu'il appelle l'« impersonnalisation », ou l'absence du pronom personnel « tu » dans sa signification vocative d'un appel, ou encore l'absence d'une « grand-route » dans les signifiants.

Lacan suppose ainsi que le discours du psychotique porte suffisamment de « traces d'impersonnalisation pour que le sujet ne le reconnaisse pas pour sien ». Il donne l'exemple de deux phrases à prononciation identique. Dans « Je suis la femme qui ne vous abandonnerai pas », la « personnaison » de la proposition principale franchit la « lentille » qui est à l'entrée de la proposition relative puisque le verbe y est encore à la première personne. La personne qui parle s'y trouve toujours. Alors que dans « Je suis la femme qui ne vous abandonnera pas » cette « personnaison » est arrêtée, le « je » de la principale est devenu un « elle » dans la relative. Telle serait la position du psychotique.

Lacan reprend cette illustration avec le pronom « tu ». « Tu es celui qui me suivras » n'est pas la même chose que « Tu es celui qui me suivra ». Le premier « tu » est vocatif et crée une élection, une investiture, le second, une constatation qui réduit le « tu » à un « il » étranger, à un corps étranger. Ce second « tu » est celui du surmoi, c'est le « tu » qui chasse le moi et provoque un sentiment d'irréalité. Ce « tu » est alors la seule réalité, tout comme pour Kant l'impératif catégorique de la loi morale est le ciel étoilé. Il n'y a aucun « tu » électif chez Schreber.

Une troisième façon de métaphoriser l'absence de point de capiton du « Nom-du-Père » est de la présenter comme l'absence d'une grand-route. Avec cette image qu'il emprunte, volontairement ou non, à *L'interprétation des rêves* de Freud, Lacan rappelle que, dans la réalité géographique, une orientation, une polarisation, une agglomération s'organise autour du tracé de la grand-route, dont le rôle historique a été considérable. Dans la psychose, la grand-route du « Nom-du-Père » manque. Il n'y a pas d'« être père » au sens de procréer. Il ne reste alors qu'à passer par les petites routes. « Là où il n'y a pas la route, des mots écrits apparaissent sur des écriteaux. C'est peut-être cela, la fonction des hallucinations auditives verbales de nos hallucinations – ce sont des écriteaux au bord de leur petit chemin. » Bien qu'il puisse y conduire, le petit chemin n'indique pas une direction au loin. Ainsi, les « petits hommes » de Schreber, qui mangent sa nourriture et se tiennent sur son crâne ou dans ses pieds, sont autonomisés mais nullement orientés au sens d'être des enfants qui instaurent un père. Ils n'ont pas de « direction générale ». On pourrait ajouter ce que Lacan dit ailleurs de l'absence de métaphore chez Schreber : le mot ne vise que lui-même, c'est-à-dire pas très loin. Il ne porte rien de l'au-delà de lui propre à la métaphore : *méta* (au-delà) *phorein* (porter).

Une telle implosion du langage, si difficile à saisir, contient le tout du délire. À petite échelle, tout se tient déjà dans le mot qui s'alourdit, devient ineffable comme l'est l'injure, et c'est pourquoi les injures sont si fréquentes dans les délires. Le mot est inerte, sans temporalité, posé dans sa seule synchronie, comme s'il contenait en lui l'éventail des significations possibles sans que l'on sache laquelle en particulier. Il est en soi la possibilité de tout signifier. Pour le délirant, le mot est dans une étrangeté radicale, comme venu de nulle part, de même que dans le monde chaque élément est présent et signifie quelque chose. Ainsi *« Seelenmord »* (assassinat d'âme) chante tout seul. C'est ce qui ne fait que signifier qui chante tout seul. Les présences verbales dont Dieu est la somme sont alors les seules présences. Pour cette raison, la première partie de la phrase, celle qui peut encore se boucler de toutes sortes de façons, est la seule qui soit auditivée hallucinatoirement. Le reste de la phrase, qui boucle la signification, est simplement pensé. Le *Seelenmord* a néanmoins un sens pour Lacan, cette expression relèverait d'un langage de précieuse, tel celui de la carte du Tendre [15]. Il signifierait la relation duelle imaginaire avec la tension meurtrière qui lui est inhérente et implique l'alternative : ou c'est lui ou c'est moi. Pour Moustapha Safouan, le *Seelenmord* est le déficit de la *poïesis*, c'est-à-dire de l'âme qui est la poésie des choses.

L'autonomisation de la part imaginaire par cette déconnexion entre le signifiant et le signifié a également pour effet une incessante dérobade, une distanciation, une fuite du rival imaginaire divin ainsi qu'une fragmentation du corps et de l'image. Il s'agit du morcellement du corps d'avant le stade dit du miroir et de cette image dans le miroir. Effectivement, le persécuteur se dérobe sans cesse : Schreber est persécuté par Flechsig, puis par Dieu, tantôt par le Dieu supérieur, tantôt par le Dieu inférieur ; qui plus est, les âmes de ces persécuteurs se morcellent sans cesse. En outre, elles entrent en lui, deviennent lui, mais jamais tout à fait. Schreber ne parvient pas à achever son identification spéculaire. Il ne possède pas un moi qui selon Lacan lui permettrait de ne pas entendre ce discours intérieur qui double la vie. Il n'y a pas plus d'intégration symbolique qu'il n'y a d'intégration imaginaire pour le constituer. Ni les rayons qui sont les âmes des nerfs, ni la parole dans sa signifiance ne sont intégrés en lui. Aucune intégration donc des deux registres de l'imaginaire et du symbolique ; ils ne le seraient chacun que dans la mesure où ils resteraient en connexion l'un avec l'autre, autrement dit imaginaire et symbolique ne seraient intégrés au réel de Schreber que s'ils étaient noués l'un à l'autre.

Dans son séminaire, Lacan revient sur les mille et une formes de ce divorce entre signifiant et signifié dans la psychose de Schreber. Il déclare par exemple que « le phénomène délirant dénude [...] la fonction signifiante comme telle ». Le délire, dit-il, est un « envahissement psychologique du signifiant ». Le signifié qui dérive à l'abandon y est d'autant plus difficile à appréhender. En lisant Schreber, on perçoit bien que le sens de son délire n'est jamais clairement fixé. Il s'échappe tout le temps. Schreber est perpétuellement en quête d'une compréhension. C'est d'abord l'âme de Flechsig qui cherche à s'ac-

15. Carte des sentiments conçue par Madeleine de Scudéry au XVIIe siècle et qui fut raillée comme un sommet de la préciosité ridicule.

caparer le pouvoir de Dieu afin d'abuser sexuellement de lui, ensuite c'est Dieu lui-même qui le traite comme une putain sacrée, puis, après son éviration, le féconde pour recréer l'humanité, et en fin de compte c'est lui-même qui persécute Dieu puisqu'il tente de le décrocher du ciel et de le faire disparaître en lui. Et tout au bout de son délire, la recréation de l'humanité est remise à plus tard. Quel est le commun dénominateur dans cette évolution du sens ? Il est difficile de le dire. Est-ce la défaillance de l'être père procréateur, selon l'hypothèse de Lacan ? Ce dernier dit aussi que la dimension de la vérité entre dans l'humain par le père. On peut avancer alors que rien ne tient comme vérité pour Schreber. La signification qu'il donne aux choses est sans cesse remise en question et dérive lentement de l'être père ou homme vers l'être femme puis vers l'être mère. Cette lenteur même témoigne de l'absence du père symbolique qui serait là tout entier sans plus ni moins.

Enfin, comme les âmes et les rayons sont la parole et le langage, et que Schreber tente de les faire entrer en lui, on perçoit à côté de cette dérive de l'identité sexuelle une tentative désespérée d'intégrer en lui le langage, auquel il est toujours resté en quelque sorte extérieur. Pour Lacan, le névrosé habite le langage, tandis que le psychotique est habité par ce langage. Il semble que Schreber cherche à intérioriser ce qui reste désespérément une extériorité. C'est aussi cela la psychose.

Le séminaire de Lacan sur James Joyce

Pour saisir plus encore ce rapport du psychotique avec le langage, il est intéressant de se référer à la reprise qu'en a fait Lacan vingt ans après le *Séminaire III* sur Schreber, dans son *Séminaire XXIII* sur *Le sinthome*[16] en 1975-1976. Poussant l'étude des rapports qui unissent les trois catégories de la parole que sont l'imaginaire, le symbolique et le réel, il les représente sous la forme de trois anneaux enchaînés à la façon des anneaux de la famille Borromée, tout comme les ronds olympiques : si l'on ouvre l'un des trois, les deux autres se désolida-

16. J. Lacan, *Le sinthome, Le séminaire, Livre XXII* (inédit).

risent aussitôt. Lacan décèle chez l'écrivain irlandais James Joyce certains indices qui lui font penser à une pathologie de l'enchaînement de ces trois registres.

L'un d'eux est le lâchage de l'image du corps. Lorsqu'il était enfant, Joyce avait été attaché à une clôture de fil de fer barbelé par quelques camarades puis battu. Il a rapporté qu'il n'en avait éprouvé nulle rancune et surtout qu'il s'était abandonné « comme une pelure ». Cette métaphore-là fait dire à Lacan que la dimension imaginaire supportée par le corps ne tenait pas chez Joyce. Le réel et le symbolique paraissent en revanche être restés noués. Pour néanmoins faire tenir la dimension imaginaire, Joyce a inventé un maniement très particulier de la langue grâce à une œuvre très singulière. Ce maniement serait l'équivalent d'un quatrième anneau qui pallierait la séparation des trois autres. Joyce y aurait fait prévaloir la phonation sur le sens, produisant ainsi d'étranges séries sonores. Le prénom d'*Eileen,* par exemple, devient ailleurs *I lean* (je m'appuie). Ce *lean* lui-même se retrouve dans l'appui qu'il prend sur la femme, puis dans la position où il écrit, dans la posture d'écoute dans le réfectoire, etc. Une telle équivoque constitue parfois un véritable système interlangues comme dans la phrase *« Who ails tongue coddeau aspace of dumbisilly ? »* qui se réfère homophoniquement à la phrase française « où est ton cadeau espèce d'imbécile ? ». Le réel phonatoire de lalangue, que Lacan écrit en un seul mot pour rappeler la lallation, est convoqué par toutes ces équivoques. Pour un tel rapport à lalangue, Lacan crée le concept de « sinthome » (symptôme) qui est ce qui permet aux trois registres imaginaire, symbolique et réel de tenir ensemble. Il y voit ce qui pallie une psychose. Un autre indice d'une vague psychose chez Joyce est ce qu'il disait de sa fille. Lucia était indubitablement schizophrène, mais Joyce soutenait à l'encontre de tous les psychiatres qu'elle était vraiment, comme elle l'affirmait, télépathe, qu'elle savait réellement ce que pensaient les autres.

Une exploration du délire de Schreber avec l'outil joycien

Le début du délire

Cette dernière trouvaille de Lacan, avec laquelle on pourrait reprendre le texte de Schreber, éclaire certaines formules de Freud à propos de la psychose, en particulier lorsqu'il dit que la représentation de mot y est traitée comme une représentation de chose.

Rappelez-vous que la maladie semble avoir commencé par la représentation *« daß es doch eigentlich recht schön sein müsse, ein Weib zu sein, das dem Beischlaf unterliege – Diese Vorstellung war meiner ganze Sinnesart so fremd »* (« que cela devrait tout de même être vraiment beau d'être une femme, laquelle subirait [serait couchée en dessous] l'accouplement [dans le dormir avec] – Cette représentation était tellement étrangère à tout mon sens [à toute la manière de mes sens]) ».

Cette formule, sur laquelle je reviendrai, constitue une sorte d'épicentre pour de nombreuses équivoques de style joycien présentes dans le texte des *Mémoires*. Commençons par les premiers mots sur l'histoire de sa maladie. Après son entrée en fonction le 1er octobre 1893, il se dit *« übernommen »* (surmené ; littéralement « pris par au-dessus ») et ajoute *« der Schlaf fing an zu versagen »* (le sommeil – *Schlaf* est proche de *Beischlaf* – vint à manquer ; *versagen* résonne aussi comme « parler de travers » ; on pourrait donc entendre : « Dans un parler de travers, l'accouplement commença »). Dans sa parole Schreber reste comme aimanté vers cette représentation matinale fondamentale de l'été, où il se voit être une femme subissant l'accouplement. Ça n'arrête pas de parler dans ce sens en lui.

Flechsig essaie maladroitement d'écraser le symptôme de l'insomnie, de le faire dormir sans se soucier du côté signifiant de ce symptôme ni s'apercevoir que le *Schlaf* (sommeil) qu'il veut lui procurer signifie en équivoque le *Beischlaf* (accouplement). Comme s'il voulait l'accoupler. Pour Schreber, le mot est la chose tout comme il l'est pour Flechsig. L'absence de l'écoute signifiante de la part du psychiatre a ici un effet totalement délétère. Rabattant lui aussi l'appel du mot *Schlaf* vers la chose du sommeil, il ne laisse pas à Schreber l'espoir qu'un jour l'équivoque du *Beischlaf* dans le *Schlaf* soit entendue. Le caractère signifiant n'est pas reçu. Schreber s'enfonce dès lors d'une manière joycienne et inconsciente dans le maelström de lalangue en éprouvant une grande angoisse à l'approche du sommeil. Il va jusqu'à tenter de se suicider pour ne pas subir un *Schlaf* qui serait un *Beischlaf* réel, la première fois lorsqu'il dort chez sa mère et plus tard à la clinique universitaire. Il se sent très vite féminisé, comme l'indiquent le « nous » *(wir)* de son couple qui consulte à la place du « je », le fait d'être « amené » *(gebracht)* au lit, la chemise dont il se souvient alors qu'il lutte avec les infirmiers. Il s'accroche au billard, symbole du père. Ce n'est sans doute pas un hasard si sa plus grande angoisse se produit alors qu'il tente de dormir chez sa mère. Il y est sans doute moins homme que jamais dans le *« Beischlaf »* (littéralement « dormir chez »).

Au fil du temps qui passe, rien ne l'arrache à l'attraction du réel central de la formule fondamentale de lalangue dans lequel il disparaît. Tous autour de lui semblent ne mettre l'accent que sur la seule réalité de son sommeil, sans jamais en dégager le signifiant. Il est sans cesse aspiré vers le gouffre de lalangue. Et tout l'imaginaire qui soutient son monde s'effondre à la mi-février 1894, lorsque sa jeune femme s'absente pour aller chez son propre père. D'une part parce que sa présence le protégeait de sa propre féminité, puisqu'elle l'endossait en étant « sa femme », et d'autre part qu'elle aille chez son père ne peut que révéler en lui l'absence de toute investiture d'une paternité. Le voyage de sa femme chez son père lui enlève concrètement sa propre paternité. Faute d'être représentée symboliquement, elle ne peut rester en lui. Désormais nul billard mental ne le protégera du désir des hommes, de ces médecins ou infirmiers qui veulent réaliser son *Schlaf-Beischlaf* sans savoir ce qu'il signifie.

Puisque cette signifiance n'est pas entendue, Schreber s'enfonce toujours plus loin dans une signifiance détachée de tout signifié particulier, ainsi que Lacan l'a décrit, au profit d'un signifié général ou plutôt de n'importe lequel.

Le texte est plein d'équivoques virtuelles qui auraient pu à mon avis être interprétées ou révélées dans le style de Joyce. Ainsi, lorsque Schreber évoque « les premiers indices d'une relation avec les forces surnaturelles » *(die ersten Anzeichen eines Verkehrs mit den übersinnlichen Kräften* – rappelez-vous que *Verkehr* désigne volontiers le rapport sexuel ; *Kräften*, les forces, quelque chose de mâle en tout cas ; *übersinnlichen*, c'est aussi le « sensuel d'au-dessus »), un Joyce aurait mis les diverses traductions en rapport les unes avec les autres. Schreber est en quelque sorte prisonnier de lalangue de la grande phrase fondamentale, pris dans la glu de cette lalangue. Toutes les sonorités, et même les images de Schreber, sont quelque peu collées à la formulation première comme si elles étaient visqueuses. « L'effondrement spirituel » *(geistigen Zusammenbruch)* n'est sans doute qu'une image dérivée du *« Seelenmord »* (assassinat d'âme) ; cette viscosité de lalangue, et par là de l'image, est l'effet de cette chute de la *poïesis* dont parle Moustapha Safouan. À l'opposé, la *poïesis* serait l'anti-colle.

Cette chute de la *poïesis* n'est pas une simple absence. Schreber essaie de la reconstituer. Nous avons évoqué l'idée que l'effondrement du monde entier serait la mise en image d'une tentative d'accéder à la métaphore. Peut-être y a-t-il quelque chose du premier temps de la métaphore dans l'effondrement du monde. Mais Schreber n'accède pas au second temps, englué par lalangue qui ne permet pas la substitution poétique, il reste désespérément dans l'antimétaphore ou la paramétaphore. Non qu'il vive l'humanité comme réellement disparue, mais il n'arrive pas à signifier l'espèce d'éclipse nécessaire pour qu'une chose puisse être autre qu'elle-même. Il ne donne qu'une valeur de certitude à son être de femme procréatrice, sans qu'il s'agisse d'une réalité sensorielle ; c'est un engluement de lalangue.

La référence autonymique est toujours imparable. Elle a un effet de certitude qui tient à la certitude du rattachement, de la connexion, du collage, du « raccordement nerveux » *(Nervenanhang)* à la première formulation de la phrase fondamentale. Dans une telle implosion langagière formelle, le centre originaire demeure présent, mais c'est sa connexion qui est refoulée. Le signifiant secondaire qui pourrait le représenter n'y est pas noyé dans la duplicité de la réalité de la vie, déconnecté de cette réalité, il est uniquement connecté à la pâte de lalangue. Le sujet en est alors chaque point et n'importe lequel de cette lalangue. Impossible de s'en absenter, il ne peut que la tordre. Si l'on se réfère à la physique quantique, il est l'onde et non la particule. On retrouve la même torsion sur fond de viscosité à l'œuvre dans les axiomes que Schreber déduit de son aventure au départ de son livre. Les *Seelen* (âmes) accèdent à la *Seligkeit* (béatitude). C'est un vrai jeu de mots, car, ainsi que le rappelle Lacan, ces deux termes n'ont aucune étymologie commune. De même, l'*Ewigkeit* (éternité) que ces âmes acquièrent est fondée sur un jeu d'assonance avec la *Seligkeit.* Les nerfs sont les nerfs des *Körper* (corps) et sont aussi ceux des *Weltkörper* (corps célestes, corps du monde). C'est par cette seule identité signifiante, autonymisée, que Schreber raccorde son corps au monde. Ainsi la *« Läuterung »* (purification) des âmes est une des raisons qui les conduisent à parler *laut* (à haute voix) et à devenir des *Stimmen* (voix) qui *bestimmen* (déterminent) les choses. Schreber est dans l'engluement d'une formidable inertie sonore. Il y a en lui une sorte d'immobilisation de la langue. Et dans cette attraction du phonatoire originaire il trouve la seule manière de faire entendre de la signifiance, c'est-à-dire ce qui dans la parole est détaché du signifié de la réalité.

L'originaire n'est pas ici comme dans un discours névrotique ordinaire, le moment premier d'une succession caractérisée par des coupures où s'introduit le temps. L'originaire est une forme fondamentale et matricielle dont les diverses transformations ont lieu sans perte. Rien n'y est abandonné. Grâce à la certitude d'une permanence de lalangue, il n'y a pas d'objet perdu, ni dans le corps, ni dans le monde. C'est un corps-monde à la Lavoisier. Rien ne s'y perd, rien ne s'y crée, tout se transforme. La langue ne représente pas un objet absent, elle se représente elle-même. En ce sens la psychose est un cancer du seul signifiant, hors de tout signifié, comme le dit Lacan.

Ainsi s'explique l'étrange maintien du même originaire à travers la diversité dans les axiomes du délire : les nerfs contiennent les âmes et dès lors ils sont des âmes, totalement et sans reste. Les astres sont les organes qui transmettent Dieu et ils sont entièrement Dieu ; Dieu est au ciel et le ciel est tout à fait Dieu ; toute chose provient d'un rayon et elle est le rayon ; la semence mâle est un rayon et elle est un nerf de la paternité. À propos de cette paternité, on remarquera que l'assassinat d'âme crée une déchirure *(Riß)* dans l'ordre du monde qui affecte le *Geschlecht* (la « lignée » certes, mais aussi le « sexe »), ce qui est tout à fait en accord avec la castration infligée par le père dans la théorie freudienne. C'est aussi une déchirure dans la glu.

Revenons à la connexion généralisée, immédiate et continue de Schreber. Elle est particulière et implique que tout le créé est encore dans le Créateur. Tout ce que devient l'origine est encore l'origine. La langue est encore lalangue, c'est-à-dire la *Grundsprache,* lalangue originaire du « sol » *(Grund).* Le ciel est encore la Terre. Et toute chose est la chose première et avant la chose première le néant de cette chose. Un tel monde, parménidien ou zénonien, immobile dans son être, est sans cesse menacé d'un anéantissement. Dans les prémices de son système du monde, Schreber nous dit donc qu'il ne s'est pas vraiment engagé dans le monde. Sa lalangue nous montre plus fondamentalement qu'il ne s'est pas non plus engagé dans le langage. Le monde et le langage sont de ce fait menacés de disparaître par résorption immédiate le long des métonymies, à la fois vers le rien et, par extrapolation, vers la totalité divine, faute d'une armature métonymique et métaphorique suffisante grâce à laquelle une chose peut être dite comme étant autre chose que ce qu'elle est, tout en demeurant – et cela est essentiel – ce qu'elle est d'abord. Schreber ne cesse de souligner à quel point cette dimension lui manque, puisqu'il fonde plusieurs fois sa certitude quant à la réalité de ce qu'il vit sur le fait qu'une chose était autre pour lui auparavant – il n'était par exemple pas croyant. Une telle nouveauté la rend réelle et certaine à son esprit. Pour lui, il n'y a pas coexistence de l'ancien et du nouveau. Il n'est pas divisé par les deux. L'ancien est résorbé dans le nouveau en tant que nouveau, et inversement le nouveau n'est qu'une forme de l'ancien. Mais cela il ne le sait pas.

D'où s'origine le délire de Schreber ? Et qu'était donc ce meurtre d'âme perpétré par Flechsig et qui a souligné le défaut fondamental de la *poïesis* ?

Qu'est-ce qui a bien pu se passer avec Flechsig ? Certes, nous l'avons vu, il a commis l'erreur de négliger la signifiance du *Schlaf* (sommeil) pour en faire une réalité. Mais il y a pire. N'ayant pas le sens du signifiant, en neurologue (spécialiste de la *Nervenheilkunde*) convaincu, il s'est arrogé dans l'ordre de lalangue le droit de se faire passer pour un « saint » *(heilig)* en usant du miracle de la « guérison » *(Heilwunder)* qui ne procède que de Dieu. « Guérir » *(heilen),* c'est « sanctifier » *(heiligen)*. Le signifiant *heil* a pu brusquement se mettre à proliférer dans toute sa connexion avec Dieu et avec le reste.

Sans doute Schreber a-t-il rencontré, comme Freud l'a dit, quelque chose de paternel en Flechsig. D'avoir l'usage du signifiant père lui aurait permis de garder un point de capiton dans cette rencontre ; ce ne fut pas le cas. Rien, on le sait, n'a retenu le monde et l'humanité contre la disparition. Par son intervention, Flechsig a remis Schreber sur une trajectoire psychotique d'où l'on peut sans retenue passer du néant à Dieu et inversement. Dans le délire de Schreber, le signe de l'échec du signifiant père est que Flechsig absorbe le prénom *(Gottlob)* et le patronyme *(Schreber)* du père de

Schreber : Schreber crée un « Gottlob Flechsig ». Il s'agit là d'une étonnante perception du manque de la métaphore paternelle telle qu'elle fut élaborée par Lacan dans son séminaire sur *Les psychoses*. Lacan nous enseigne que le père n'est rien d'autre qu'une métaphore, voire la métaphore des métaphores, qui à elle seule fait que n'importe quelle chose issue du monde d'un sujet peut être autre en restant la même. Parce que le père est dans le langage le principe de ce que tout ce qui y vient de la mère est en fait autre.

Cette condition essentielle pour qu'il y ait une stabilité du monde n'est pas remplie chez Schreber. Le monde est donc d'une certaine façon n'importe où, en lui et hors de lui, ceci et cela, sans lieu. Schreber lui-même est étalé le long de la surface de ce monde. Il ne peut se ramasser. Une telle image spatiale correspond à la définition de la libido donnée par Lacan : une lamelle qui tel un blanc d'œuf ou un protoplasme géant s'étalerait partout. À reconsidérer à la lumière de Lacan l'attirance libidinale pour Flechsig décrite par Freud, on peut se demander si elle ne témoigne pas d'une tentative de la part de Schreber de maintenir et de contenir cette lamelle de la libido. Cette attirance est la recherche d'une instance qui empêcherait l'implosion jusqu'au rien ou l'expansion immédiate jusqu'à Dieu le long des métonymies. C'est le *primum movens* de sa maladie. Que Flechsig n'entende pas le *Schlaf* dans sa littéralité témoigne de son impossibilité d'arrêter la course signifiante. Il eût fallu la couper par le jeu des lettres. Schreber ne délire pourtant pas tout de suite, car Flechsig est sans doute encore un père pour sa femme. Elle a sa photo sur sa table et lui est reconnaissante d'avoir retrouvé son mari. Flechsig s'interpose comme un père médiateur entre Schreber et son épouse. Mais cette digue se rompt brutalement lorsque sa femme se rend chez son propre père. Flechsig n'est alors plus le père symbolique capable de retenir sa libido. Une signifiance illimitée va désormais envahir l'esprit de Schreber. Flechsig n'est plus qu'un élément faisant partie de Dieu, qui lui-même est là en guise de rien. Il est une composante de Dieu et Dieu une composante de Flechsig, car les significations subissent ici, nous l'avons vu, des virements complets. Flechsig, le grand spécialiste des nerfs, devient Dieu ou se l'accapare – c'est du pareil au même –, et les nerfs auxquels il s'intéresse en tant que psychiatre sont les âmes, tout comme le *Schlaf* est devenu l'accouplement aussi bien que le sommeil réel. La grande nervosité de Schreber signifie la présence d'une grande quantité de nerfs et donc de beaucoup d'âmes. Et guérir quelqu'un de la nervosité comme le veut Flechsig, c'est vouloir les âmes pour soi-même.

La nervosité est l'attraction même des âmes, de toutes les choses du monde, de l'humanité, et en fin de compte de Dieu. Pour Schreber, tout glisse le long des métonymies, faute de métonymies qui tiennent. C ne représente pas B ni A ; C *est* B qui *est* A. Et tout glisse tout autant vers la phrase sexuelle fondamentale du fameux matin d'été. Lorsque Schreber vit l'*Untergang des Menschengeschlechtes* (déclin, disparition de l'espèce humaine), il n'est pas loin de l'*im Beischlaf unterliegen* (subir l'accouplement), car l'expression signifie aussi très littéralement « l'aller en dessous du sexe humain ». On reste dans la même pâte. En somme, le monde entier subit l'accouplement par un effet de lalangue, et même les âmes : celles de la « Saxonia » sont des âmes *unter der Cassiopeja Hängenden* (suspendues sous Cassiopée).

Ce tourbillon de la pâte langagière autour de la « langue de fond », cette signifiance circulaire persistante, l'attraction sans résistance le long des métonymies vers le néant, vers lui-même, vers Flechsig, car les trois sont équivalents par connexion, tout cela provoque un effondrement du monde, un mois après le début des hallucinations, c'est-à-dire vers la mi-mars 1894.

Alors tout à disparu en lui et au bout de lui en un rien, puisque lui-même n'est rien, la conscience qu'il a de lui-même étant elle aussi faussée. Tout a changé, autrement dit tout a disparu. Cela implique une grande exigence dans l'immobilité du monde, des humains, de sa pensée. Ce qui a bougé un tant soit peu n'existe simplement plus.

Dans le même temps, tout est absorbé par l'activité psychiatrique de Flechsig. Parce qu'il veut « guérir » *(heilen)* Schreber, tout disparaît en changeant dans quelque chose de *heilig* (saint) : il vit une *heilige Krankheit* (sainte maladie), une *heilige Zeit* (temps saint), il voit une *heilige Landschaft* (saint paysage) ou un *heiliger Wald* (sainte forêt), il reçoit des *heilige Bäder* (saints bains). Tout est affecté du signifiant *« heil »* – quarante ans avant Hitler ! – qui se distribue à la totalité du monde.

Il est envahi d'une altérité si générale qu'il fait tout disparaître. Les âmes qui lui parlent sont devenues autres, catholiques, juives, etc., et celles de ses familiers « infamilières ». La disparition se fait dans son corps, car tout est corps selon ce que Flechsig lui signifie avec sa conception cérébrale de l'insomnie, et toute *poïesis* disparaît par corporéisation dans le corps.

Il ne reste plus au monde en fin de compte que Schreber devenu autre, le « Juif éternel » (errant en français, éternel en allemand), l'exotique par excellence, l'autre ultime, le *Chinesentum* du *Jesum Christum* pour reprendre son jeu de mots, le point subsistant au-delà de toutes les résorptions et d'où va se refaire le monde. C'est l'image de la métaphore créatrice, de la *poïesis* enfin acquise, mais encore balbutiante. Nous sommes alors en même temps au degré zéro de l'état de lalangue, en ce moment primordial où s'est dit son être femme subissant l'accouplement en vue de procréer. Là est sa vérité. Ce point s'accompagne de la « purgation » *(Läuterung)* maximale comme voix. À vrai dire, le « Juif éternel », l'*Ewiger Jude*, qui sonne un peu comme le *seliger Jude*, est le dernier pilier masculin auquel Schreber tente de se raccrocher comme à un billard lorsqu'il est dans le vent de la résorption. Ce « Juif éternel » est l'Autre avant l'Autre sexe, mais l'Autre déjà créateur, déjà réengendreur. Même lorsqu'il « voit » (*sehe* [vois] est proche de *Seele*) des « ours blancs » *(weiße Bären)*, il s'agit toujours de ce moment langagier premier, car *« Ich sehe weiße Bären »* (Je vois des ours blancs) n'est pas sans lien avec *Mit Seelen das weibliche Gebären* (La parturition féminine avec des âmes) ; et, rappelez-vous, la « crème blanchâtre » *(weißliche Salbe)* signifie qu'on veut le féminiser, ce qui veut bien dire qu'il lit *weibliche Salbe* (crème féminine).

Lors du « premier jugement de Dieu », le peuple allemand, aryen et protestant, est éliminé. N'est-ce pas parce qu'il est le signifiant du Même, de la Chose même, de la mêmeté, c'est-à-dire l'anti-signifiant ? L'Allemand aryen est pour lui le contraire du *Jude*, de l'Autre. Les *Skorpionen* (scorpions) que l'on envoie à Schreber sont, de par les assonances, une métonymie de la *Korps Saxonia,* la corporation étudiante opposée à celle progermanique et protestante dont il avait été un membre éminent. Les *Skorpionen* sont aussi l'Autre, et il les subit. Les Allemands, comme lui, *unterliegen* (faillissent, subissent) – comme dans le *Beischlaf* (accouplement) – dans leur soutien aux royaumes divins. Ils sont donc en quelque sorte (ici c'est moi qui délire un peu avec Schreber) eux aussi transformés en femme par cet *unterliegen* (subir), bien qu'ils soient d'abord ceux qui doivent disparaître selon le premier jugement de Dieu. La disparition est le passage obligé avant la mutation.

Le devenir femme est le moment le plus évident de la fixation à lalangue première. Les rayons blancs, féminins (rappelez-vous : *weißliche*, blanchâtres = *weibliche*, féminins), qui vont engendrer la vie et chasser les rayons noirs de la mort, témoignent de ce que lalangue est alors la plus pure. Schreber accapare en même temps la lumière des *Weltkörper* (corps du monde), qui peuvent être entendus comme des corps de putains universelles. Ainsi s'écoule en lui toute la prostitution du soleil et des étoiles. Il en attire les rayons qui condensent cette signification. Une fois dans sa sphère d'influence, ces rayons vont « miraculer » (*wundern,* le mot n'est pas loin du *unter* de *unterliegen*) la vie autour de lui tout en refusant de le rejoindre, et en lui, de façon « prostituante » pourrait-on dire, lorsqu'ils s'abîment dans son corps. Le « miracle Flechsig » de la flore luxuriante du parc se dit en allemand *Wunder Flechsig* ; on pourrait y entendre là aussi *unter Flechsig* (sous Flechsig). Grâce à l'afflux de rayons, Schreber retrouve le *Schlaf* (sommeil) du *Beischlaf,* nous laissant penser qu'enfin il dort dans l'accouplement.

Lalangue est alors rendue à son état originaire. Le devenir femme est par conséquent aussi une guérison (*Heilung,* qui est proche de « sanctification »). Si à un certain moment Schreber est saisi d'angoisse à l'idée de devenir une putain, c'est que ce moment correspond au temps où se défait le capitonnage entre le signifiant et la signification, lorsque, vers la fin de son séjour à Leipzig, il découvre le complot entre Dieu et Flechsig. C'est qu'à ce moment-là, Flechsig, celui qui s'est accaparé du Nom-du-Père, « décapitonne » le langage de Schreber et s'introduit dans le flux divin de lalangue. La féminisation-dévirilisation s'avère l'effet d'une défaillance d'un père, de toute marque de père. Et Schreber vit cette séparation entre le signifiant et la signification en entendant des voix qui lui révèlent la visée de ce complot : *liegen lassen* (laisser en plan), où l'on retrouve l'*unterliegen* (être couché en dessous) fondamental, lequel est au-delà de toutes les significations basales.

Durant son séjour chez Pierson

Un thème prédomine durant son séjour chez Pierson au début de l'été 1894 : chaque homme et chaque chose y sont autres qu'eux-mêmes en même temps qu'ils ne cessent de se fractionner et de se condenser au gré du glissement de son délire. C'est la période où les innombrables âmes de Flechsig et de Marx s'accaparent de la totalité des âmes de Dieu en s'interposant devant la voûte céleste, et où lui-même, au maximum de sa béatitude féminine, est appelé à récréer un monde. Nous assistons à *une segmentation signifiante toujours plus sauvage avec de plus en plus d'anarchie métaphoro-métonymique*. Schreber continue de décrocher de la réalité afin d'en refaire une autre en tant que femme fécondée par Dieu. Il rejoint toujours plus sa lalangue de base, que Flechsig et Marx veulent accaparer. Plusieurs traits fonctionnent dans une concomitance qui mériterait d'être examinée en détail et où se retrouve la théorie lacanienne de la psychose. Flechsig, le voleur du Nom-du-Père, et Marx, son complice qui ne fait que le redoubler, empêchent un capitonnage et une segmentation correcte du signifiant, ce qui fait que le langage retourne toujours davantage à sa lalangue fondatrice qui le fait femme et Dieu et, en signifiant n'importe quoi hors de toute signification, refait le monde comme par une monstrueuse métaphore où tout est constamment autre. Tout cela constitue une seule et terrible aspiration.

Au Sonnenstein

Lorsque Schreber arrive au Sonnenstein, ce même mouvement se poursuit. Plus il aspire les âmes et Dieu, plus il est pris dans le mystère de lalangue pure, plus son corps est morcelé, écartelé par les rayons-paroles, plus il se voit dans des petits hommes qui figurent sa propre résorption dans le néant, plus il appelle l'intervention d'un père, plus la parole est du côté de l'écriture, plus il est parlé tout en n'étant que parlant, plus il est vu même lorsqu'il n'est que voyant. Les systèmes utilisés par l'âme de Flechsig pour s'interposer entre lui et Dieu sont des références paternelles désespérées issues des images des livres d'orthopédie de son père ou peut-être des instruments médicaux qu'il a réellement vus, et des allusions à son patronyme

(*Schreiber,* c'est l'« écrivain »). « Dans cette période on entretient » (*man unterhält* : littéralement, « on garde en dessous ») des livres, afin de faire croire que son esprit est vide, autrement dit qu'il est pris dans une signifiance sans signification – ce qu'il est vraiment. Il cherche un père pour échapper au destin que lui fixe lalangue : être toujours plus dans l'accouplement premier, par exemple dans le « *liegen lassen* » (laisser en plan) qui est si proche de l'*« unterliegen »* (subir). Ce destin se retrouve dans le second terme du *« geschlechtlichen Mißbrauch »* (mésusage sexuel), qui n'est pas loin d'un *Gebrauch als Miss* (utilisation en tant que femme – c'est moi qui invente l'expression) et lui fait subir le coït dans l'envoi d'oiseaux (*Vögel,* car on sait bien que *vögeln* [oiseler] signifie « avoir un coït »). Il ne s'agit encore une fois que d'un nouvel avatar de lalangue du souhait fondamental.

Au moment où la puissance divine est à son sommet, son vécu sexuel l'est aussi : *« Luder ! »* (garce !), tonne une nuit la voix d'Ariman, le Dieu inférieur, le Dieu Autre, et Schreber lui répond : *« O wie rein »* (Ô combien pure), où l'on peut entendre *« O wie herein »* (Ô combien dedans). Il retrouve alors le *Schlaf* du *Beischlaf* et parvient à dormir tout son soûl dans ce consentement sexuel à lalangue. Le lendemain, en plein jour, Ormuzd, qui représente sans doute Moritz, le père (on l'a vu), se fait entendre. Nous sommes une fois encore dans le même mouvement, avec un nouvel appel au père. Le parcours de Schreber semble décidément lié aux différentes façons de faire bouger lalangue fondamentale, avec toujours une autre défaillance du personnage le plus paternel. Après Ormuzd, c'est Flechsig lui-même qui reçoit l'ardeur divine du soleil. Le *« liegen lassen »* qu'il craint chaque fois le cadavérise – la mort est, tout comme le sexe, liée au sommeil, rappelle Lacan.

dieu aussi, qui n'est pas sans un côté féminin, se laisse faire passivement par Flechsig. Et c'est sur Lui que Schreber transfère ses propres pensées qui concernent la signification des choses, comme si lui-même s'en était totalement vidé. Ce sont les âmes issues de Dieu et non pas Schreber qui selon lui pensent que la femme est « la partie *(sic)* couchée en dessous » lors de la relation sexuelle *(unterliegender Theil).* Lalangue fondamentale s'extériorise dans les âmes et dans les Dieux. Ce sont eux et non pas lui qui parlent au sens figuré et se font toute une psychologie, que Schreber détaille avec délice, une psychologie qui n'est que son propre jugement extériorisé.

Comme si Dieu n'avait fait que le précéder en subissant l'éviration dont Flechsig avait eu l'initiative, Schreber s'y soumet au mois de novembre 1895. Son apaisement se reflète dans la nature. Et c'est le début de la fin pour toutes les âmes qui s'interposent entre Dieu et lui, elles ne sont plus nécessaires désormais. Schreber fait de son éviration le support de l'ordre du monde.

Il « subit l'accouplement » avec Dieu et ressent Ses nerfs dans son corps. Il L'a dans la peau. Dieu n'est que Schreber, mais hors de lui, à l'autre bout de lui, à l'extrémité du monde. Il se vit comme « consommant le coït avec moi [lui Schreber]-même » *(mit mir selbst den Beischlaf vollziehend – « vollziehend »,* c'est littéralement « tirant pour remplir »). Ce qui est dans l'ordre de lalangue la même chose que *l'« Einziehung des männlichen Geschlechtheils »* (rétractation interne du sexe masculin) qui accompagne cet état de plénitude. Il ne s'agit que de l'autre côté, du côté divin, d'où il se voit, ce que montre le fait qu'il lui faut regarder des images de femmes pour plaire à Dieu. C'est qu'il a le regard de Dieu, il est inclus dans ce regard. *Schreber est dans une héautoscopie divine.*

De plus en plus proche d'Ariman, le Dieu Autre, Schreber voit Ormuzd-Moritz, le Dieu Même et le Dieu Père, s'opposer à lui. C'est un phénomène de compensation analogue à celui de la revanche prise par le Dieu soleil diurne après que le Dieu soleil nocturne se soit préalablement manifesté. Schreber a toujours fait appel « au père », mais comme pour mieux le récuser, pour mieux en souligner la défaillance.

On peut encore noter ici l'étonnante confusion faite par les Dieux et que Schreber dénonce entre sa pensée propre et sa pensée contrainte : les Dieux confondent cette dernière avec la sienne. Mais le défaut d'une *poïesis* qui lui permettrait de la saisir correctement d'un point de vue autre l'empêche de dire quelle est sa véritable pensée. Il peut seulement énoncer que sa pensée n'est pas sa pensée. C'est un déni massif de sa pensée, à la manière d'un Magritte écrivant : « Ceci n'est pas une pipe » sous un dessin de pipe. Schreber dit : « Ceci n'est pas ma pensée propre » pour toute pensée. Pour dire l'assassinat de son âme, il multiplie les voix du monde : ce n'est pas lui qui pense, ce sont les âmes, et plus vraisemblablement Dieu, et même alors, ce n'est pas Dieu qui pense, c'est l'Autre Dieu, chacun des Dieux étant l'Autre pour l'Un. Ainsi Schreber laisse-t-il finalement entendre qu'il a non pas de pensée propre, mais seulement une jouissance à lui venue du Dehors. Et par ce Dehors, il n'est nullement compris dans son intérieur.

Lorsque Schreber se trouve au comble de sa jouissance divine à la fin de 1895, l'âme de Flechsig et toutes celles qui lui sont affiliées disparaissent peu à peu après d'ultimes manœuvres pour s'emparer de Dieu. Il n'y a dès lors quasiment plus rien pour signifier un père – c'était la fonction de Flechsig – en tant que procréateur, fût-ce sous une forme défaillante – l'une de ces âmes s'appelle d'ailleurs *« Ei verflucht »* (« ois damné » ou « œuf damné »). C'est alors que Schreber commence à prendre des notes en vue de ses *Mémoires ;* ici se met sans doute en place une sorte de sinthome joycien.

Sa vision des miracles est désormais apaisée, ils concernent de moins en moins de choses, juste celles de sa proximité. À côté des images d'hommes bâclés à la six-quatre-deux, l'humanité réelle, celle des hommes du lointain, est préservée. Mais la proximité immédiate reste encore très miraculeuse. Il explique cette humanité miraculée par l'effet des rayons divins qui sont détachés de lui, grâce à leurs efforts ou parce qu'il ne les attire plus, par exemple lorsqu'il ne pense plus. Ces rayons stagnent à mi-chemin, très près de lui.

Cette sphère de proche miraculation est une stase des rayons entre le rien au centre de lui-même et le tout du plus lointain divin. Elle fait partie de la grande amibe de son moi. La proximité s'est ainsi érigée en un moi corporel de suppléance, susceptible d'imploser en un rien qui le cadavérise ou d'exploser et de se déchirer en lui causant des douleurs. Le retrait des rayons se produit quand il ne parle pas, quand il ne pense pas, quand il ne regarde rien de féminin. Cette rétractation anime ou réanime les alentours tout en tirant sur sa musculature respiratoire. Alors se produit un bruit chez les fous de son entourage, puis il se met à hurler sous la pression de cette extériorisation qui lui arrache la matière phonique de sa lalangue, le vent se lève alors tel un hurlement du Dehors, et enfin les âmes soufflent un appel « au secours » en reconstituant au Dehors une parole qui lui manque à l'intérieur. Vous remarquerez les effets de lalangue du genre *Chinesentum – Jesum Christum* lorsqu'il glisse des *« Verrückten »* (fous) – où l'on note *fèr* (prononciation allemande de *Ver*) et *rü* – au

« *Brüllwunder* » (miracle du hurlement) – il y a *rü, ül* et *w...nd* – jusqu'au « *Wind* » (vent) – où il y a *w...nd* – et au « *Hülferufen* » (appel au secours) – on y retrouve *ül* et *fer*.

Dans la zone intermédiaire entre le ciel et lui, les oiseaux sont les formes les plus aptes à figurer à la fois ce qu'il vit en son for intérieur et la jouissance de lalangue. Pour cette raison, il décrit en détail tout ce qui a trait à l'ornithologie dans son délire, car les oiseaux ont une diversité de chants qui lui permet de figurer lalangue. À leur sujet, Schreber ne tarit pas dans ses explications. Il attribue ainsi l'absence chez eux d'un sens de la ritournelle au « poison de cadavre » qui leur est instillé. Celui-ci distendrait les nerfs de ces oiseaux qui ne peuvent se « décadavériser » qu'en se vidant de ces phrases insensées, où ne compte que lalangue. On peut interpréter cet accès à la vivacité comme une transformation en un pénis divin turgescent (*vögeln,* c'est coïter, rappelez-vous), où ils exulteraient toute leur volupté qui est celle de Schreber. Et cette volupté siège dans l'assonance.

Tout comme les insectes, les oiseaux sont proches du rien par leur capacité concrète à fulgurer, à apparaître et disparaître instantanément. Ils sont effet de « frange », pour reprendre le mot de Lacan. Et leur tomber dessus par le regard est un « miracle de la direction du regard ».

La volupté de la seule assonance va de pair avec le détachement du signifié, dont Lacan a fait l'un des axes de son *Séminaire III* et dont Schreber donne une description. L'appel à compléter le sens ou la signification d'une phrase lui est une terrible contrainte. L'achèvement grammatical d'une phrase jusqu'à son sens équivaut à un achèvement dans sa bouche, c'est-à-dire à une disparition d'âme, de nerf, de parole, de Dieu, etc. L'instant qui le précède, le dernier sursis d'avant la fin, le temps de l'incomplétude de la phrase, ce temps-là permet à sa proximité d'exister encore un peu. L'espace et le temps de l'existence, c'est avant. En effet, la complétude du sens est la perte de lalangue, la destruction des âmes, l'assassinat d'âme. Comme si le sens devenait pour lui si juste que la phrase et avec elle toute son âme en mourraient. La pertinence est une destruction. Mais cet achèvement des rayons-nerfs-âmes-voix dans le rien au centre de Schreber reste cependant une entreprise difficile en raison même de la jouissance de lalangue, qui lui fait toujours venir du Dehors les voix issues de son commentaire permanent du monde.

Ces voix en état de lalangue s'étirent comme des filaments de caoutchouc. Schreber fournit lui-même cette image des étirements. Cette matière caoutchouteuse est une matière vivante. Elle est l'amibe dont nous avons parlé. Elle meurt lorsque le sens s'exerce sur elle et tente pour cette raison de se maintenir, même dans l'éternelle jouvence de la nouveauté.

Les selles sont également du « poison de cadavre ». Pour Dieu, la défécation de Schreber signifie un achèvement de sa raison et vaut donc un achèvement du sens. Cette pensée de Dieu est aussi une pensée du Dehors de Schreber ; c'est ce que Schreber pense, mais sous la forme de la pensée qu'il attribue à Dieu. Cette défécation est une autre « décadavérisation », équivalente à celle de l'abandon du poison de cadavre au moyen de la ritournelle des oiseaux. Le vide du sens se fait ici vide de l'intestin. Lalangue a valeur fécale dans l'amibe, amibe qui est langue et selles. Une telle identité entre défécation et non-sens nous est indiquée par la volupté d'âme de Schreber qui accompagne ces deux activités. Schreber manque ici d'une condensation poétique. Il pourrait dire que les oiseaux défèquent du non-sens en parlant du poison de cadavre. C'est ce qu'il signifie. La défécation a lieu dans la bouche tout autant que la voix, et de fait elles ont lieu partout.

Autre effet de l'absence d'une trouée corporelle, la vue est pour Schreber aussi pleine et matérielle que la voix ou les selles. Les rayons distendus lui apparaissent dans la mesure même où la voix est ralentie. Il voit la voix. Il la spatialise comme le reste. La vue comme la voix ne sont pas les lieux d'une perte. Aucun orifice corporel n'est trou de déperdition comme dans la névrose. Il n'est que le pertuis d'une protrusion de l'être amibien complet si souvent évoqué. Schreber, et le psychotique en général, sont du côté de ce qui est perdu, de l'autre côté, et avant sa perte.

Ce que Schreber s'imagine, ou plutôt ce qu'il image, et qu'il voit, est pour lui réel et non pas perdu, et de l'autre côté, c'est-à-dire du côté du regard éversé de Dieu dans les rayons de la voûte céleste. C'est le « miraculer inverse » dont il parle. L'imagination attrape cette valeur de réel en étant considérée depuis l'autre côté. Ce qui à l'inverse veut dire que ce que Dieu lui miracule, ce réel que Dieu soutient, n'est pas un réel si réel que ça, puisqu'il dépend entièrement de l'imagination de Dieu. Il n'est réel qu'à l'aune de la certitude du lien entre lui et Dieu. Et cette imagination divine est elle-même fondée dans lalangue fondamentale puisqu'elle est destinée en somme à l'*Unterhaltung* (« divertissement », mais littéralement « maintien en dessous » comme dans l'*unterliegen)*. Dans son premier complément, l'*Unterhaltung* (cette fois-ci le terme se traduit par « entretien »), qui a lieu dans les échanges de parole de son entourage, fournit la preuve du caractère miraculeux d'un acte. Ces allusions à la phrase fondamentale sont présentes jusque dans le dernier complément du livre : *« Beim Liegen im Bett »* (lorsqu'il est couché dans le lit) ; *« in den unteren Extremitäten »* (aux extrémités inférieures).

À propos des miracles, Schreber évoque l'*Urzeugung* (génération spontanée) des insectes, où l'on peut très bien entendre *Hurezeugung* (création par la putain) – et le terme n'est pas loin de *Ueberzeugung* (conviction). L'*Urzeugung* est une procréation sans les parents. Elle implique l'absence d'un père procréateur, évoquée par Lacan. Enfin, si dans ce délire l'humeur *(Gesinnung)* de Dieu influence tellement sa création, c'est parce qu'il y a *Sinn* (sens) dans *Gesinnung* et que ce « sens » est double, à la fois sensoriel et sensé. C'est bien le même défaut de *poïesis* qui contraint Schreber à délirer sur le suprasensoriel ou le suprasensible *(übersinnlich)* tout comme sur les phrases inachevées qui n'ont pas de sens.

Il y a donc d'un côté l'axe de lalangue, matière qui échappe à la signification, et qui permet néanmoins à Dieu d'avoir un authentique ressenti humain, et de l'autre l'axe d'un drôle de miroir qui est comme passé de l'Autre côté, du côté de Dieu. Ce miroir est réel. Ainsi Schreber se vit-il réellement immortel comme Dieu. Par un tour de passe-passe étonnant, il décrit chez Dieu une aberration mentale qui en réalité est la sienne. Tout le délire passe de l'Autre côté. Schreber n'est pas lui-même, il est Celui d'en face qui se mire en lui, et la maladie mentale, qu'il ne méconnaît pas, n'est que le reflet des croyances aberrantes de Dieu. C'est un stupéfiant retournement spéculaire en doigt de gant. Même le miroir est de l'Autre côté, dans l'Autre.

La folie de Schreber est cette aspiration à se confondre lui-même et son image en miroir divin, et à se faire disparaître dans le lieu corporel de la parole naissante, avant que le sujet ne la fasse sienne avec du sens en se plaçant totalement dans l'Autre, selon la terminologie de Lacan.

La topologie du délire de Schreber proposée par Lacan Le schéma I

L'ensemble de ces données nous aident à comprendre la topologie que Lacan a décelée dans le délire de Schreber et qui condense une étude clinique extrêmement fouillée.

Le schéma I [17], produit quelques années après *Le Séminaire III,* s'interprète d'abord comme une figuration de la tension élastique inhérente à lalangue. Ce schéma, connu pour être d'une extrême complexité – il est en tout cas fort peu commenté –, spatialise de façon synthétique la fonction des différents thèmes du délire de Schreber dans sa phase achevée, avec ses pôles, ses lignes de force, ses limites, ses tiraillements et ses manques. Il représente ce délire un peu comme une peau de chagrin qui tendrait vers sa résorption complète et ne serait maintenue qu'en étant écartelée, tirée aux quatre coins. Le délire n'est donc pas seulement un manque pour Lacan, il est aussi un écartèlement qui s'oppose à une résorption, et on peut soutenir à partir de ce schéma que le maximum de l'écartèlement est une espèce particulière de « guérison ».

Pour en saisir les composantes, il importe de comprendre d'où Lacan est parti, c'est-à-dire la généalogie des géométries qu'il propose. Le schéma I montre ce qu'est devenu dans la psychose de Schreber son schéma R [18], lequel fonctionne dans toute névrose. Et ce schéma R n'est rien d'autre qu'un schéma L [19], schéma de base de la structure de la parole, lorsqu'il est plongé dans les déterminations historiques de la vie libidinale infantile et de la structure symbolique familiale du sujet. Nous allons donc examiner successivement les schémas L, R puis I de Lacan, la compréhension de ce dernier nécessitant celle des deux premiers. L'exercice demande bien sûr un effort d'attention de la part du lecteur, mais la richesse de l'enseignement le vaut très largement.

17. J. Lacan, *op. cit.,* p. 571.
18. *Ibid.,* p. 553.
19. *Ibid.,* p. 53.

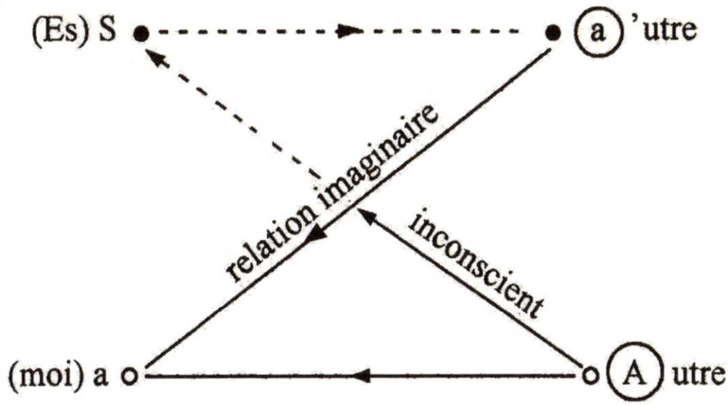

Figure 1
Schéma L

Le schéma L (figure 1) décrit la structure du sujet ou plutôt sa structuration, puisqu'il s'agit d'un processus qui s'accomplit sans cesse à travers l'acte de parler, comprenant à la fois une relation imaginaire avec le semblable à qui il parle et, au-delà de cette relation imaginaire, ce que Lacan appelle une relation symbolique. En effet, l'être humain ne parle pas seulement pour informer l'autre, telle l'abeille à propos du pollen, ni pour dire à quelqu'un à quel point il lui ressemble, mais surtout pour se signifier comme sujet en permettant à son semblable de le faire également, et cela, ajoute Lacan, *que ce soit dans la névrose ou dans la psychose.*

La dimension imaginaire, qui est une dimension d'illusion, voire de méconnaissance, est instaurée par une identification à une image, celle de l'autre, celle du semblable. Il peut s'agir de sa propre image dans le miroir. C'est donc l'autre qui constitue le moi, et cela pour le sujet, étymologiquement *sub-jectum,* placé en dessous de cette dimension imaginaire. Ça part du sujet, celui-ci constitue l'autre, *a',* le semblable, puis à partir de là se constitue le moi, *a*.

L'au-delà de la dimension imaginaire est la dimension symbolique, fondée sur l'« existence » d'un lieu supposé, appelé abstraitement le lieu de l'Autre ou le lieu de la parole par Lacan – Lacan conçoit l'Autre à l'époque où il crée le schéma L. C'est à partir de cet Autre que ça parle du sujet, que ça parle de lui, et non l'inverse. C'est de là que celui-ci est parlé comme existant. Cette existence de par la parole est la seule véritable existence de l'être humain. Ce lieu de l'Autre est un lieu tiers qui dépasse la pure spatialité réelle des deux interlocuteurs. Il fait que leurs paroles ont une autre valeur que leur valeur faciale, ainsi « vèr » est aussi « verre » et « vert ». Ce lieu fonctionne comme une référence implicite dans le mensonge comme dans la confiance, car il y faut bien à chaque fois le repère d'un lieu de vérité intangible. C'est le lieu de la vérité au-delà de l'illusion, le lieu de la vérité de la parole. À partir de ce lieu de vérité de l'Autre, un être humain est reconnu comme sujet, c'est-à-dire supposé pouvoir mentir ou dire la vérité. D'où la flèche de *A* vers *S* sur le schéma L.

Ce schéma L comprend donc quatre points en interrelation : *S*, le sujet, à la fois point de départ et point d'arrivée, *a'*, le semblable imaginaire que le sujet investit et à qui il s'adresse en miroir, *a*, le moi imaginaire calqué sur le modèle de ce semblable et qui en est comme un reflet, et enfin *A*, le lieu de l'Autre qui en tant qu'inconscient détermine en partie les attributs du moi. Entre *a* et *a'*, c'est la relation imaginaire, entre *A* et *S*, la relation symbolique. Dans un échange de paroles, les quatre points fonctionnent en même temps, et les deux dimensions imaginaire et symbolique s'entremêlent. Lacan présente la relation imaginaire comme un obstacle obligatoire à la relation symbolique, qui ne peut jamais être pure. L'effet de brouillage de l'écoute qu'engendre le face-à-face psychothérapique donne un excellent aperçu de cette interposition de la dimension imaginaire au message que l'Autre adresse au sujet et qui le constitue sans cesse. Lacan parle d'un « mur de langage » à propos de cette dimension imaginaire. C'est pour le sujet une dimension de captations, de séductions, d'illusions et de méconnaissances de toutes sortes.

Le fait qu'il faille obligatoirement passer par la dimension imaginaire conduit Lacan à un schéma L simplifié, désigné comme le schéma £ [20] (figure 2).

20. *Ibid.*, p. 548.

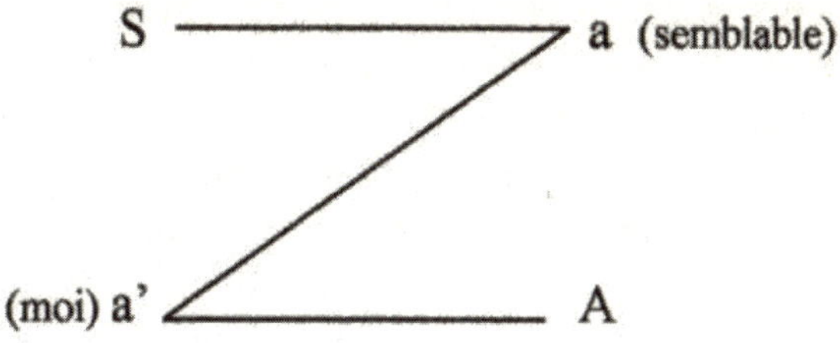

Figure 2
Schéma £

Il a la forme d'un Z avec les quatre points qui se succèdent et ne s'entrecroisent plus : *S, a, a', A*. Cette fois-ci, *a* désigne le semblable et *a'* le moi. Sans doute Lacan a-t-il voulu montrer par là l'antériorité logique du semblable sur le moi, puisque nous constituons notre moi à partir du semblable. Cette aliénation est d'ailleurs la paranoïa fondamentale de l'humain, présente dans tout désir de connaissance. Ce qu'on veut connaître, c'est l'autre, tout comme le paranoïaque. Le passage obligé *S a'* du schéma L montre que nous nous constituons aussi comme sujet en retournant au lieu en deçà du semblable avec lequel nous parlons. Le schéma implique la nécessité de parler avec un semblable si l'on veut se constituer comme sujet, c'est le fondement de la psychanalyse. Au départ, le lieu *S* du sujet n'est selon Lacan qu'une « ineffable et stupide existence ». Cela veut dire que ce *S* est simple existence en deçà de tous les attributs variés et chatoyants qui définissent un moi. *S*, c'est d'abord le pur fait d'exister comme simple effet de ce qu'il y a de l'Autre. Au fur et à mesure qu'il parle, le sujet s'enrichit par la refente de ses signifiants – rappelez-vous : « vèr » devient « verre » et « vert ». Le sujet se constitue alors comme davantage que pur existant et le lieu de l'Autre comme le lieu d'où vient cette sonorité jusque-là inconsciente.

De ce lieu de l'Autre parvient au sujet une question dont le rôle est crucial dans le délire de Schreber bien qu'elle n'ait guère suscité de commentaires : son identité sexuelle d'homme ou de femme en même temps que la contingence de son être de vivant, car du lieu de l'Autre et du fait de l'Autre lui vient la pensée qu'il pourrait ne pas être. Lacan les condense dans l'unique question : « Que suis-je là ? » Bien qu'articulée au lieu de l'Autre, elle émerge néanmoins au niveau du moi dans sa relation à son semblable. Il ne suffit pas d'exister ou d'être homme ou femme factuellement pour s'en apercevoir, il faut encore que cela soit articulé depuis l'inconscient, c'est-à-dire depuis le lieu de l'Autre. Faute de quoi le sujet risque de n'être ni homme ni femme ou les deux à la fois, ou encore d'être mort et d'avoir son lieu partout plutôt que quelque part.

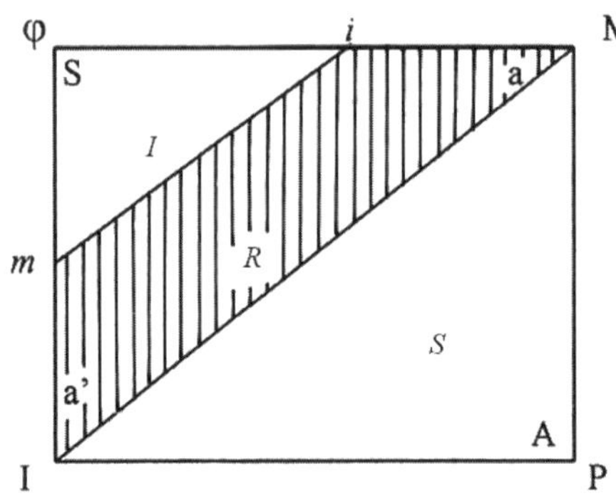

Figure 3
Schéma R

Le schéma R (figure 3) se présente comme un carré incluant le schéma L simplifié, le schéma £, et qui semble le compléter. On en retrouve les lettres *S, a, a', A* à l'intérieur comme si Lacan avait voulu y figurer cette inclusion. Le schéma R ajoute les éléments de la relation œdipienne, car lorsque nous parlons, nous parlons aussi cette relation telle qu'elle s'est constituée, non seulement dans sa réalité historique factuelle, mais également dans ses déterminations imaginaires et symboliques. Lacan ajoute ainsi le père, la mère, l'enfant et un quatrième terme tout aussi fondamental : le phallus imaginaire. Les lettres qui le désignent sont à l'extérieur du carré : P, M, I – signifiant l'idéal du moi et désignant ici l'enfant en tant que désiré d'un père par la mère –, φ enfin, qui est le phallus, c'est-à-dire l'objet imaginaire du désir de la mère. « Il y a toujours chez la mère, écrit Lacan, à côté de l'enfant, l'exigence du phallus, que l'enfant symbolise ou réalise plus ou moins. L'enfant, lui, qui a sa relation avec sa mère, n'en sait rien. » Cette relation œdipienne ainsi conçue avec quatre termes introduit deux champs dans le schéma R : le champ imaginaire I et le champ symbolique S. Lacan précise qu'ils ne sont qu'artificiellement opposés ; de fait, l'un ne va pas sans l'autre. Le carré du schéma R est donc l'addition de deux triangles. Il y a, à droite de la diagonale M I, un triangle symbolique P M I. Son caractère symbolique s'appuie sur la symbolicité du père P qui n'est père qu'en tant que celui dont la mère désirait l'enfant I. Ce père-là n'est père que par là. Il ne s'agit en aucun cas du père biologique réel ou d'un père imaginaire idéal. Les trois éléments de ce triangle P M I sont symboliques dans la corrélation de l'un quelconque avec les deux autres. La mère M est ici celle qui désire cet enfant I du père P. Cet enfant I est en quelque sorte « paternisé » par ce désir. Par définition, l'idéal du moi de l'enfant se constitue d'ailleurs en intégrant un des traits du père. Telle est selon Freud l'entrée dans l'éthique. Le père P n'est ici que le père de nom, un père signifié au lieu de l'Autre comme celui dont la mère désirait l'enfant. Cet enfant est aussi celui qui est là en guise de phallus. Nous passons maintenant à l'autre triangle, le triangle imaginaire φ M I, entièrement déterminé par la nature imaginaire du phallus. L'enfant I est ici celui qui cherche à être, ou à avoir ce phallus, et la mère M celle qui est prise dans ce souhait. Lacan superpose les deux sortes d'enfants I et les deux sortes de mères M dans son schéma R, car le triangle imaginaire est corrélé à l'autre, il en est comme une vision rétroactive. L'imaginaire advient au regard du symbolique. Le symbolique s'appuie sur l'imaginaire.

Le triangle imaginaire φ M I est divisé en deux par une petite diagonale *i m* qui figure le couple imaginaire du stade du miroir, c'est-à-dire l'image spéculaire *i* et le moi *m* de l'enfant qui constitue son moi en s'identifiant à cette image. On constate une certaine ambiguïté dans les formulations de Lacan à propos de l'extension du triangle imaginaire : tantôt il semble que ce soit φ M I, tantôt seulement φ *i m.* À la lumière de ce qu'il écrit ensuite, il semble que φ *i m* est la part non spéculaire du triangle imaginaire – se prendre pour un phallus relève en effet d'un imaginaire inconscient non représentable pour le sujet. L'autre imaginaire, qui par ailleurs recouvre le quadrilatère *R,* est spéculaire ou spécularisable. Cet imaginaire-là inclut la réalité *R*. Notre moi spéculaire recouvre non seulement la réalité de nos semblables, mais aussi celle du monde matériel.

À propos du phallus imaginaire, il convient de remarquer qu'il répond, tant bien que mal, aux questions de l'identité sexuelle et de l'existence du sujet, au « Que suis-je là ? » qui vient de l'Autre. Le phallus imaginaire est ce à quoi un sujet identifie son être de vivant après être entré dans la partie en tant que mort. Le phallus est aussi ce qui va permettre au sujet de se repérer en tant qu'homme ou en tant que femme.

Au milieu du schéma R, le mystérieux quadrilatère *R* du champ de la réalité entame donc en partie le triangle imaginaire. Ce trapèze est limité – et il faut insister sur ce « limité » – du côté de sa grande base par la relation mère-enfant désiré M I et donc par l'ensemble du triangle symbolique P M I, et, à l'opposé, du côté de la petite base, par la relation du stade du miroir, qui unifie le corps morcelé en constituant le moi unifié pour le sujet, *m*, lequel s'identifie à son image *i* en tant que moi. De fait, le trapèze de la réalité est là aussi limité par tout le champ de l'imaginaire non spéculaire, par tout ce qui est sous l'égide du phallus imaginaire inconscient.

La relation *i m*, écrit Lacan, est « homologue à la relation symbolique Mère-Enfant », ce qui revient à soutenir que l'image spéculaire est un peu comme une mère de substitution. Et il précise que cette relation spéculaire est possible grâce à une prématuration biologique qui ouvre une béance dans l'imaginaire. Par cette béance, le sujet peut s'imaginer mortel, c'est-à-dire présent ou absent, là ou pas là, pour reprendre l'adverbe de sa question fondamentale « Que suis-je là ? », ce qui par définition fait entrer le symbolique du côté de l'imaginaire. Le symbolique se définit en effet comme ce qui est présent-absent, comme ce qui représente une absence. La réalité se constitue avec cette pénétration du champ symbolique dans le champ de l'imaginaire. Aussi le champ de la réalité R se définit-il non pas tant par ses limites que par sa « nature », sa « texture » ; c'est un imaginaire spéculaire symbolisé.

Entre *i* et M Lacan introduit une multitude de petits autres imaginaires, a^1, a^2, a^3, etc., tous impliqués dans des « relations d'agression névrotique ». Il condense là ceux qui sont aimés et les rivaux. Ces petits autres sont spécularisés à partir de *i* et très œdipiennement « maternisés » en étant situés en regard de l'objet primordial qu'est la

Mère. Entre *m* et I il y a les différentes identifications correspondantes du sujet : a'^1, a'^2, a'^3, etc. Elles sont « moïcisées » à partir de *m* et se situent au regard de l'identification paternelle impliquée par l'idéal du moi I. Ces identifications deviennent autant de moi idéaux.

Le schéma R montre qu'en dehors de sa « nature », le champ de la réalité est conditionné par ce qui le circonscrit – l'un ne va d'ailleurs pas sans l'autre, c'est-à-dire qu'il dépend des lignes ou des segments qui relient les quatre points *m i* M I. Lacan les appelle « les lignes de conditionnement du *perceptum* [du perçu] », signifiant par là qu'elles ne sont pas dictées par la réalité et que, tout au contraire, elles la produisent. Ces lignes dépendent des triangles imaginaire et symbolique adjacents, eux-mêmes sous la dépendance de ces clés de voûte inconscientes que constituent dans ces triangles la fonction P du Nom-du-Père et l'image phallique φ. Ces deux points soutiennent chacun les deux points qui leur sont contigus (M et I pour P ; *i* et *m* pour φ), mais aussi la relation entre ces deux points. Réciproquement, c'est P qui soutient la relation mère-enfant désiré tout autant que cette relation le soutient et c'est φ qui soutient la relation narcissique, qui devient ainsi phallo-narcissique, autant qu'elle le soutient. Telle est la conception structurale : les abstractions sont interrelationnelles.

Si nous parcourons sur ce schéma R le trajet du schéma L simplifié, en y substituant cette fois les nouvelles appellations du schéma R, celles qui sont antérieures, le trajet A a' a S devient P I M φ, ce qui amène le commentaire suivant : à travers la relation mère-enfant désiré (le I M central de la ligne brisée P I M φ), *quelque chose du père* – le « Nom-du-Père », c'est-à-dire ce qui chez le père n'est absolument pas au nom d'autre chose que du seul nom de « père », qui est un « pur signifiant » –, ce quelque chose venu d'en deçà de l'enfant désiré (c'est le P de P I M φ) *se signifie comme phallus* au-delà de la mère (c'est le φ à la fin du trajet P I M φ), là où il n'y avait qu'un phallus imaginaire – il faudrait écrire ϕ pour marquer qu'il s'agit maintenant d'un phallus symbolique, d'un phallus qui s'y trouve signifié.

Dans ce trajet brisé en Z, on retrouve une célèbre formule de Lacan, celle de la *métaphore paternelle*[21] qu'il fournit sur une ligne dans son texte (figure 4) et qui circule à travers le schéma R.

21. *Ibid.*, p. 557.

$$\frac{\text{Nom-du-Père}}{\text{Désir de la Mère}} \cdot \frac{\text{Désir de la Mère}}{\text{Signifié au Sujet}} \longrightarrow \text{Nom-du-Père}\left(\frac{\text{A}}{\text{Phallus}}\right)$$

Figure 4
Métaphore parternelle

P se signifie comme φ au-delà de la mère. Autrement dit, la première substitution de la formule de la métaphore paternelle, celle de gauche, c'est le père en tant que métaphore de l'enfant désiré, c'est P substitué à I. Il y a en effet quelque chose du père dans l'enfant désiré de lui par la mère, c'est-à-dire dans l'enfant qui est « Désir de la Mère ». Le « Signifié au Sujet » en bas de la seconde substitution de la formule apparaît au point S du schéma L ou du schéma R, c'est-à-dire au point du sujet. Le « Désir de la Mère » en haut de la seconde substitution, c'est le point M. Le signifié phallique φ surgit d'au-delà de cette mère M (toujours en suivant le trajet du schéma L simplifié), cette mère qui parfois s'absente *on ne sait pour quelle raison* – Lacan insiste sur « l'opération de l'absence de la mère » dans la constitution de la métaphore paternelle. Le résultat de la métaphore paternelle, ce qu'elle est dans son « essence », est la mise en rapport des deux angles opposés A et φ, réunis au niveau de la parenthèse droite de la formule de la métaphore paternelle. Une lecture orpheline de la métaphore paternelle, sans schéma R, s'énonce ainsi : la fonction de la substitution du Nom-du-Père au seul Désir de la Mère est de signifier au sujet que les allées et venues de la mère indiquent un désir, et au lieu de l'Autre la présence du phallus. Désormais, tout ce qui se dira sera une allusion inconsciente au phallus en tant que manque du phallus imaginaire. C'est le phallus symbolique.

Dans une note[22] de bas de page ajoutée en 1966 à son texte de 1956, Lacan introduit ce schéma R au sein de sa topologie ultérieure. Je me contenterai de développer ce point en quelques phrases, en recommandant une étude plus approfondie des ouvrages de topologie lacanienne à qui voudrait pénétrer plus avant les ténèbres de la psychose. De façon succincte, on peut dire que Lacan y transforme le

22. *Ibid.*, p. 553-554.

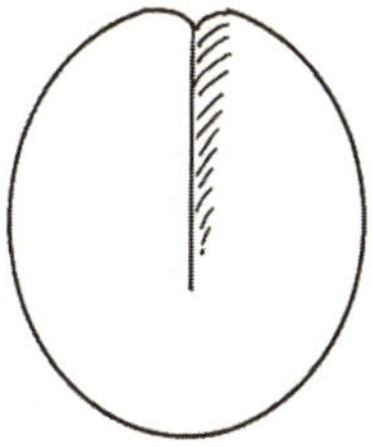

Figure 5
Représentation du plan projectif

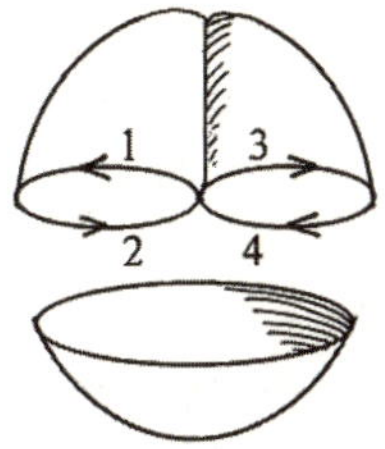

Figure 6
Les deux parties du plan projectif

schéma R en un *plan projectif*[23]. Le plan projectif est une figure topologique tridimensionnelle (figures 5 et 6) qui comprend une partie möbienne – un ruban de Möbius autotraversé – et une calotte sphérique. Danièle Arnoux l'écrit « 0 + 8 »[24]. C'est l'ensemble aggloméré de ces deux parties qui forme le plan projectif. Certains topologues lacaniens parlent de *cross-cap* (terme que Lacan utilise parfois), alors que le *cross-cap* n'est théoriquement que la partie möbienne. Peu importe d'ailleurs. Le plan projectif a pour principe conventionnel de construction de ramasser tous les points de l'horizon en un seul en raccordant deux à deux tous les points opposés de cet horizon et en les resserrant comme le ferait une couturière avec un tissu. Le résultat de cette étrange perspective forme une sorte de ballon ovoïde pincé dans sa moitié supérieure, telle une mitre d'évêque ou un homard. À ramasser le schéma R en un plan projectif (figure 7) selon

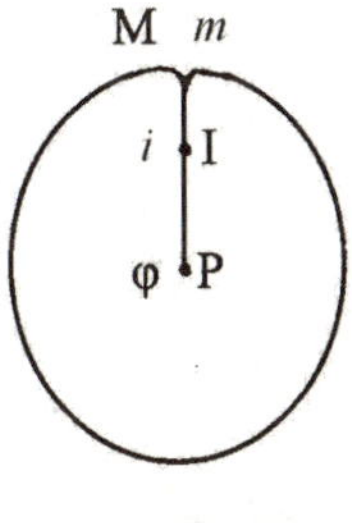

Figure 7
Les éléments du schéma R dans le plan projectif

23. Cf. S. Barr, « Le plan projectif », *Littoral,* n° 14, Toulouse, érès, 1984 ; et J.-D. Nasio, *Les yeux de Laure,* Paris, Aubier, 1987.
24. D. Arnoux, « 0 + 8 = », *Littoral,* n° 13, Toulouse, érès, 1984.

la suggestion de Lacan, *i* se trouve raccordé à I, M à *m*, φ à P, et de même pour tous les points intermédiaires. Le champ R devient alors la partie möbienne et les champs I et S la calotte sphérique.

Lacan s'est servi de ce plan projectif comme d'un support destiné à montrer le rapport du sujet à l'objet du désir – ce qu'on trouve dans sa formule du fantasme : $ ◊ *a*. Le sujet désire un objet perdu tout en se constituant comme sujet divisé dans cette perte. Dans le schéma R, les champs I et S sont donc l'objet perdu *a* et la calotte exclue du plan projectif. Ils ne sont constitués que de pertes (l'imaginaire n'est que reflet, le symbolique est une présence représentant une absence), et le sujet $ y est le ruban de Möbius produit par le champ R si l'on en raccorde les bouts d'une certaine façon, M avec *m, i* avec I. Le ruban de Möbius n'est du point de vue topologique que sa propre coupure centrale (il ne se perpétue pas si on procède à une coupure le long du bord) – tout comme le sujet –, le champ de la réalité R « ne se soutient, écrit Lacan, que de l'extraction de l'objet *a* qui pourtant lui donne son cadre ». Cela veut dire que le champ de la réalité R du schéma R se soutient du cadre donné par ces champs de perte que sont I et S. Autrement dit, la réalité ne prend consistance que de ce que l'objet du désir, l'objet de la satisfaction primordiale dans la théorie de Freud, n'est pas retrouvé. Grâce à la non-retrouvaille, on ne peut pas prendre ses désirs pour des réalités. De ce défaut de retrouvaille, nous vient le

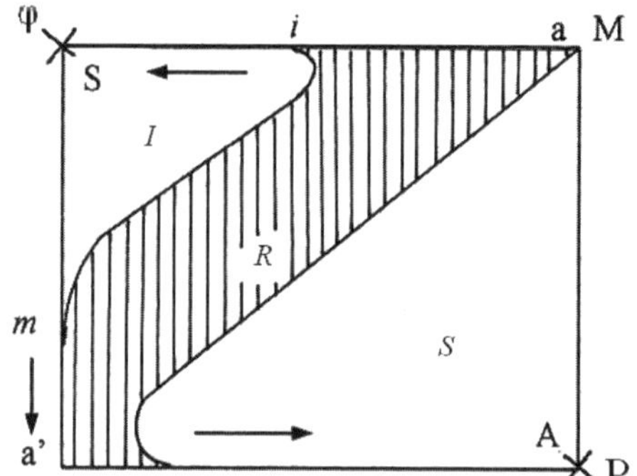

Figure 8
Du schéma R vers le schéma I en supprimant P et φ
et en tirant *i* vers S, *m* vers a' et I vers A

sens de la réalité. Dans l'article sur la *Verneinung*, c'est sur ce défaut que Freud fonde le jugement d'existence.

Il est temps maintenant de passer au schéma I, lequel montre ce qu'il advient du schéma R lorsque le signifiant du Nom-du-Père fait défaut au lieu de l'Autre. Pour comprendre la transformation, il faut s'imaginer un schéma R en caoutchouc (figure 8).

On y couperait le point P qui soutient le triangle PMI. Dès lors ce triangle se rétracterait jusqu'à disparaître, comme si le ciseau était passé très près de la diagonale M I. Son triangle siamois imaginaire *i m*, alors, ne se soutiendrait pas non plus, puisque, en tant qu'effet de P manquerait également. Tout ce qui relève de l'imaginaire phallique inconscient disparaîtrait aussi. Si l'on se réfère au plan projectif, les choses seraient plus compliquées. La rondelle manquante de l'objet *a*, qui n'est faite que de pertes, n'existerait plus et serait remplacée par du plein. Il n'y aurait plus qu'un cross-cap plein, avec une calotte sphérique pleine et un ruban de Möbius autotraversé, où l'on passerait de l'intérieur vers l'extérieur sans même s'en apercevoir, puisqu'il n'a par définition qu'une seule face. Par ailleurs, dans un tel schéma R en caoutchouc, il y aurait un premier temps où le quadrilatère R tendrait à se rétracter jusqu'à n'être plus que la ligne M I ; tout tendrait vers cette ligne ; et même les deux points M I chercheraient à se rapprocher. En fait, tout le quadrilatère du schéma R irait vers sa résorption totale.

Pour néanmoins préserver les quatre fonctions constituantes du sujet, il faut tirer la bande caoutchouteuse R restante vers les quatre coins des quatre fonctions du schéma L qui figurent le sujet au moment de la parole. Pour cela, il convient de crocheter trois des quatre angles et de les tirer d'une certaine manière. Il faut crocheter l'angle I de l'enfant désiré et le tirer à droite vers A, où ce I prendra la place de P. L'enfant idéal devient alors la référence à la place du Nom-du-Père. Dans le délire de Schreber, il s'agit de l'ordre du monde créé par Dieu, c'est-à-dire son « enfant », le créé, qui assure la stabilité d'une référence tierce fondamentale. Schreber décrit cet ordre du monde comme produit par Dieu lui-même, voulant signifier par là qu'Il ne peut se dédire de ce qu'Il a dit ou plutôt défaire ce qu'Il a fait. À l'angle opposé du schéma R, là où manque φ, va venir se placer l'image spéculaire *i* que l'on tire de la droite vers la gauche. Ce sera l'image dans le miroir, celle que Schreber parera avec des atours féminins, qui se substituera à l'image phallique inconsciente. C'est elle qui sera le « signifié au sujet » depuis le lieu de l'Autre, c'est-à-dire de par l'ordre du monde dans le schéma I. Là où se trouvait I, l'enfant désiré, qui se sera placé en A, il y aura un vide compensable par le moi spéculaire *m,* que l'on glissera donc vers le bas et que l'on placera sur la diagonale face à Dieu qui reste en M. Le moi spéculaire est alors le reflet de Dieu. Schreber se reflète en Dieu et Dieu se reflète en lui. Seule la fonction maternelle M reste à sa place, là où elle était. Elle est occupée par Dieu qui, selon ce schéma, ne signifie pas seulement le père comme le croyait Freud. Dans le schéma I, ce point M, la mère, glisse vers l'infini ; cela figure l'incessante dérobade de Dieu dans le délire. C'est grâce à tous ces mouvements que vous obtiendrez le schéma I (figure 9).

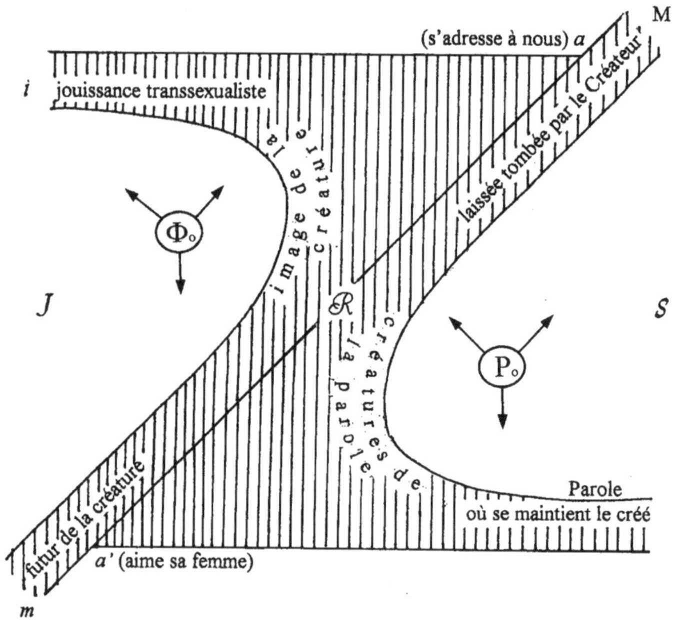

Figure 9
Schéma I (*Écrits,* p. 571)

Par ailleurs, tout se passe comme si dans ce schéma I seul le quadrilatère hachuré de la réalité R était chargé de recréer par étirement un schéma L et donc d'en soutenir les quatre fonctions. Or ici la réalité R n'est plus le produit de la compénétration des triangles imaginaire et symbolique, liés, je le rappelle, aux pertes qui fondent le jugement d'existence. La réalité est désormais pleine et certaine. Il s'agit de la catégorie du réel, qui n'était pas encore très élaboré chez Lacan en 1956. Ce réel apparaît dans la défection du symbolique et de l'imaginaire et non dans leur compénétration.

Les quatre coins du quadrilatère R de la réalité font les quatre coins du schéma I et tout ce que le schéma I dessine a valeur de réalité, ce qui est tout à fait conforme aux données de la clinique. On peut avancer que c'est cette néoréalité ou ce néoréel qui assure à lui seul à la fois une fonction imaginaire (Schreber est réellement une femme) et une fonction symbolique (l'ordre du monde est pour lui une réalité). C'est aussi cela le délire.

Après cet engendrement du schéma I par des tiraillements exercés sur le schéma R, voyons ce schéma I tel qu'il est. Il est caractérisé avant tout par les deux grandes échancrures bordées chacune d'une courbe hyperbolique – Lacan parle de « la double courbe de l'hyperbole ». Qu'est-ce qu'une hyperbole ? C'est d'abord l'une des sections coniques d'Apollonios de Perga (262-180 av. J.-C.), géomètre d'Alexandrie, auteur d'un célèbre *Traité des sections coniques*. Les sections coniques sont les figures obtenues par l'intersection d'un cône ou plutôt un double cône avec un plan plus ou moins incliné, qui ne passe pas par le sommet, ce qui ne donnerait que des droites sécantes ou un point (figure 10).

Un plan coupant un cône produit, au fur et à mesure de son inclinaison, un cercle, une ellipse, une parabole, et enfin une hyperbole. L'hyperbole est obtenue lorsque le plan coupe verticalement le double cône. Lacan spatialise donc la psychose comme l'effet que produirait un mur qui couperait les cônes issus des rayonnements de P et de φ. Les bords des cônes tels qu'on peut les dessiner sur un plan forment les asymptotes de l'hyperbole, c'est-à-dire des lignes droites vers lesquelles tendent ces courbes hyperboliques, sans pourtant jamais les rejoindre. C'est la figuration d'une dérobade infinie, du fait de toujours différer. La véritable hyperbole a deux asymptotes

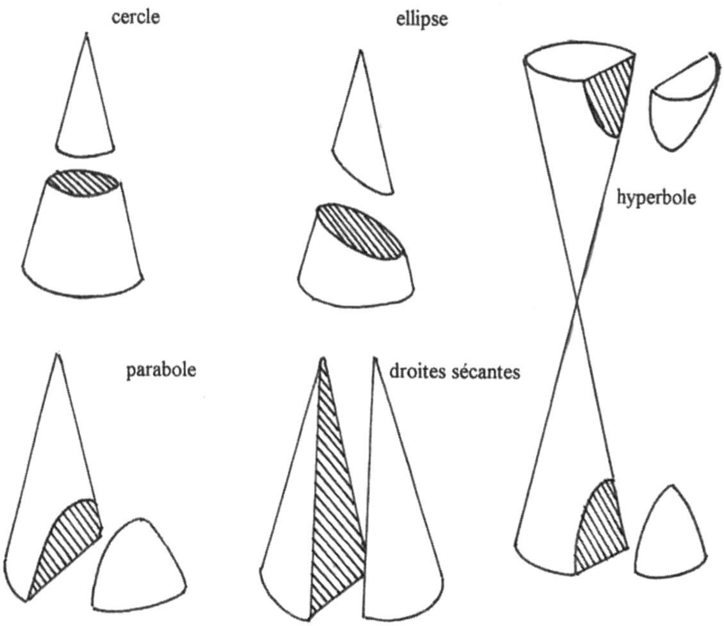

Figure 10
Les différentes sections coniques d'Apollonios

(figure 11). Or le schéma I comporte une seule asymptote entière, laquelle prolonge de part et d'autre le segment *m* M, tandis que l'autre est brisée en deux demi-droites horizontales, parallèles et opposées, qui sont donc deux demi-asymptotes pour l'une des deux branches de chaque courbe hyperbolique.

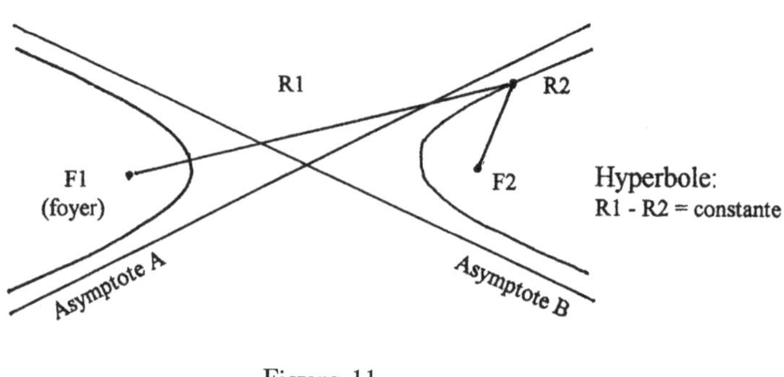

Figure 11

Ces deux demi-asymptotes permettent à Lacan de dessiner le maintien pour Schreber du sens de la réalité d'un semblable, à travers le lecteur auquel il s'adresse et sa femme qu'il continue d'aimer, comme s'il avait pu s'approcher de ces deux données normatives au fur et à mesure de son délire. Alors que l'hyperbole est par principe symétrique à la fois par rapport à deux droites et par rapport à son point central, le schéma I ne l'est que par rapport au point, à l'endroit de la lettre R. C'est le point central de la réalité – si on tourne le schéma I de 180° autour de *R*, il est identique.

L'hyperbole est aussi une sorte d'anti-ellipse. En effet, alors que l'ellipse est le lieu de tous les points dont *la somme* des distances à deux points fixes est constante (figure 12), l'hyperbole est le lieu de tous les points dont *la différence* des distances à deux points-foyers est constante (figure 11). Sur les figures 11 et 12, pour l'ellipse $R_1 + R_2 =$ constante, pour l'hyperbole, c'est $R_1 - R_2 =$ constante. Cela est interprétable sur le schéma I comme le fait qu'un seul et même manque est lié au double déficit du symbolique et de l'imaginaire.

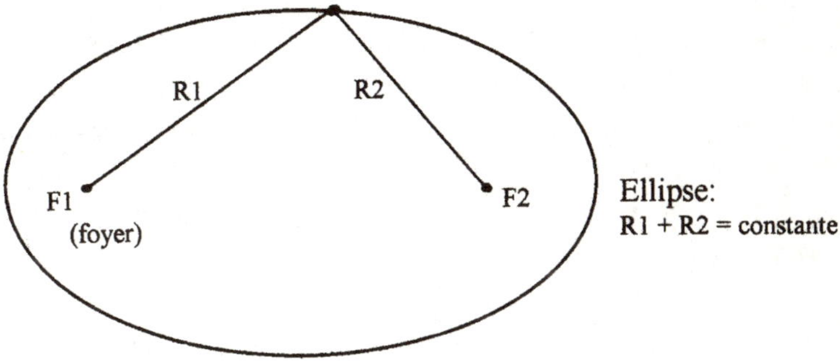

Figure 12

Ce qui frappe d'abord sur le schéma I (figure 9), ce sont les deux trous, celui du Nom-du-Père et celui du phallus, lesquels manquent par rapport au schéma R. Leurs places vacantes sont les deux foyers P_0 et ϕ_0 des deux hyperboles (l'indice 0 signifie zéro ; ϕ est majuscule car il s'agit du phallus symbolique dont nous avons déjà parlé). Ces deux trous creusent les champs symbolique et imaginaire qui sont absents. Dans la théorie lacanienne de la psychose, le manque symbolique induit le manque imaginaire phallo-narcissique. L'un est corrélatif de l'autre ; c'est le même manque, comme nous l'avons rappelé plus haut.

Lacan lit dans l'asymptote oblique centrale qui prolonge de part et d'autre M *m* l'union linéaire du moi délirant *(m)* de Schreber à l'autre divin (M). Schreber s'unifie quasi spéculairement, on l'a vu, contre son morcellement et sa disparition, en soutenant une fonction de recréation d'une humanité (voir le schéma I) à l'instar de Dieu. Il contient en lui 1e futur de la créature. Cette asymptote qui est une ligne de convergence avec Dieu contraste avec une divergence : au niveau des deux autres coins *i* et I, Schreber s'oppose à Dieu ; l'ordre du monde s'oppose à Dieu en I ; en *i* la jouissance féminine, transsexuelle et narcissique de Schreber éloigne les rayons de Dieu de leur fonction fondamentale en se les accaparant. Ce narcissisme artificiel capte les rayons divins comme un enfant capterait le regard d'une mère qui se dérobe.

I, qui compense l'absence de P, est, nous l'avons vu, l'ordre du monde. Il est soutenu par la seule parole de Schreber, éventuellement sa parole intérieure, grâce à quoi se maintient à grand-peine le créé ou la création. L'ordre du monde signifie chez lui la foi en la validité de la parole, la foi en l'existence d'un Autre. On pourrait dire qu'avec un tel ordre du monde opposé à un Dieu Créateur susceptible de créer à tout instant dans la plus parfaite contingence, Schreber affiche une conception grecque de la divinité : Dieu n'y fait pas ce qu'Il veut, Il est soumis à une Nécessité.

Ce qui témoigne de la présence d'un trou P_0 dans son délire est, souvenez-vous, l'idée ou plutôt la certitude qu'a eu lieu un événement non clairement défini, qui implique son nom et celui de Flechsig et qui a provoqué un « assassinat d'âme ».

L'absence de P, P_0, dénude la fuite de M, c'est-à-dire l'éloignement de la mère. C'est ici le retrait ou le « laisser tomber » de Dieu. Il dérive directement de la métaphore paternelle, où le Nom-du-Père se substitue, non pas à la mère, mais à « l'opération de l'absence de la mère », impliquée par ses allées et venues. Cette absence-là est figurée dans le délire de Schreber par le fait que Dieu se retire sans cesse de lui et des humains, auxquels Il ne comprend d'ailleurs rien, et dont Il ne peut sonder ni les reins ni le cœur. La créature est « laissée tomber » par son Créateur, par la part maternelle de Dieu. Schreber développe aussi une conception juive de la divinité : c'est le *tsimtsum* du retrait de Dieu.

Cette absence de P, ce P_0, qui menace tout le système symbolique de la parole et oblige Schreber à soutenir le monde, le créé, en parlant et en pensant sans cesse, est à l'origine de véritables crises de néant auxquelles il met fin en se mettant à hurler brusquement. Sur ce fond de néant « apparaissent » des créatures qui soutiennent elles aussi la parole, des « créatures de la parole » : essentiellement des oiseaux parleurs, qui, selon Freud et Lacan, sont les métaphores de jeunes filles piaillantes ; elles aussi soutiennent une parole qui menace de s'effondrer. Parlant de l'hallucination sur fond de silence, Lacan écrit qu'il « fait le réel s'illuminer d'une fulgurance projetée du dessous de son soubassement de néant ». Une telle fulgurance sur fond de néant rejoint l'assise raisonnée de la certitude de Schreber : puisque ce qu'il pense n'était pas sa pensée auparavant, il s'agit par conséquent d'un réel. Où l'on retrouve ce qu'il a écrit tout au départ de ses *Mémoires :* « […] la création divine est création d'existence à partir de rien ». Schreber tente ainsi de pallier la présence-absence du système symbolique.

L'hyperbole qui entoure P_0 a donc trois zones : le Créateur qui s'est retiré, le créé soutenu par la parole, et entre les deux la créature soutenant la parole. Nous retrouvons la même triade du Créateur, du créé et de la créature de l'autre côté, autour de l'hyperbole qui contourne le trou imaginaire ϕ_0. Cette fois-ci la triade présente sur la bordure soutient la fonction imaginaire et non plus la fonction symbolique. En *i* se compense l'absence de phallo-narcissisme. À la place de l'être-phallus, Schreber s'imagine être femme, puis, au fur et à mesure que le délire avance, il s'éprouve être réellement femme, une femme dont Dieu a la jouissance. Il s'agit d'une « jouissance transsexualiste » (voir sur le schéma I). Sa fonction de compensation spéculaire, i, se signifie dans le fait que Schreber se mire très souvent dans la glace, le torse paré de bijoux féminins. Cette jouissance transsexualiste implique l'éviration tout comme dans le transsexualisme classique. L'éviration, signifiée à Schreber au point sujet S (selon le schéma L), provient du lieu de l'Autre, occupé par I, c'est-à-dire de l'ordre du monde. C'est l'ordre du monde qui veut son éviration.

Devenu femme selon son délire, Schreber se retrouve être la putain de Dieu. Son Dieu n'est ici ni grec ni juif, mais hédoniste et païen.

Ce *i* compensatoire qui provient de l'effondrement ϕ_0 se signale dans son délire par sa mort et sa cadavérisation, et plus largement dans la vision crépusculaire de la mort du monde et de l'humanité. Devenir la putain de Dieu, ou, selon Lacan, « la femme qui manque aux hommes », aurait dû provoquer un remous chez les vrais hommes, c'est-à-dire les hommes pourvus d'un phallus qui vaille. Dans la logique délirante de Schreber, cette absence de réaction est à mettre sur le compte d'une absence de phallus. Tous les hommes sont donc des hommes mal foutus, bâclés à la six-quatre-deux. Schreber traduit cette défection en affirmant que la créature n'est qu'image. C'est l'« image de la créature » sur le schéma I.

C'est ainsi que Schreber soutient le registre imaginaire menacé lui aussi de s'effondrer. Mais il fait beaucoup mieux : il s'« imagine » (c'est en fait une certitude) engendrer une humanité future qu'il ressent déjà dans son ventre ; c'est le « futur de la créature », en *m* sur le schéma I. La femme qu'il est devenu est alors la créatrice. Par cette résurrection, son Dieu est un Dieu chrétien, c'est Schreber lui-même.

Restent les deux demi-asymptotes horizontales qui représentent les fonctions *a* et *a'* d'un moi normal et d'un semblable normal malgré l'état délirant. Le semblable normal, c'est celui que Schreber suppose chez son lecteur lorsqu'il s'adresse à lui dans ses *Mémoires* en commentant son délire avec un certain recul. Le moi normal, c'est le sien, présent lorsqu'il parle de son amour pour sa femme, en apparence tout à fait préservé. Ces deux demi-asymptotes *a* et *a'* encadrent et limitent en quelque sorte le délire, qui partout ailleurs file à l'infini sur le schéma I.

Les quatre branches de l'hyperbole étirent ainsi le délire de façon cruciforme. Elles montrent que Schreber s'identifie de plus en plus à Dieu, en recréant d'autant plus l'humanité que Dieu se retire toujours davantage, qu'il est davantage transformé en femme et qu'il est davantage le soutien de l'ordre du monde. Les quatre approches des asymptote et demi-asymptotes sont totalement corrélées.

Freud parle également d'asymptote à propos de cette recréation de l'humanité. Évoquant la fin de la maladie de Schreber, il écrit : « Le sens de la réalité, néanmoins, qui s'est entretemps renforcé chez le patient, le contraint à ajourner du présent dans un avenir lointain la solution trouvée, à se contenter, pour ainsi dire, d'une réalisation asymptotique [la traduction française dit hélas : "asymptomatique"] de son désir. » Et il cite Schreber dans une note en bas de page : « Ce n'est qu'au titre d'une possibilité dont il faut tenir compte que je le dis : mon éviration pourrait cependant encore avoir lieu, afin qu'une génération nouvelle sorte de mon sein de par une fécondation divine. » Pour Freud, le caractère asymptotique témoigne donc de l'acquisition d'un sens de la réalité. La catégorie modale du possible infiltre désormais le bloc très dense de la nécessité délirante. Pour Lacan, qui a développé cette intuition asymptotique de Freud, l'asymptote témoigne aussi de l'effet infiniment métonymisant de la contrainte structurale du psychotique. Cela va sans cesse plus loin. Comme aucune métonymie ne se soutient, il faut toujours aller plus avant le long des métonymies et différer. Il se peut que la « guérison » d'un délire soit toujours la transformation d'une certitude en une possibilité, en même temps qu'un ajournement indéfini, une avancée le long des métonymies toujours plus poussée aux quatre coins du schéma I. La « guérison » ne serait que l'étirement maximal des quatre branches, comme une compensation à l'absence de la perte de l'objet *a*, à l'absence des registres symbolique et imaginaire.

À propos de ce sens de la réalité de Schreber, on trouve également au centre du schéma I la lettre *R* de la fonction de la réalité. C'est une « sorte d'îlot, écrit Lacan, dont la consistance lui est imposée après l'épreuve par sa constance ». En note, il précise : « Lors de l'acmé de la dissolution imaginaire, le sujet a montré dans son aperception délirante un recours singulier à ce critère de la réalité, qui est de revenir toujours à la même place, et c'est pourquoi les astres la représentent éminemment : c'est le motif désigné par ses voix sous le nom d'arrimage aux terres. » Le ciel est encore ce qu'il y a de plus fixe dans la vie d'un homme. La réalité *R*, comme n'importe quel autre élément du schéma I, désigne une certaine fonction qui peut être diversement occupée, par exemple par une astronomie délirante. En ce sens Lacan parle de combinatoire à propos de ses schémas qui montrent de multiples fonctions dans leurs interrelations.

Telle est l'avancée la plus complexe qui soit, mais aussi la plus pénétrante, dans le mystère de la psychose. Il reste maintenant à tenter de croiser ce foisonnant schéma I à l'ensemble des données que nous avons évoquées à propos de la psychose de Schreber.

Pour essayer de conclure

Essayons de ramasser en un bouquet final ce que j'ai rapporté du texte de Schreber et des commentaires de Freud et Lacan, en ajoutant quelques chemins de traverse dans la luxuriante Amazonie de ce délire.

Schreber s'est probablement senti insuffisant très jeune, en particulier face à la fonction de futur père, si essentielle dans l'identité masculine. Après avoir épousé sa femme, sans doute une femme enfant, il a souffert de douleurs hypocondriaques qui signifiaient ce sentiment d'incapacité. Lorsque sa position de père a failli effectivement (les fausses couches, son désaveu lors des élections), il a senti qu'il ne faisait plus le poids (faux amaigrissement) et craint qu'on ne lui enlevât son enfant (c'est-à-dire sa femme).

Sans doute n'avait-il pas été préparé à porter en lui une fonction qui se contente de ne relever que du seul nom de père puisque son père descendait d'une lignée, d'une parenté *(Verwandschaft)* dont la valeur avait été désavouée par un père. Et Moritz ne pensait sans doute qu'à former (éduquer) ou reformer des enfants (orthopédie), voire à se reformer lui-même jusqu'à être un enfant parfait (gymnastique) – peut-être voulait-il aussi redonner un enfant perdu à sa mère, en deuil semble-t-il de deux frères et de deux sœurs morts en bas âge. Il ne fut qu'un père réel, c'est-à-dire une mère supplémentaire. Dans la force de l'âge, un accident l'a brisé. Et très jeune il avait probablement lui aussi senti qu'il ne pourrait pas porter sa fonction de père (phobies d'impulsions infanticides). Il est mort prématurément. À la faveur d'autres fausses couches et surtout de sa nomination comme « père » à la tête d'autres « pères » à la cour d'appel, le sentiment d'insuffisance de Daniel Paul n'a pu que s'aggraver encore.

Alors il s'est rêvé femme jusque dans sa sexualité et a voulu avoir recours au père de soutènement qu'était pour lui et pour sa femme le professeur Flechsig, à la fois pour un « adoubement » tardif et pour tenter de résoudre la question de son identité masculine, tellement nécessaire pour être père. La question a pris la forme, *pars pro toto*, d'une plainte concernant son sommeil (*Schlaf* y était la métonymie de *Beischlaf* – coït). Dans la question qu'il adressait à Flechsig, il demandait : l'Autre me veut-il femme ou homme ?

Mais Flechsig n'a pas entendu la vraie question, ou plutôt il ne lui a pas laissé le temps d'arriver jusqu'à lui. Il n'a pas soutenu le transfert paternel de Schreber et ne lui a probablement rien dit de singulier. Il s'est contenté de répondre dans le réel, avec un discours très général sur l'état de la psychiatrie, rejoignant ainsi la position de l'éducateur et orthopédiste Moritz. Il n'a introduit aucun père symbolique. En lui donnant réellement de quoi tomber dans le sommeil *(Schlaf)*, c'était comme s'il avait voulu le forcer à être une femme, celle qui subit le *Beischlaf* (coït) effectivement, concrètement, corporellement.

Comme pour maintenir la signifiance, Schreber a redoublé la souffrance de son symptôme. Couchant chez sa mère, alors qu'il aurait pu se sentir un homme rival de son père, il s'est trouvé dans une position plus féminine encore et n'est plus parvenu du tout à dormir. C'était la souffrance du *Beischlaf* (le coït comme femme ; plus littéralement le « dormir avec »).

En passant une nuit blanche chez sa mère, il signifiait qu'il rejetait le *Beischlaf*. L'approche du *Beischlaf* sous l'effet des somnifères lui a même donné l'envie de se tuer.

Flechsig est allé le chercher, alors qu'il n'avait plus une position de père, ni symbolique ni imaginaire idéal, fonction qui allait être dévolue à Dieu. Il avait promis à Schreber qu'il retrouverait le sommeil : il avait menti puisque cela n'était pas arrivé. C'était le 21 novembre 1893.

La signification d'un *Beischlaf* subi par une femme et qu'il avait voulu faire entendre à Flechsig s'est dispersée sous l'emprise du corps médical. On l'a baigné, surveillé durant son sommeil *(Bei Schlaf)*, forcé à changer de chambre alors qu'il était en chemise de nuit (une robe), cependant qu'il s'accrochait à ce signifiant paternel qu'était le billard. Le signifiant *Beischlaf* lui venait du dehors et de tout son vécu. Tout devenait une contrainte, un subir, une soumission de femme. Ce passage à la réalité extérieure du *Beischlaf* (durant le sommeil, coït) *unterliegen* (être couché en dessous et subir) fut la pointe initiale de son délire.

La question de son investiture comme père par un père demeurait ouverte mais en rade. Elle resta en dormance pendant qu'il se promenait avec sa femme enfant, qu'il se rendait chez sa mère, qu'il était sous la garde de Flechsig ou d'un infirmier. Le délire n'a éclaté qu'en février 1894, lorsque sa femme s'en est allée pour quelques jours chez son père. Que s'est-il passé ? On peut faire l'hypothèse qu'en allant chez son vrai père, sa femme lui brisait encore davantage une paternité imaginaire déjà flageolante. Le manque de paternité ainsi dévoilé, il s'est produit comme l'immense appel d'une investiture paternelle symbolique. Il fallait absolument que Schreber obtienne de Flechsig ce que son père n'avait pu lui transmettre. Pour ce faire, un nouveau jeu signifiant s'est mis en place, parfaitement lisible dans les *Mémoires,* mais sans que l'on puisse en connaître l'exacte succession. On ne peut tenter qu'une reconstitution un peu artificielle. Tout comme le *Schlaf* signifiait le *Beischlaf* du devenir-femme, le signifiant *heil* de *heilen* (guérir) signifia aussi le *heil* de *heilig* (saint) et de *heiligen* (sanctifier). La clinique où il se trouvait était une *Nervenheilanstalt* (clinique psychiatrique, « centre de guérison des nerfs »). Flechsig le sanctifiait en voulant le guérir.

S'est mis alors en place un réseau de signifiants chaque fois complété par une construction d'allure logique. C'est dans cette logique implicite que réside le fond de sa folie. Flechsig prétendait le guérir, or guérir, c'est sanctifier. Et la sanctification est bien sûr la purification de l'âme. Il n'y a pour Schreber aucun doute là-dessus. Le langage ne ment pas. En voulant guérir, Flechsig s'attribuait donc un pouvoir qui n'appartient qu'à Dieu. Telle est la manière dont Schreber concevait le jeu signifiant. Le père de substitution se disait père divin. En voulant guérir Schreber, il exerçait son pouvoir divin sur lui. Grâce à un nouveau jeu de mots, la *Heiligkeit* (sainteté) de Schreber devint lieu de *Seligkeit* (béatitude), le lieu où convergent les âmes *(Seelen)* agglomérées en Dieu conformément à la Communion des saints. La *Seligkeit* (béatitude) va dans le sens de la béatitude féminine du *Beischlaf.* Ainsi s'enchaîna peu à peu son délire. Tout semble issu de l'impossibilité pour Schreber de considérer *heil* comme une simple condensation produisant au pire un trait d'humour ou un jeu de mots. Il lui était impossible de condenser les deux *heil,* il lui fallait les relier par une logique. Il était dans l'incapacité d'utiliser la signifiance de ce signifiant, il ne pouvait que séjourner dans l'entre-deux sens du pur signifiant *heil*. Une logique lui était nécessaire pour suturer la dualité.

Cette façon de traiter les signifiants *Beischlaf, heilen* ou *Seligkeit* mérite qu'on s'y arrête. Schreber passe en effet, de façon continue et totale, d'un élément à sa connexion mais pas seulement du point de vue signifiant. Il glisse également du signifiant à tous ses signifiés et inversement. *Heilen* est totalement *heiligen,* comme si le signifiant *heil* portait en soi la charge de tous ses signifiés possibles (il est même dans la *Theilung* – partage –). Les mots de Schreber sont des choses. *Heil* est certes dans le signifié de *heilen* ou de *heiligen*, mais aussi dans le signifiant, ce qui implique l'absorption totale des connexions *-en* ou *-igen* et d'autres adjuvants. Le signifiant en devient tout-puissant, comme chargé de magie. De même pour la *Seligkeit,* qui est l'effet causal de l'*heiligen ;* elle est totalement identique au mot *Seeligkeit* (« âmité ») qui n'existe pas.

De ce fait, le meurtre de la *Seele* est logiquement présent dans le fait de ne pas *heilen,* de ne pas guérir. Si Flechsig ne guérit pas, il n'y a pas de *Heilung*, et donc pas de *Heiligung* qui, elle seule, produit des âmes réunies en Dieu. L'ensemble des connexions des signifiants et des signifiés n'en est pas un. C'est une seule et même chose. On y est immédiatement d'un signifiant à l'autre et de l'autre côté, du côté signifié.

Schreber entend les âmes qui parlent « à voix haute » *(Laut)* en lui. Cette profération qu'il entend comme un signifié immédiatement disponible de *Laut* provient de la *Läuterung* (purification) des âmes qui leur confère la *Seligkeit*. Cette *Läuterung* s'ajoute à la sonorisation autonymique liée au fait qu'un mot ne renvoie qu'à lui-même, ce qui est le propre de la sonorisation hallucinatoire. Le signifiant peut en effet lâcher tout signifié. Une telle profération autonome découle d'un flux instantané qui prend le masque d'une logique : tous les signifiants sont reliés par une sorte d'« il en découle que » qui est la base de la logique et se fonde sur une identité de forme. On pourrait rendre cette logique de la manière suivante : si *heilen* pour un *Beischlaf* (guérir pour un sommeil-coït), alors il y a une *Läuterung* (purification) par *Heiligung* (sanctification) dans le but de produire une *Seele* et donc devenir Dieu par la Communion des saints, d'autant qu'une *Seligkeit* (béatitude) comme celle des âmes est proche de la béatitude féminine dans le *Beischlaf unterliegen,* en particulier lors du coucher *(liegen im Bett).* L'étonnant est que toutes les connexions paradigmatiques et syntagmatiques promues par la linguistique de de Saussure et tous les signifiés auxquels elles permettent d'accéder sont instantanés et complets. Il n'y a pas pour le psychotique un cheminement d'un point à un autre du langage, il n'y a qu'une surface totalement présente par tous ses points et qui s'étend en tache d'huile et peut être immédiatement traversée vers le côté du sens. *Tout se passe comme si le névrosé errait de point en point dans l'oubli des connexions à la surface du langage, en n'étant chaque fois qu'en un seul point, tandis que pour le psychotique, le langage tout entier, ou du moins une vaste zone, est là, ramassé comme en un point aleph contenant tous les points, arrimé au corps du sujet telle une excroissance caoutchouteuse et pourvue d'une étrange topologie.*

Avant d'en proposer une analyse, j'aimerais poursuivre la description signifiante du délire de Schreber. La résistance de Schreber au *Schlaf-Beischlaf* est également une résistance à la « guérison de ses nerfs », à sa *Nervenheilung.* Flechsig s'occupe des nerfs de Schreber par une mise en connexion qui semble bien concrète et nullement métaphorique : le *Nervenanhang,* le « raccordement aux nerfs » – l'*Anhänger,* c'est aussi, je l'ai dit, l'« adepte », tel celui d'une secte. La logique veut que lorsque Flechsig s'empare du pouvoir divin pour s'arroger la sanctification des âmes, Dieu dispose de moins d'âmes pour recréer des humains, selon le cercle parfait de la création que Schreber pose en axiome. Il y a donc de moins en moins d'hommes sur terre. Ceux que Schreber voit ne sauraient très logiquement constituer que des apparences humaines. Tout cela résulte du « rapport » *(Verkehr)* féminin de Schreber avec Flechsig, rapport *übersinnlich,* « au-dessus des sens », rapport non perçu par les organes des sens – le mot a été traduit par « sacré ».

Les âmes purifiées se sont toujours agglomérées en devenant Dieu au ciel. Ce ciel est réel pour Schreber. Dès lors tout est astronomique. Il parle des *Weltkörper* (corps célestes) à propos des étoiles et des planètes, mais ces *Weltkörper* sont aussi des parties du ciel qui convergent vers son propre corps et des corps offerts au rapport sexuel féminin qu'il subit. C'est ainsi qu'à travers le signifiant *Weltkörper* il devient la putain du monde entier, de l'univers, du ciel et de Dieu. Le langage en fait partie. Et comme le signifiant s'autonymise de plus en plus et partout, Schreber entend les voix et la « langue fondamentale » du monde et de Dieu en fin de compte, la *Grundsprache* qui ne renvoie qu'à elle-même, à toutes ses connexions, à toutes ses significations et à toutes ses implications, à la manière de la langue de Joyce.

Une telle convergence de la langue entière en un seul point, et cela en n'importe quel endroit de sa surface, fait de cette langue une matière sonore réelle située dans la bouche, la bouche qui est équivalente à n'importe quel autre trou du corps, et qui est toujours au bord de disparaître en tant que langage. Les termes qui signifient l'extrême contingence proviennent à mon avis de là : *Wunder* (miracle), *schaffen* (créer), *wirken* (agir). Ils disent le néant qu'il y a encore dans la création, et qui est cause de la disparition délirante du monde.

Tout cela vient de ce que Schreber n'est pas investi en tant qu'homme et père potentiel. En témoigne, je le rappelle, l'absorption de son prénom Daniel et du prénom Gottlob de son père, et la disparition de leur patronyme à tous deux, dans cet autre père qu'est Flechsig : c'est la signification de l'entité Daniel Fürchtegott Flechsig. Cette annihilation patronymale est en même temps une attaque contre le sexe des Schreber (*Schreber'schen Geschlechtes,* qui signifie « lignée » ou « sexe »). Cette attaque a valu l'entrée en jeu dans la famille d'une Frederike Grosse, qui n'a certainement rien arrangé en féminisant un roi mâle. Schreber attribue l'origine de l'assassinat d'âme à toutes ces opérations. Elles sont aussi la cause de l'*Untergang des Menschengeschlechtes*, du « déclin de l'espèce humaine », où l'on retrouve l'*unterliegen* du sexe. Plus vaste, la *Weltuntergang,* la « fin du monde », résulte de l'*unterliegen* de tous les *Weltkörper.* Grâce à ce jeu d'assonnances, Schreber relie sa défunte virilité aux *Weltkörper* du ciel, en passant par les viriles corporations d'étudiants. Il était membre actif d'une corporation opposée à la « Saxonia » : il inscrit « s a k… o… i a » dans le ciel sous la forme de *Cassiopeja* (Cassiopée) en jouant avec les lettres – *Cassiopeja* contient *« k a s… o… i a ».*

Sa pensée et son moi, tout autant que son identité sexuelle sont placés dans le champ ou le trou noir de l'*unterliegen.* De ce fait, tout n'est qu'apparence. Cette idée confère une énorme importance au signifiant *sehen* (voir), lui-même issu de la *Seele* (âme). Schreber voit tout, ou plutôt ça voit tout en lui, on lui voit tout ce qu'il voit. C'est ainsi qu'il fait voir à un oiseau sa dévoration par un chat. Et réciproquement, c'est ainsi qu'il est trompé dans ce qu'il voit. Le jeu signifiant aussi est visualisé comme le montre son voyage du *Ladogasee* (où l'on entend *sehe gas*, je vois le gaz) à *Brasilien* (où l'on entend l'asile). C'est également un jeu signifiant qui lui fait voir des « ours blancs » *(weiße Bären)* lorsqu'il se sent devenir une femme procréatrice (*weibliches Gebären,* c'est l'accouchement féminin). Cette force du visuel explique l'importance des rayons lumineux et des rêves.

Un certain *cross-cap*

Aller bien plus avant dans le jeu signifiant de son délire deviendrait vite inextricable et sans clôture. Il semble que le fonctionnement du langage de Schreber, et sans doute de tout psychotique, implique la présence en son sein d'une forme spatiale, d'une topologie virtuelle étrange, qui va bien au-delà de la dualité introduite par de Saussure présente dans certaines théorisations de Lacan. On peut tenter de la saisir en imaginant un schéma I devenu *cross-cap*, auquel on ajouterait les données de *La négation (Die Verneinung)* de Freud et le concept de lalangue. Cet objet théorique éclairerait les données cliniques de la psychose de Schreber.

Imaginez – le psychotique ne l'imagine pas, mais le vit dans son rapport au langage – que dans le ruban R central du schéma R de Lacan, la seule partie du schéma R que l'on retrouve dans le schéma I de la psychose, il y ait une sorte de repliement, de recroquevillement en un cross-cap, cette figure si spéciale déjà évoquée. Rappelez-vous ses deux parties. La partie haute serait assurée cette fois par le seul ruban R, *i* cousu avec I et m avec M. La partie sphérique inférieure y serait également assurée par un étirement de ce ruban *R*. Ce serait donc le seul réel qui compenserait l'absence du symbolique et de l'imaginaire. Cette partie sphérique ne serait pas trouée ou absente de par la perte du phallus imaginaire liée à la présence du père symbolique. Aucun autre objet imaginaire susceptible d'avoir cette fonction (sein, selles, regard, voix) ne pourrait être perdu, car il serait à chaque fois compensé par un étirement du réel *R* correspondant à cette substance déjà évoquée à propos de lalangue et présente dans tous les trous du corps. Un tel *cross-cap* muni de sa demi-sphère devrait être conçu comme un autre aspect du schéma I. Au lieu de s'étirer vers ses quatre coins, il s'engouffrerait au niveau du point où *i* rejoint I qui serait là aspiré par le point de vide créé par le manque d'un point ou P. Dans cette aspiration, ses diverses composantes navigueraient sur une même surface (de la nature d'un ruban de Möbius, unilatère par définition), le long d'une même ligne (ce ruban n'a qu'un côté), à l'envers comme à l'endroit. Ce qui correspond au moi de Schreber (*m*, la femme procréatrice) se retrouverait à la fois en Dieu, M, dans la nécessité d'un soutien continu donné à un langage toujours contingent, I, et dans son identification transsexuelle, *i*. Un même point serait une même ligne définissant une même surface. Le ruban de Möbius expliquerait que chaque signifiant soit aussi de l'autre côté, à l'étage du signifié. Ce serait un signifiant-signifié möbien.

Le ruban de Möbius et cette demi-sphère qui pourraient être parcourus à l'envers et à l'endroit sans discontinuité expliqueraient la continuité entre la subjectivité intérieure et le monde extérieur. Ainsi le corps de Schreber serait-il aussi le monde entier. De là ces étonnantes connivences entre ses nerfs, le soleil, les arbres, les oiseaux, les planètes, etc. Le souffle de son corps est le vent qui se lève, comme il le montre dans son délire. Lui-même est *Weltkörper* (corps céleste, corps offert à l'univers). De là cette corrélation entre la *Weltordnung* (ordre du monde) soutenue par sa parole intérieure et sa féminité. Il s'agit d'une seule surface, d'un seul point où I est *i* conformément à la construction du *cross-cap*. Le manque de sa parole ou de sa pensée intérieure est tout autant le vent du dehors que son propre souffle. Et sa parole intérieure effectivement proférée est celle des oiseaux et du soleil. De là aussi le fait que dans son ventre se recréent non seulement l'humanité, mais le monde entier – puisque *m* (moi) est le même point que M (dieu). Par « est », il faut entendre, je me répète, un même point qui est une même ligne qui est une même surface. Le schéma I n'est qu'un écartèlement artificiel du *cross-cap*.

Les différents thèmes du schéma I flottent sans points définis sur une surface. Le thème de chacune des quatre branches mène à celui de chacune des trois autres. Son devenir-femme va de pair avec la récupération de l'ordre du monde, c'est-à-dire avec la récupération de sa parole et de sa pensée comme pure profération, et de pair avec son devenir Dieu.

Et au fond il s'agit toujours du même point de l'*im Beischlaf unterliegen* devenu surface du *cross-cap* et de sa demi-sphère. Il est présent, par exemple, dans le *liegen lassen* de Dieu.

La partie demi-sphérique signifie la pleine présence des parties du corps qui devraient en principe être perdues. Et *chacune est möbiennement l'autre puisqu'elle est aussi la partie möbienne haute du cross-cap.* Comme si la vertu d'une partie de la figure se retrouvait partout – c'est bien ce qui arrive au ruban de Möbius : une partie (une face) est le tout (la continuité des deux faces). De fait les selles couvrent les voix et les voix s'étirent en fonction de la distance qui est une notion visuelle. Le regard est à la fois en lui et en dehors, en un point et dans tous les points, de même que sa voix parle de partout et qu'il peut envisager de déféquer sur le monde. La pleine présence de son être phallus sans perte en fait une femme totale et non un homme. Il lui faut avant de recréer le monde être d'une séduction absolue pour attirer Dieu, pour soutenir sa parole et le monde – comme s'il s'agissait de les séduire aussi.

Chez le névrosé, l'absence, la perte de la demi-sphère a un effet de perte de sens. Tout se passe comme si la stabilité du signifiant, qui seule permet qu'il y ait un sens, nécessitait la présence d'un trou très particulier dans ce *cross-cap,* celui de la perte d'un objet corporel. Sans ce trou, c'est comme s'il n'y avait pas de sextant pour préciser les coordonnées d'un signifiant. Seule la prise d'un signifiant dans le champ d'une perte lui permet d'être *un.* C'est la condition pour que le sujet puisse être ce qui représente un signifiant auprès d'un autre signifiant.

La métonymie et la métaphore nécessitent, écrit Lacan, que les signifiants en connexion ou en substitution restent eux-mêmes. Ce trou si particulier est non seulement ce qui crée la distinction entre l'intérieur et l'extérieur, tout comme le coup de ciseau latéral dans le ruban de Möbius, mais aussi ce qui arrête le glissement d'une surface qui sans cela serait offerte à toutes les distorsions, plus encore que la surface du soleil.

Cette perte d'objet, qui constitue ce que Lacan appelle l'objet *a,* est aussi ce qui introduit le temps qui opère dans l'inconscient du névrosé, c'est-à-dire le temps de l'après-coup, celui d'un passé qui n'advient qu'au présent. C'est en tout point conforme à ce que Freud avance dans *La négation.* La tâche du second jugement sur une chose, le jugement d'existence, est d'établir si cette chose est encore là, cet « encore là » introduisant la dimension temporelle évoquée. C'est dans la mesure où un objet est jugé n'être plus là que ce passé présent est refoulé à l'arrière-plan au profit d'un temps linéaire marqué d'une succession de pertes. Tout comme le sens de la réalité, le sens du temps s'introduit par la perte de l'objet de la première satisfaction. Sans la perte de l'objet le temps est arrêté au profit de la seule existence de l'espace. C'est cette absence de temps qu'évoque Schreber dans son « abîme temporel ».

La coupure du *cross-cap* introduit donc le temps, mais aussi la distinction entre le dedans et le dehors. C'est une coupure topologiquement très particulière, qui doit porter à la fois sur la demi-sphère et sur la partie möbienne. Dans cette partie supérieure se différencie dès lors un premier dehors à partir d'un dedans-dehors. Cette opération topologique reprend le travail du premier jugement de la négation, le jugement d'attribution fondé sur l'introduction d'une chose dans la bouche parce qu'elle est bonne.

Schreber, encore pris dans cette première introduction, fait entrer les rayons-fils du monde entier dans sa bouche avant de les recracher sous forme d'une pelote : c'est l'équivalent du jugement d'attribution. C'est sa première coupure, ou plutôt un équivalent très maladroit de cette première coupure, qui ne s'inscrit malheureusement pas dans le langage. La seconde coupure, qui n'a pas lieu, est remplacée par un report des éléments du délire vers un futur indéterminé. C'est une « asymptotisation », une pseudo-guérison, l'étirement maximal des quatre branches du schéma I. Et sur le plan du langage, l'étirement maximal de sa pâte au bout des métonymies en guise de coupure signifiante.

La guérison d'un tel recroquevillement du langage, d'un tel délire, est-elle possible ? Une opération pourrait-elle introduire une coupure signifiant-signifié au lieu d'un étirement de lalangue ? Joyce a écrit et marqué de lettres cette pâte de lalangue, il l'a arrêtée. Schreber aurait-il pu bénéficier de ce « sinthome » de Joyce ? Il est difficile de répondre. Lui révéler comme il convient la présence de l'*im Beischlaf unterliegen* aurait-il eu quel effet ? En m'inspirant de Nasio[25], j'imagine

25. J.D. Nasio, *Les yeux de Laure, op. cit.*

qu'un seul effet d'après-coup n'aurait pas suffi, un second aurait été nécessaire, reprenant les deux premiers, un effet « en plus ». Peut-être aurait-il fallu, par exemple, une interprétation évoquant le *liegen lassen* au regard de *l'unterliegen* et reprendre dans la foulée ces deux points comme après-coup en évoquant la certitude que Schreber fondait sur la présence de telle parole dans une *Unterhaltung* (entretien, littéralement « maintien en dessous »). Cette double coupure, ce double recoupement auraient-ils séparé le signifiant du signifié, l'intérieur de l'extérieur, le perdu et l'encore là, le passé et le présent ? Le problème reste entier.

Nous ne serons jamais trop nombreux pour tenter de comprendre comment recevoir le message du psychotique. Sans doute est-ce là le plus grand des mystères qui s'offrent aux hommes.

Dialogue sur la psychose

Le candide : Il faut reconnaître qu'il y a dans la rupture du destin de cet homme quelque chose d'hypnotique. Il est à la fois sombre, tragique, étincelant, voire flamboyant, mais surtout mystérieux... Vous avez d'emblée mis en avant trois caractéristiques fondamentales chez Schreber, dont la combinaison, si j'ai bien compris, vous paraît relativement spécifique de sa psychose, et même de la psychose en général : une certitude absolue, une intentionnalité dans le monde appelée « concernement » et l'extériorité de ceux que la plupart d'entre nous situons à l'intérieur de nous-mêmes. Quelle est la nature de la relation entre ces trois éléments qui ne sont *a priori* pas connectés ? Faut-il en passer par cette métaphore extériorisante que vous appelez l'« extraphore » ? ou peut-être s'engager sur une route plus large, le rapport du sujet au langage, puisque vous évoquez également à propos de Schreber une fuite engendrée par cette « extraphore » vers « lalangue », « le plus intime de la langue », notion qui, je l'avoue, ne m'est pas moins obscure que l'« extraphore » ?

Le psychanalyste : Comme les trois mousquetaires, les éléments de la triade sont en effet au nombre de quatre si l'on y inclut l'« extraphore ». On pourrait tout aussi bien parler des quatre cavaliers de l'apocalypse psychotique. Au contraire du névrosé qui peut douter de tout, y compris de son sexe, de sa propre existence et de celle du monde entier, Schreber est absolument, irréfragablement, totalement certain de ce qu'il avance dans son délire. Alors que le névrosé baigne dans un monde qui manifeste au fond une certaine indifférence à son égard, Schreber vit dans l'anti-indifférence. C'est cela l'intentionnalité du monde, le concernement ; le moindre détail le vise lui personnellement. Le névrosé connaît l'extériorité du monde, mais vit surtout dans une grande intériorité où se produit sa souffrance subjective. À l'opposé, Schreber n'a quasiment affaire qu'à du dehors. Il ne parle presque pas de ce qu'il ressent. Ce sont trois données parmi les plus importantes de la phénoménologie de base de la psychose.

La seule réflexion permettrait-elle de les réunir sans rien ajouter ? Peut-être. En usant par exemple d'un effet d'assonance et d'étymologie, nous pourrions assimiler le concernement à un sommet de cernage, d'encerclement, à un enveloppement par un dehors sans nulle limite vers l'intérieur. Rien d'intime n'échapperait à ce dehors expansionniste. Intentionnalité et extériorité y seraient réunies. Le point de fuite serait non pas l'infini du lointain, du petit ou du complexe, mais l'infini du dedans. Pour toute intériorité il y aurait toujours un dedans infiniment plus dedans jusqu'à faire de cette intériorité un nouveau dehors. Il n'y aurait qu'un dehors entourant le sujet et l'envahissant.

La certitude y serait liée à cette inclusion perpétuelle, à cette sertissure – autre assonance – inévitable dans quelque chose qui est certes au-dehors, mais qui était et demeure intérieur. Un tel extérieur est aussi certain que l'intérieur, car il était l'intérieur au départ. Cette certitude est l'inverse de celle du sujet pensant de Descartes qui se trouve à l'intérieur de ses pensées. Celui-ci est certain de penser. Dans la psychose, la certitude viendrait au contraire d'un dehors qui aurait la valeur d'un dedans. Le sujet cartésien ou névrosé ordinaire est certain de ce qu'il a en soi, mais non pas que cela est vrai. Dans la psychose, c'est l'inverse.

C. : Vous me donnez le tournis avec vos dedans et vos dehors, comme un escamoteur jouant à toute vitesse avec les gobelets…

P. : Désolé… Pour visualiser la chose vous devriez passer par la représentation d'un miroir. Imaginez que vous vous regardez dans un miroir qui vous renvoie votre propre reflet. Vous vous retrouvez en lui. Imaginez maintenant que ce miroir se courbe totalement jusqu'à vous envelopper comme une sphère, que cette sphère s'épaississe et se développe à la dimension du monde jusqu'au bout de l'univers. Vous y seriez vous-même partout, un peu comme dans un aquarium infini dont tous les éléments ne seraient rien d'autre que vous-même, tel votre reflet dans le miroir. C'est ainsi que je conçois la distorsion du miroir qui accompagne le triplet psychotique : certitude, intentionnalité ou concernement, et extériorité.

C. : Mais pourquoi ce qui est autre, métaphorique, l'« extraphore », serait-il la source d'un tel dehors ?

P. : Ce qui est autre m'est en soi étranger et extérieur. C'est tout à fait compréhensible, me semble-t-il, songez au racisme ordinaire ou à la conception qu'avaient les Anciens à l'égard de ceux qu'ils appelaient les « barbares ». L'autre n'est-il pas par définition en dehors de ce qui m'est propre ? Le psychotique est « raciste » à l'égard des métaphores. Et pourquoi ce dehors-là me cerne-t-il moi personnellement ? Au risque de me répéter : parce que j'y suis quand même, car la métaphore est un autre qui est le même… dans l'ordre du langage bien sûr. C'est un signifiant à la place d'un autre. Le névrosé se ressent autre pour cette raison-là et voyage en tant qu'autre que lui-même au sein du langage. Il est dans une certaine errance en raison de cette altérité, parasite en quelque sorte du langage – « para-site ». Il se sent à la fois différent et le même. Le psychotique, lui, n'est théoriquement que le même, mais il ne l'est qu'en extériorisant l'autre qu'il n'éprouve pas comme constitutif de lui-même. Si j'ai parlé d'« extraphore », c'est pour signifier que dans la psychose toute métaphore est créatrice d'une extériorité néanmoins reliée à ses inclusions concentriques internes. Ce dehors est au-dehors mais il était…

C. : … identique au-dedans à un moment donné de l'histoire du sujet.

P. : Figurez-vous que cela a été dit par Freud dans « Pulsions et destins des pulsions [1] » et dans « La négation [2] » dont nous avons parlé. Voilà ce qu'écrit Freud : « La fonction de jugement doit pour l'essentiel aboutir à deux décisions. Elle doit prononcer qu'une

1. S. Freud, « Pulsions et destins des pulsions », dans *Métapsychologie,* Paris, Gallimard, 1968.
2. S. Freud, « La négation », dans *Résultats, idées, problèmes, II,* Paris, PUF, 1985.

propriété est ou n'est pas à une chose, et elle doit concéder ou contester à une représentation l'existence dans la réalité. La propriété dont il doit être décidé pourrait originellement avoir été bonne ou mauvaise, utile ou nuisible. » Et maintenant écoutez bien la suite : « Exprimé dans la langue des motions pulsionnelles les plus anciennes, les motions orales : cela je veux le manger ou bien je veux le cracher, et en poussant plus avant le transfert [de sens] ; cela je veux l'introduire en moi, et cela l'exclure hors de moi [...]. Le mauvais, l'étranger au moi, ce qui se trouve au-dehors est pour lui tout d'abord identique. » Dans le texte sur les pulsions, Freud avait écrit : « Le moi a extrait de lui-même une partie intégrante, qu'il jette dans le monde extérieur et ressent comme hostile. »

C. : Mais c'est toute l'histoire de Schreber !

P. : Absolument. Il se trouve que cette distinction du dedans et du dehors n'est pas accomplie chez le psychotique. Tout y est au-dehors, tout y est recraché, et il souffre en même temps d'une trop grande réminiscence du dedans de ce dehors. Rien n'est non plus vraiment dedans chez Schreber. Rappelez-vous qu'il considère son propre moi comme étranger, comme situé à l'extérieur de lui. Le psychotique ne dispose pas d'un « chez-soi », il est dans l'exil le plus total. Il est exilé par rapport à toute chose en un dehors qui ne lui est pas propre, tout en l'étant.

C. : Il est bien difficile de saisir ce que vous dites là.

P. : C'est en réalité le langage tout entier qui lui demeure extérieur. Le psychotique ne se place pas dans le langage, il n'est pas comme le névrosé sur le chemin qui va de signifiant en signifiant, d'altérité en altérité. Le langage y fonctionne bien sûr, mais sans altérité, sans la face du sens comme effet de signifiant, lequel sens est cela seul qui implique qu'un mot ne colle pas tout à fait à une chose. Pour qu'il y ait du sens il faut que le même puisse être autre, on se trouve sinon dans l'information univoque... Le monde du psychotique est non pas comme pour le névrosé le lieu où se pose la question du sens, mais celui d'où ça parle partout, et de lui en particulier, le lieu où commence son existence. C'est le lieu où ça parle toujours de lui et avec certitude. Lui-même comme sujet y vient de partout. Rappelez-vous la formule de Lacan : « Un signifiant est ce qui représente le sujet pour un autre signifiant » ; cet autre signifiant crée l'effet de sujet lors de la mise en rapport avec le premier signifiant. Chez le psychotique, cet autre signifiant, qui produit un effet de sujet, est simplement « réelisé », incarné dans le monde, « mondanisé » …

C. : Quelle relation faites-vous entre le cernage par un dehors qui fait un infini intérieur si particulier, la certitude immédiate et la fuite vers l'intime de la langue ? Pour être moins abstrait, pourriez-vous l'expliquer avec le *Schlaf* (sommeil) et le *Beischlaf* (coït) dont vous faites grand usage ?

P. : Parlons donc de ce Schreber. C'est du dehors, de la bouche de Flechsig, que lui parvient une incitation au *Schlaf.* C'est pour lui la même chose – et pas seulement le même son – que le *Beischlaf.* L'identité de son est de façon absolue une identité de chose, parce que ce son est pour lui tout aussi extérieur et certain qu'une chose. L'un et l'autre sont dans la même extériorité mondaine et cette communauté-là prime sur l'opposition entre le son et le sens. Considérés de très loin, vus de l'infini intérieur, ils se ressemblent et se valent.

C. : Je ne comprends quand même pas comment le mot peut être assimilé à cette chose.

P. : On pourrait dire que pour Schreber il n'y a que le langage et il est réel, il n'y a que le réel et il est langage, et cela parce qu'il n'entre pas plus dans un langage que dans un monde où un son – mettons *Schlaf* – serait autre que lui-même, c'est-à-dire un signifiant. Schreber ne conçoit absolument pas qu'une chose soit définie comme n'étant pas elle-même mais autre chose, qu'il s'agisse du réel ou du son. *Schlaf* est *Beischlaf,* réellement et de façon sonore, c'est-à-dire dans un extérieur-intérieur.

C. : Vous disiez plutôt à l'extérieur…

P. : Vous avez raison : dans un extérieur qui a été un intérieur… Ajoutons que ce *Schlaf-Beischlaf* est hors sens. C'est une implosion dans une unité sommeil-coït détachée du sens. Le névrosé se situe au point *Beischlaf* du langage, puis au point *Schlaf,* et une fois là il est séparé du *Beischlaf* grâce au sens différent qu'il perçoit même dans une métaphore. Un névrosé pour qui « dormir ensemble » signifie certes « avoir une relation sexuelle » n'oublie pas que « dormir » signifie aussi tout simplement « dormir », alors que pour un psychotique le son est le même, un point c'est tout. Il se situe hors de l'effet de sens, dans l'immédiateté du sonore buccal, pharyngé, laryngé, corporel, etc., et possède la consistance du monde et inversement. Le psychotique est extérieur au langage qui pourtant l'enveloppe, le monde est sa bouche qui n'est pourtant qu'en lui. Il est en même temps étalé sur la surface du langage, qui est toute l'extériorité, et cependant en un point où tout est du pareil au même.

C. : Je ne comprends plus du tout vos envolées lyriques… Tout cela affine certes les descriptions de la psychose – et je salue votre acharnement – mais ne comporte aucune explication… Pour en revenir à la causalité, que s'est-il passé entre Flechsig et Schreber ?

P. : Votre question ouvre sur quelque chose d'essentiel, à l'origine de cette rapide inflation du dehors qui va jusqu'à la dimension du monde : la question du père… Pour Schreber, Flechsig est un personnage éminemment paternel, le chef de meute des psychiatres, la référence suprême, le meilleur de Leipzig, la ville de ses ancêtres, dont certains ont été en contact avec ceux de Flechsig. Flechsig fait également office de père pour sa jeune épouse qui a placé son portrait sur son bureau. Ce qu'il disait était donc « la chose même », car Flechsig n'avait pas la fonction d'un père simplement père, d'un père « comme ça », d'un père pure métaphore. Il était père absolu. Or voilà que ce père absolu lui recommande le *Beischlaf* (coït) sous la forme du *Schlaf* (sommeil) et le fixe précisément dans le terme qui lui est venu par la voie du rêve. Avant même qu'il s'en soit rendu compte, cela signifie pour Schreber qu'il est condamné à la féminisation. C'est un ordre de castration. C'est absolu, c'est une certitude, le premier dehors-dedans. Schreber se rebelle alors, tout comme un garçon peut se rebeller contre un père – Freud est très sensible à cette sorte d'adolescence de Schreber.

C. : Mais enfin, vous revenez sans cesse sur cette identité de signification entre *Schlaf* et *Beischalf*. Cette assimilation ne me paraît nullement évidente.

P. : En raison d'un certain défaut dans sa structure, Schreber entre totalement dans ce que Flechsig profère…

C. : Pourquoi dites-vous « totalement » ?

P. : Ce « totalement » n'est pas facile à définir… On peut limiter la jouissance de la mère de manière névrotique, c'est-à-dire au moyen d'un symptôme. C'est un mode d'exercice de la fonction paternelle, nous l'avons vu avec le petit Hans. Ou marcher sur les traces du père, comme Gide, en le mimant en quelque sorte. Mais Schreber se met au-delà de ses pas, il va dans des pas qui sont tous azimuts et de toutes les dimensions.

C. : Qu'est-ce que cela peut bien vouloir dire ?

P. : Au lieu qu'il s'agisse de pas qui ne sont que l'espace foulé lors d'un voyage ou le mouvement d'un geste que l'on répète, ils concernent tout ce que le père a écrit, dessiné, agi, imaginé, pensé, etc. C'est le monde entier supposé avoir été « mondanisé » par le père que l'on épouse avec son propre monde dans tous ses paramètres. Retenez que Schreber « mondanise » le père : chaque détail faisant allusion au père reconstruit par germination le monde entier. Pour Schreber le père est symbolisé par ce réel-là.

C. : Voulez-vous dire que même la pensée du père de Schreber a ici la valeur des pas d'Élie Allégret ?

P. : Oui, sa pensée, son vécu, son destin, telle la date de son traumatisme crânien. Tout est un pas pour Schreber. Il extrapole Gide et projette cette sorte d'action dans un hyperespace… Comme Flechsig est un père pour lui, Schreber se vit comme devant « dormir » absolument, immédiatement, réellement, *hic et nunc*, ce qui signifie aussi quelque chose qu'il découvre progressivement et qui est une sorte d'inconscient de connexion : « être une femme subissant l'accouplement ». Il entre donc dans les pas de la voix de Flechsig avec toute la polysémie qui s'y trouve. Et dans cette polysémie Schreber est partout.

C. : Au risque de passer pour une bourrique, je vous rappelle que *Schlaf* (sommeil) n'est pas *Beischlaf* (coït)…

P. : Décidément !… La connexion entre les deux implique chez le sujet ordinaire le préalable de leur séparation. Elle ne tient pas chez Schreber. *Schlaf* est strictement équivalent à *Beischlaf*. C'est la même chose pour lui. Pour reprendre l'exemple du « vèr » de « Verts »,

« verre », « vers », où la première forme se place dans une deuxième forme pour en créer ce qu'on peut appeler l'Autre et du même coup et rétroactivement l'Un de la première forme, ici il n'y a pas d'Autre de l'Un, pas d'Autre du Même. Il n'y a absolument que le Même.

C. : Pour quelle raison ?

P. : Je vais me répéter avec un acharnement égal au vôtre… Schreber n'est pas entré dans le monde du sens des choses et des mots. Il n'y a donc pas deux sens différents qui tiennent pour deux sonorités identiques. Il n'est que dans la sonorité, dans cette même sonorité *Schlaf* (ch, l, a, f) qui l'absorbe complètement. Il disparaît en elle, n'est plus rien en dehors d'elle, et il n'y en a qu'une qui est la même…

C. : J'insiste désespérément : pourquoi n'y en a-t-il qu'une ? Pourquoi les deux sonorités ne sont-elles pas « deux autres de la même » ?

P. : Un sujet peut basculer et tomber dans le langage. Il sera alors dans des sons qui certes se ressemblent mais, fixés par leurs contextes, signifient des choses différentes. Un tel sujet vit dans le monde du sens. C'est celui névrotique des variétés et des nuances de sens infinies. Mais un sujet peut aussi rester collé au bord de ses lèvres, dans sa glotte, dans son larynx, etc., et dans une telle proximité corporelle, un même son n'est qu'un même son. Il demeure une partie du corps. Tel est le côté lalangue dans la terminologie de Lacan. Ou bien on s'en va dans la parole, dans le pas à pas de la parole, dans l'errance de la parole… ou bien on reste dans le corps, collé au corps, « corporéisé ».

C. : Si votre hypothèse est juste, pourquoi certains demeurent-ils collés à leur corps ? Pourquoi n'arrivent-ils pas à le lâcher ?

P. : C'est là tout le mystère de la psychose ! Ne voulant pas se défaire de la bourse-corps pour conserver la vie-parole, ils perdent absolument tout, y compris le corps qui se morcelle et s'offre aux autres, comme le voyageur menacé par des bandits de grand chemin qui aurait fait le mauvais choix de garder la bourse au lieu de la vie. La psychose est un « choix » malheureux, si l'on peut dire. Le sujet ne saisit pas qu'il n'a en réalité pas le choix : il lui faut sans discussion perdre quelque chose de son corps. Il a fait ce mauvais choix parce qu'il a refusé cette espèce de mort qu'impliquent l'entrée dans la parole, l'entrée dans la séparation entre signifiant et signifié, et donc l'entrée dans le monde du sens oublieux du signifiant… Ce refus tient, je crois, à un recul devant la mort sans retour, la perte absolue, la distance irrémédiable qu'implique l'état de père. Faire « entrer » en soi le spécifique du père, c'est faire entrer cette perte radicale que comporte ce quelque chose qui n'est pour rien si ce n'est pour le nom, pour rien si ce n'est pour la seule perte de l'animalité en soi, pour rien si ce n'est pour la perte qui instaure le temps.

C. : Vous revoilà dans vos insaisissables tissages mystiques ! Vous dites des choses très étranges… Vous m'inquiétez…

P. : Vous craignez peut-être la psychose ?… Revenons en amont : la psychose est un accident de l'entrée du sujet dans le langage ayant à voir avec la fonction du père. Schreber le démontre sans arrêt dans ses innombrables allusions paternelles.

C. : Est-ce toujours valable ? La psychose de Schreber n'est pas celle d'un autre.

P. : Bien sûr, mais on retrouve cet appel désespéré du père dans toutes les psychoses. Les idées que Schreber a développées lui sont bien sûr singulières… Rappelez-vous ce qu'a eu d'insupportable l'appel personnel émanant du ministre de la Justice, d'autant que son frère s'était suicidé peu après une invitation de Bismarck. Un tel appel allait entrer en résonance filiale, le fait d'être comme son père celui qui dort chez sa mère, etc. Ces causes circonstancielles qui ont modelé les particularités de sa psychose étaient toutes reliées par l'idée de père. Elles sont aussi œdipiennes que celles de n'importe quelle psychose, névrose et perversion. Schreber ne pouvait devenir père. Une féminisation délirante était sa seule échappatoire.

C. : N'était-il pas déjà psychotique lors de sa première hospitalisation pour hypocondrie ? Y relevez-vous le même déficit paternel ?

P. : Certes il s'agissait d'une drôle d'hypocondrie. Il craignait d'être privé de sa femme et de perdre du poids ou plutôt d'être de peu de poids. Apparemment il lui était difficile d'être un mari, mais n'était-ce pas plutôt d'être un père en raison du jeune âge de sa femme ? Il lui était difficile d'être un père pour sa femme. Ne pas devenir concrètement père en raison des fausses couches de son épouse, et ne pas être élu à la députation, c'était pour lui comme une parole venue de la bouche du monde qui le concernait personnellement. De telles « dépaternisations » ne sauraient à ses yeux provenir du seul hasard, d'autant qu'il était à l'âge du traumatisme fondamental qui avait fracassé la conduite paternelle de son père.

C. : Autre question : qu'est donc ce « réel impossible » que vous opposez à la réalité du pervers et à l'imaginaire du névrosé ?

P. : C'est un concept lacanien que les psychanalystes ont un peu de mal à saisir… J'ai essayé de le traduire par « supertrace », en référence à la marche sur les traces du père chez Gide… C'est le concept, ou peut-être le rêve incarné de ce que serait le langage s'il n'était que trace et non pas trace de trace sans nul objet premier véritable.

C. : Je n'arrive pas à concevoir une telle entité. Il vous faudra plus de persévérance pour me faire comprendre une chose aussi abstraite.

P. : Mettons qu'il existe des traces d'un père qui ne signifient que l'absence de ce père. Marcher dans ses traces à la manière de Gide maintient cette absence en tant qu'absence. Mais les traces peuvent au contraire être conçues comme les choses mêmes, selon un raisonnement qui ressemble à celui de Descartes au sujet de l'infini : je n'aurais pas la pensée d'une substance infinie, c'est-à-dire divine, si je n'avais en moi, qui suis un être fini, une parcelle de cet infini. Appliqué au réel impossible : il n'y aurait pas de parole en moi si le réel évoqué par cette parole n'était pas là quelque part en moi. Je crois qu'en chacun de nous, au fond de la parole, il existe une telle croyance en une « divinité » qui crée l'impossible. Schreber l'a perçue sous la forme d'une miraculation divine illicite autour de lui.

C. : Je ne perçois pas ce réel au fond de la parole. Comment un réel aurait-il été en moi ?

P. : N'oubliez-pas que ce sont des concepts psychanalytiques que nous agitons… Vous confondez probablement le concept de réel avec celui de réalité. Celle-ci est du registre de ce qui est perdu pour le sujet. Il n'y retrouve pas l'objet de sa satisfaction mythique. Le réel en revanche se définit par ce qui a été en moi avant d'être dehors. Il porte la mémoire d'un réel glosso-pharyngo-laryngé. Nous revenons à ce dont nous avons déjà débattu : il s'agit d'un dehors encore dedans, d'un dehors encore – ou en corps – résorbable… La psychose de Schreber illustre la lutte de ce dehors universel et divin contre sa résorption dans sa bouche. Sa bouche dit et reprend ce monde et son dire. Je parie que le regard « en dedans » du psychotique, décrit par les cliniciens, reflète cette résorption. Le dire du psychotique n'est pas coupé de son origine… Je vous rappelle que selon Freud le dehors et le dedans étaient identiques au départ.

C. : Mais comment – j'ai moi aussi l'impression que nous revenons sur nos pas – conciliez-vous la présence de cet originaire avec l'expulsion au-dehors ? Si une chose auparavant dedans est dehors, elle n'est plus dedans.

P. : Mais si, le concept du réel soutient justement cela. C'est un dehors-dedans, un rêve qui a encore du corps, un effet de parole encore dedans et cependant déjà dehors, tout comme l'infini qui peut encore être dans le fini. C'est assurément à la limite du concevable et pourtant aussi évident que dans un segment fini il y a autant de points que l'on veut, à l'infini, tout comme sur une ligne infinie. Le psychotique transpose ainsi le réel du corps de la parole dans l'espace. C'est une abstraction délicate à penser. Dans le dehors il y a encore le dedans, tout comme dans le « je parle » il y a tout le temps le « ça parle » préalable… J'ajouterais une remarque. Nous parlions tout à l'heure de l'infini intérieur. Cet infini intérieur certes fuyant n'est pas plus abscons que l'infini extérieur lointain que l'art de la perspective a tenté d'« attraper » à l'époque de la Renaissance. Ici on attrape l'infini à l'intérieur, et vous reconnaissez la figure topologique du *cross-cap* évoquée par Lacan. On y attrape tout l'horizon et on l'invagine sans cesse, sans qu'il y ait jamais de fin, laquelle, à l'échelle de notre imagination humaine, est néanmoins figurée par un point de fuite intérieur…

C. : Pourriez-vous à partir de là revenir au père par une bretelle de raccordement et me dire quel est le rapport entre ce dehors-dedans et la défaillance paternelle ? Comment le père du névrosé met-il en place un dehors tout à fait dehors et non un dehors-dedans ?

P. : Pour le névrosé, le père est une métaphore et non pas une « extraphore ». Il est là d'où je viens autrement qu'en vertu de la seule spatialité. Ce père-là coupe l'espace. On pourrait avancer qu'avec lui on entre dans le temps, dans le temps qui coupe l'espace, au sens où si nous nous trouvons en un instant B nous ne sommes plus à l'instant A. Le temps est dans la succession ; l'espace est de l'ordre de la concomitance.

C. : Au nom de quoi affirmez-vous cela ?

P. : Il est intéressant qu'il vous faille dire « Au nom de quoi »... Le père de nom permet d'entrer dans un langage constitué du nom des choses, distingué des choses elles-mêmes. En ce sens le père n'est qu'un nom. C'est cela qui est difficile à concevoir... Pour le névrosé, ce nom du père fonctionne, par définition il ne se rapporte à aucun signifié puisqu'il ne peut se traduire. Un tel élément crée dans la parole comme un trou analogue à celui du jeu de taquin où des petites pièces carrées peuvent être translatées grâce à une pièce qui manque. Chez le psychotique, il n'y a pas ce genre de nom, ce genre de pure métaphore. Rien de son langage ne peut glisser pour signifier autre chose ; un mot y signifie une chose bien définie et par conséquent un mot y équivaut à une chose ou plutôt un signifiant y équivaut à un signifié... Freud dit quelque part que le psychotique traite la « représentation du mot » comme une « représentation de chose »...

C. : D'accord. Mais je crois qu'avec cette histoire de nom du père vous récitez simplement un axiome d'école : le psychotique n'a pas de Nom-du-Père...

P. : Lacan est un très bon guide pour ces marécages, vous savez... Je crois réellement que le père qu'il faut pour structurer un humain dans le sens de la névrose est celui qui ne vaut que par son nom de père, et non celui qui fournit les spermatozoïdes, ou qu'on appelle « papa », ni celui qui protège sa progéniture ou qui couche avec la mère. Ces activités n'ont rien à voir avec ce qui n'est que de nom. Or il est nécessaire qu'il y ait quelque chose qui ne soit que de nom...

Ce père qui n'est que de nom n'est pas seulement un mot sans signifié, il est aussi ce qui permet d'appeler vache tel arbre sans que l'on prenne réellement cet arbre pour une vache. Le père de nom est la cause, si l'on peut dire, de cette « substituabilité » du langage.

Schreber avait d'ailleurs un problème patent avec le nom du père, comme en témoigne son souci de savoir pourquoi un tel s'appelle ainsi et pas autrement. Ce « pourquoi » témoigne d'une difficulté avec sa fonction symbolique, laquelle se passe de « pourquoi ». Et rappelez-vous que dans sa lignée paternelle tout donne à penser qu'un père ne s'est pas reconnu en tant que tel pour un de ses fils. Cette faille, qui n'était probablement pas la première de la lignée, s'est sans doute transmise jusqu'à lui… Puisque vous trouvez Lacan un peu difficile, remarquez que Freud parle d'« ordalie » à propos de l'affirmation de Schreber selon laquelle il est capable de regarder le soleil en face sans conséquence pour ses yeux. Peu importe le côté bizarre de l'apport ethnologique de Freud, ce qui compte, c'est l'idée de prouver que l'on procède de tel père, qu'on « en est », quoique le verbe « être » ne soit pas le plus approprié. Freud en tout cas semble avoir saisi lui aussi l'importance de la métaphore paternelle.

C. : Une question que je me suis déjà posée à propos de Gide me revient : ces deux hommes ont-ils appelé un père ou bien lui ont-ils lancé un défi ? Nous en avons déjà parlé mais comme je reste sur ma faim, dites-moi quel rapport il y a entre un appel et un défi. Il me semble que le défi ne veut pas du père, à l'opposé de l'appel.

P. : De prime abord il me semble qu'un sujet qui n'attend rien d'un père ne le défie pas pour autant. Un rejet le fait exister quelque peu. La jeune homosexuelle de Freud, évoquée à propos de la perversion, semble accorder une grande importance à son père puisqu'elle se jette par-dessus un parapet à l'instant même où tombe la condamnation paternelle.

C. : Je vous demande pardon, mais je crois qu'elle se projette au moment où la dame lui dit que leur relation est terminée.

P. : C'est vrai. Néanmoins, elle recherche son père tout en le défiant, puisqu'elle déambule avec sa dame dans la zone où celui-ci peut les rencontrer. Gide marche là où Élie Allégret a marché, même s'il y a un côté « Ôte-toi de là afin que je m'y mette » dans cette imitation. Schreber tient compte des détails issus des livres de son père, bien qu'il ne cesse de défier Dieu…

C. : Mais pourquoi évoquer un père par un défi ?

P. : On évoque, invoque ou convoque comme on peut… Mais la question se pose effectivement : pourquoi avec un défi ? Je le répète : le père est toujours appelé au moyen d'un symptôme. Dans la névrose, ce symptôme est fait d'un imaginaire à valeur symbolique ; il s'agit de quelque chose d'autre que le père mais qui est en connexion avec lui, quelque chose qui le représente. Dans la perversion, ce père se situe dans l'ordre de la réalité ou dans l'ordre de la loi ; il se signifie par une limitation concrète de la jouissance du sujet. Dans la psychose, il est ce à quoi se heurte le sujet avec un réel impossible. Car il faut bien constater que Dieu et toutes les âmes qui le composent s'opposent constamment à Schreber. Dieu ne cède pas à tous ses caprices. Le délire n'est pas une invention qui suit le bon plaisir, mais qui s'y oppose et le contredit.

C. : Le Dieu de Schreber est-il paternel ou maternel ?

P. : Selon Lacan, son Dieu a plusieurs facettes. Il est maternel d'un côté, mais paternel par ailleurs. La chose est très claire sur le schéma I de Lacan : l'un des quatre coins, I, a une fonction paternelle. C'est là où Schreber soutient la validité de la parole en affirmant un « ordre du monde » *(Weltordnung)*, qui avait été initialement instauré par Dieu lui-même. En ce point Lacan s'écarte de Freud, pour qui le Dieu de Schreber est totalement paternel. Pour Lacan, la part maternelle de Dieu est celle où se signifie que la créature est « laissée tomber » par son Créateur.

C. : J'ai de nouveau du mal à vous suivre : en quoi la validité de la parole est-elle paternelle ?

P. : Dans la psychose le monde « mondanisé » par la seule parole menace de s'effondrer, de se néantiser, de se disloquer, de retourner à son chaos primitif. Cette contingence absolue, ce risque de n'importe quoi, ce caprice total est de nature maternelle. Il procède d'une mère qu'aucune loi ne limiterait. Ce qui permet d'éviter cette chute dans le chaos est un ordre du monde. Le monde, tout comme la parole, possède en effet une loi, un ordre, un ordonnancement. C'est ce qui fait que le réel est rationnel. Grâce à cette loi, la parole du sujet n'est pas rien. Tout ce qui se dit ne se dit qu'au nom de cette validité de l'ordre du monde. Cet ordre permet à l'action du Dieu de Schreber de ne pas être le pur caprice d'une toute-puissance. C'est la fonction ou la valeur d'un père, dans le sens où quelque chose de ce père constitue le principe même qui s'oppose à la toute-puissance maternelle.

C. : Comment en être convaincu ?

P. : L'ordre du monde est davantage que le monde, que le seul engendrement du monde, la seule création. Pourquoi est-ce la même chose pour la parole ? Rappelez-vous que dans la psychose les mots sont des choses, et les choses des mots. Un ordre du monde des choses y implique un ordre des mots. Et c'est en cela que l'ordre du monde témoigne de ce que Schreber a foi en la parole. Cela veut dire qu'il croit en quelque chose de plus que la seule existence du monde, celle qui est « laissée tomber » par le Créateur.

C. : Et c'est ce père-ordre du monde que Schreber défie ?

P. : Oui, mais sans dire qu'il le défie… Il le défie à travers le dehors de son délire, dans lequel un Dieu qui laisse tomber s'oppose à ce Dieu-ordre du monde.

C. : Quel est le rapport entre le père réel de Schreber et ce père-ordre du monde ou ordre de la parole ?

P. : Le père réel a fourni la matière première de son délire à Schreber, tout comme les paroles de Flechsig. Il lui procure les signifiants avec lesquels délivrer son message.

C. : Quel message ?

P. : On pourrait le dire ainsi : il y a pour tout père réel, y compris pour un père de substitution, l'obligation de se soumettre à l'ordre d'un père symbolique qui le dépasse et qui est figuré par l'ordre du monde…

C. : Sans oublier ce que vous venez de dire, pourrions-nous revenir au temps de son entrée dans le délire ? En effet, si je vous ai bien compris, Schreber fait appel à Flechsig pour lui donner un père symbolique parce qu'il se sent insuffisant dans des situations où il est père, virtuellement ou symboliquement. Flechsig lui assène, sans le savoir, un coup de marteau qui ne fait que le confirmer dans son insuffisance et, qui plus est, sous la forme d'un commandement féminisant : tu dois subir le *Beischlaf* (coït) ! L'injonction est signifiée non pas ouvertement, mais de façon indirecte. Ce commandement est inconscient pour Schreber, tout comme l'inconscient d'un névrosé. Mais qu'en est-il du moment précis où il entre en délire ? Et pourquoi ?

P. : La catastrophe se produit à la mi-février 1894, au moment où sa femme se rend chez son père. Il lui arrive alors quelque chose d'absolument étrange : des pollutions nocturnes sans raison apparente. Selon Freud l'absence de sa femme le livre davantage à ses pulsions homosexuelles inconscientes. Nous pourrions dire : le livre davantage à sa condamnation à devenir une femme. Les deux formulations ne sont nullement contradictoires... Schreber le décrit comme un « effondrement spirituel ». De fait il vit la certitude d'un écroulement du monde et le monde qui demeure ne peut correspondre de ce fait qu'à un monde faux. Un tel anéantissement n'est que celui du signifié, et l'autonomie et la prévalence du signifiant qui en découlent sonorisent ce dernier : Schreber entend des voix. Elles lui révèlent qu'il a subi un « raccordement nerveux » avec certaines âmes, car les âmes et les nerfs, dont Flechsig s'occupe, dans sa clinique, sont pour un matérialiste une seule et même chose.

C. : Auriez-vous une idée claire sur la cause de sa certitude de l'effondrement du monde et sur la cause de ses hallucinations ?

P. : Il est difficile de reconstituer l'enchaînement d'une déflagration délirante en général très rapide, mais rien n'empêche de faire des hypothèses. J'en ai proposé dans l'exposé... Schreber sent tout d'abord une jouissance qui comme toute jouissance est inconsciente. Elle explique les pollutions. C'est une « béatitude » *(Seligkeit)* qu'il relie par la voie signifiante de l'assonance aux « âmes » *(Seelen)* – la voie des significations logiques n'est pas absente : à cause de l'effondrement du monde il y a des âmes qui sortent des corps détruits. Il vit cette relation avec les âmes comme un *« Verkehr »* (rapport) et en particulier celle avec l'âme de Flechsig, qu'il conçoit comme un rapport sexuel. Un tel rapport est aussi son destin, car il est « destiné » *(bestimmt)* à devenir une femme – entendre des « voix » *(Stimmen)* participe à son délire du fait qu'il est « destiné » *(bestimmt)*. Comme par ailleurs les âmes sont des entités qui, par définition, ont quitté des « corps » *(Körper)* et qui sont allées au ciel, en reliant ces deux particularités on comprend qu'elles aillent vers des « corps » *(Körper)* célestes (étoiles, planètes, etc.). Mais le véritable *punctum initium* du délire se situe à mon avis dans le rêve du *Beischlaf* (coït), lequel s'est mélangé avec divers poncifs issus de la religion de son père…

C. : Vous avez déjà proposé diverses interrelations dans le réseau signifiant de Schreber… Mais pourquoi le délire ?

P. : Je le répète : à un moment donné un certain rapport au langage intérieur s'est mis en place. Le signifiant ne s'y est plus opposé et ne s'est plus accroché au signifié, au sens, au monde. Tous les signifiants se sont alors étalés en tache d'huile, sans métaphore ni métonymie.

C. : Et ce serait l'essence du délire ?

P. : En tout cas, le délire n'est pas une erreur sensorielle. Il est l'effet d'une absence de certaines segmentations dans la parole intérieure. Je vous en donne un autre exemple : *« Laut »* signifie « à haute voix ». Les voix lui parlent à haute voix. Schreber accorde certainement ce fait à la croyance populaire qu'après la mort certaines âmes vont au purgatoire et non au paradis, en vue de leur sanctification complète. Elles subissent par conséquent une *« Läuterung » (purification)*… Pour Schreber, tout marche de cette façon-là, avec une incessante création d'intersections langagières bizarres, qui concernent à la fois la seule sonorité et la seule analogie de sens, comme si le son et le sens étaient en continuité sur l'unique face d'une surface, et non dans l'opposition d'un signifiant et d'un signifié. C'est cela le délire.

C. : Pensez-vous vraiment que le délirant n'entend pas de façon sensorielle les voix qu'il prétend entendre ?

P. : Il donne à sa voix intérieure une valeur qu'il ne peut traduire que comme une certitude proche de la certitude sensorielle, sans être de cet ordre-là. Si Schreber avait vécu d'importantes distorsions sensorielles, il n'aurait plus aperçu les autres hommes après l'anéantissement du monde. Or il les voyait très bien, mais les interprétait comme de faux hommes.

C. : Bon… Il reste que je ne saisis pas la relation entre la difficulté avec le père symbolique et l'absence de coupure signifiant-signifié ou signifiant-autre signifiant, si essentielle, semble-t-il, dans la psychose.

Ni non plus la relation entre ces deux choses et une troisième, la sonorisation hallucinatoire.

P. : Revenons au père de nom. Le père de nom constitue une entité infiniment singulière et difficile à transmettre. Je l'ai déjà dit : dans les civilisations qui connaissent l'écriture, sa fonction est plus visible, puisque son nom, le nom du père ne se traduit pas. Cette « intraductibilité » est une fonction que le père exerce sur l'ensemble de la parole et qui fait qu'elle contient du signifiant coupé du signifié. En raison de cette fonction, signifiant et signifié se trouvent dans une relation contingente, c'est-à-dire que la vache peut être « vache », *« cow », « Kuh »,* peu importe. Un mot peut se traduire de diverses manières grâce à cet effet de coupure engendré par un nom de père sans signifié. Cette même séparation segmente également de façon verticale le flux vital continu de la parole. Elle coupe l'être parménidien qui se veut sans limite, inengendré, impérissable, Un, etc., l'être dans lequel un enfant se sent… être, s'il se croit tout pour sa mère. Grâce au père de nom cet être est rompu, et un signifiant n'est dès lors que pour un autre signifiant. L'être devient un « être pour », ce qui veut dire un être incomplet, un être qui manque, un « manque à être »… Pour répondre à la deuxième partie de votre question : lorsque le signifiant est totalement isolé de tout sens, il se sonorise, ce qui se perçoit bien avec des noms qui n'ont pas de sens – ils résonnent en vous beaucoup plus intensément que lorsque vous êtes absorbé par le sens de ce que vous dites.

C. : Cela n'est pas très convaincant. La sonorisation interne n'est pas une hallucination auditive.

P. : Je ne puis mieux vous le dire.

C. : Ce qui me gêne dans votre explication, c'est que ce soit tantôt le signifiant qui se trouve tout seul, tantôt le signifié.

P. : J'ai essayé de l'illustrer par une figure topologique : le psychotique passe instantanément d'un côté ou de l'autre parce qu'il parle sur toute une surface unilatère qui n'a deux faces qu'en apparence. Sa parole est étale. Une coupure y manque qui permettrait de se situer soit d'un côté soit de l'autre de cette figure, et seulement en un point au lieu de la totalité de la surface.

C. : Vous insistez beaucoup sur la contingence absolue des choses pour Schreber. Pourquoi lui accorder une telle importance ?

P. : Pour Schreber, tout est sans cesse au bord de s'effondrer dans le néant : Dieu, le monde, la réalité, tout ce qui existe, la parole et le code de vérité qui régit cette parole… La modalité de la contingence témoigne de cet effondrement contre lequel il doit lutter. Et je reviens ainsi à ce que j'ai déjà dit, que cette lutte est destinée à soutenir la parole et l'ordre du monde, ce quelque chose qui ordonne le chaos. Schreber participe au soutien de cet ordre qui le dépasse, dépasse Dieu, et a la fonction de père symbolique – on le voit sur le schéma I de Lacan.

C. : Passons à autre chose : vous semblez vous autoriser à déduire de nombreux détails du délire à partir de quelques données fondamentales, tels le *Beischlaf* (coït), la religion du père, les écrits du père, etc. Mais que faites-vous pour des détails comme la corporation étudiante de la « Saxonia » ou le nombre de 240 pour les moines bénédictins ?

P. : Vous parlez là d'une autre contingence. Bien sûr que certains détails se fondent sur des données contingentes issues de sa biographie, de son imagination, de ses lectures, mais le tout gravite néanmoins autour d'un seul et même sens : une éviction, son éviction de l'ordre des pères, sa non-investiture comme père… Son éviction lors des élections est de cet ordre-là.

Il y a par ailleurs certains détails du délire qui proviennent de l'insistance d'un même signifiant qui se distribue sur plusieurs mots, par exemple le signifiant *« heilig »* (saint). Celui-ci a probablement pris une certaine importance parce que Schreber se trouve dans une *« Nervenheilanstalt »* (établissement de soins pour les nerfs) – par contiguïté l'idée de « guérir » *(heilen)* ses « nerfs » est devenue *« heilig »* (sainte). Comme par ailleurs le monde entier, en pleine clarté *(Helligkeit)* grâce au Soleil, est raccordé à ses nerfs en raison d'une équivalence entre les nerfs et les rayons lumineux, eux-mêmes équivalents aux âmes à cause de leur origine céleste, n'importe quelle partie du monde devient *« heilig »* (saint). Et ainsi toutes les âmes en voie de purgation et qui blanchissent, toutes celles que l'on rend *« heilig »* passent en lui, à qui l'on confère de la clarté et que l'on veut « guérir » *(heilen)*. Chaque chose devient *heilig* parce qu'elle est totalement raccordée à son corps par les âmes-nerfs-rayons. Par lui, en lui et à travers lui, un monde se recrée en conformité avec son ordre. Ce monde entier est en train de se *« heilen »* (guérir) – *« heiligen »* (sanctifier). Mais au départ ce *« heilen-heiligen »* est l'action du professeur Flechsig, le père de substitution.

C. : Pourrait-on dire que la cause efficiente de son délire est la déficience paternelle ?

P. : Soyons plus précis. La déficience paternelle est plutôt du côté de la forme de la parole, de la parole dans sa forme, ce serait une cause formelle, alors que la parole serait la cause matérielle à la base du délire. La déficience paternelle peut d'ailleurs prendre plusieurs formes selon les personnes. Sur ce fondement-là interviendrait une cause occasionnelle davantage efficiente, telle que la confrontation à une situation impliquant que le sujet soutienne une certaine paternité en lui, comme, par exemple, se voir promu en une sorte de père pour d'autres juges ou n'être que le père virtuel des enfants qu'on ne peut avoir ou encore ne pouvoir devenir le fils spirituel du père Bismarck.

C. : Pourriez-vous en dire plus sur la quatrième cause aristotélicienne, la cause finale du délire de Schreber, c'est-à-dire sa raison d'être ? Est-ce simplement de récupérer l'ordre du monde lorsqu'il est menacé et de remettre Dieu à sa juste place ?

P. : Vous évoquez là le message de son délire. Du fait de sa défaillance paternelle Schreber ne peut être ni père ni homme. Il ne peut être qu'une femme. Pour néanmoins soutenir en lui un ordre paternel, il sera la femme qui refait le monde et restaure son ordre.

C. : Pourquoi n'est-il pas devenu un simple transsexuel ?

P. : Il est transsexuel d'une certaine façon, surtout à partir de novembre 1895, lorsqu'il se regarde dans la glace, mais un transsexuel qui enfante ou plutôt réenfante le monde qui s'évanouit. Cette disparition du monde est essentielle. Elle est comme un « sursilence ». Car Schreber est plus que mutique, il est un mutique du réel. Ce n'est pas seulement sa parole qui est réingurgitée ou réabsorbée, c'est le monde entier, non pas celui de la réalité, mais celui qui accompagne virtuellement la parole.

C. : Je souhaiterais que vous alliez plus loin dans l'analyse de cette cause finale.

P. : Parallèlement au monde, c'est toute l'humanité qui s'abîme dans une jouissance transsexuelle que rien ne semble limiter. Schreber doit pourtant la limiter et c'est pourquoi il lui faut soutenir l'ordre du monde par une réabsorption puis une reprofération de sa parole à travers les voix. C'est à travers elles qu'il entend qu'un ordre du monde se met en place. Et cet ordre, il le soutient contre un Flechsig qui veut s'accaparer le pouvoir de Dieu.

En fin de compte, c'est Schreber qui s'empare de ce pouvoir, qui fait entrer le monde dans son corps et dans sa bouche et le recrée afin de le soutenir. Tout se « réovule » à partir de la mère divine qu'il est devenue, d'où l'importance du signifiant *Ei* (œuf) dispersé dans un grand nombre de mots… Il absorbe toutes les âmes, et c'est bien là le travail de Dieu, travail poursuivi jusqu'à ce que prenne fin le non-sens ou le chaos – rappelez-vous la phrase qu'il entend : « Tout non-sens s'annule. » Tel est le message principal de sa folie. Il dit la présence d'un ordre du monde qui gouverne le réel.

Il signifie aussi une limite à la jouissance néantisante qui l'habite. Celle-ci veut s'emparer de tout, mais l'ordre du monde veille. C'est ainsi que Schreber rappelle à sa manière la loi de l'Œdipe. Son message, ce pour quoi il délire, la cause finale de son délire, est cette loi. Elle prend de nombreux aspects : lorsque la justesse d'une phrase est parachevée, c'est-à-dire lorsque l'ordre de la parole est validé, alors Dieu est en lui, et Schreber peut recréer le monde et l'ordre du monde est présent à la place du père. Remarquez que cette recréation est en relation avec sa certitude grâce à une assonance : l'*Urzeugung* (génération spontanée) n'est pas loin de l'*Überzeugung* (conviction).

C. : Il y a encore quelque chose que je ne comprends pas bien dans ce délire : Schreber soutient-il l'ordre du monde en absorbant les âmes ou en empêchant cette absorption ?

P. : Ce qui selon Schreber s'oppose à l'ordre du monde, c'est la pratique de nouveau de la miraculation. Dieu remiracule et c'est là en quelque sorte Son péché, ce qu'Il ne devrait pas faire. Cette néomiraculation bouleverse le circuit de la vie et de la mort pour qui la création doit se faire en fonction de la quantité d'âmes de défunts disponible. Comment Dieu a-t-il rompu cet ordre du monde ? Il l'a rompu en s'intéressant à Schreber et en perdant par là même une certaine quantité d'âmes. Ce déséquilibre se manifeste à proximité de Schreber lorsque Dieu miracule autour de lui au lieu de laisser les âmes s'abîmer en lui pour une juste recréation du monde.

Ce profond déséquilibre a commencé avec Flechsig. C'est à cause de lui que l'économie des âmes recréatrices a été perturbée. Flechsig a voulu *heilen* (guérir) – *heiligen* (sanctifier) Schreber et donc lui faire absorber des âmes. Dès lors Dieu a perdu de son pouvoir créateur, lequel est passé en Schreber. À cette perte, Dieu tente vainement de s'opposer. Il est trop tard, Il n'aurait pas dû s'intéresser à lui. Schreber doit désormais absorber toutes les âmes, refaire l'équilibre du monde et soutenir son ordre. C'est donc un transfert du pouvoir de l'Autre vers Schreber. Ce transfert est destiné à compenser un « meurtre d'âme » qui fut probablement la non-reconnaissance paternelle d'un aïeul à l'égard d'un fils… En ce sens le délire est une cérémonie d'adoubement paternel. Lorsque Dieu refuse que Schreber puisse absorber toutes les âmes, Il miracule à côté de lui en une sorte de création précoce, comme on dit éjaculation précoce. Dieu essaie, sans y parvenir, de tirer à lui la corde de la création…

Au départ Flechsig a voulu *heilen* (guérir) par le *Beischlaf* (coït)… C'était la mise en route du délire : une absorption d'âmes (*heilig* – saintes par essence) par une femme qui recrée le monde. Le délire de Schreber n'est qu'un formidable développement de cette donnée. Plus tard Dieu l'a laissé tomber, car Flechsig l'a laissé tomber. Il n'a plus voulu le « guérir » *(heilen)*. C'était déjà toute l'hostilité de Dieu contre lui… Vous voyez qu'on peut métaphoriser ce délire de plusieurs façons. Comme je l'ai rappelé maintes fois, la *Heilung* (guérison) par le *Beischlaf* (coït) est entrée en collusion avec l'éviction aux élections qui ne lui a pas donné une certaine filiation, mais également et plus profondément avec le rejet de son fils de la part d'un aïeul, etc.

Tout cela s'est emboîté, or c'est justement cette condensation qu'il n'effectue pas qui constitue l'inconscient de Schreber. Il a tout déplié, mais rien superposé. Schreber n'a cessé de signifier dans son livre son manque en paternité, la jouissance transsexuelle dans laquelle il était pris, et aussi qu'en lui quelque chose pouvait se substituer à cet ordre paternel défaillant et s'opposer à cette jouissance et à son destin de mère du monde. Telle est la cause finale, tel est le message qu'il ne peut dire autrement que par son délire.

C. : Et pourquoi ne peut-il le dire autrement ?

P. : Parce qu'il ne dispose pas du registre des symptômes névrotiques ni de celui de l'agir. Il lui manque un imaginaire pur coupé du monde et une réalité du monde coupée du langage. Il ne dispose que d'un registre qui permet de signifier le réel impossible.

C. : D'accord… Permettez-moi de vous interroger sur l'incessant dédoublement que Schreber manifeste dans son délire : deux royaumes divins, deux dieux postérieurs, deux soleils, deux Flechsig, deux âmes dominantes, etc.

P. : Vous savez que Freud attribue la dualité de Dieu aux importances successives qu'ont eues le père puis le frère aîné. Mais avec Lacan on peut aussi mettre ce fractionnement sur le compte d'un déficit du miroir unifiant, qui serait l'un des effets du manque de l'adoubement paternel, la division étant le début du morcellement du corps non unifié. Tout se morcelle peu à peu. Ajoutons à ce thème le signifiant *« heil »* présent à cette époque dans l'orthographe de *« Theilung »* (fractionnement).

Le fractionnement est également, me semble-t-il, une tentative de bloquer l'anéantissement des âmes, de Dieu, du ciel, du monde, qui s'abîment en Schreber. En les fractionnant, Schreber « zénonise » pour différer à l'infini ce mouvement. Dieu, le soleil, Flechsig se divise constamment afin de créer un arrimage dans l'être. Tout comme l'Achille de Zénon d'Élée ne peut se mouvoir et rattraper la tortue parce qu'il doit parcourir la moitié de la distance, puis la moitié de la moitié, etc., et ce jusqu'à l'infini, toutes les entités que Schreber divise ne disparaissent pas, elles se multiplient. Schreber n'a bien sûr pas placé ce dédoublement ou cette multiplication à côté des processus d'arrimages aux rayons ou « aux corps », il s'agit d'une résistance tout à fait analogue, avec la même persévérance et la même inertie de ce qui est présent. C'est aussi une façon de soutenir l'être. Une compensation à son manque de métaphores et de métonymies.

C. : Un autre point m'intrigue : la spatialité à laquelle vous accordez tant d'importance, tout comme chez Gide.

P. : Oui, mais il ne s'agit pas ici de la même spatialité que celle de Gide. Gide compense son manque de miroir par l'unité d'un mouvement continu dans l'espace, mouvement qui s'arrête parfois pour une fixation à la fois spatiale et temporelle qu'on appelle fétichisation. Pour Schreber, le langage tout entier peut se traduire en une forme particulière d'espace. Son langage se place dans une topologie étrange. Rappelez-vous que, dans son délire, chaque point du monde permet de voir tous les autres points et peut en être vu.

C. : Ce qui constitue en effet un espace totalement bizarre…

P. : Plus que bizarre ; c'est un espace à la limite du concevable, et pourtant, vous allez voir que l'on y retrouve des choses connues. Tout n'y est que l'ensemble du contexte, comme pour un signifiant du langage qui ne signifie qu'en fonction des autres signifiants qu'il n'est pas – relisez de Saussure. Ici la même chose a lieu dans l'ordre spatial : un point, c'est ce qui est vu de tous les autres points et en cela il vaut par tous les autres points. Schreber le décrit à propos du « dessiner ». Dans un tel monde, on « s'entre-image », du verbe « s'entre-imager ». Et les images y sont de la nature non pas d'un pur reflet spéculaire, mais d'un effet d'éclairage langagier. S'imaginer, c'est « s'entre-imager » et « s'entre-illuminer ». On retrouve ce que je disais à propos du miroir sphérique pourvu d'une épaisseur infinie. Mais la tendance de Schreber à spatialiser va plus loin : plus il jouit, plus les rayons-nerfs-âmes sont attirés vers lui, plus le non-sens qu'on veut lui attribuer s'annule, plus les voix sont ralenties, plus les mots sont rattachés les uns aux autres, plus les voix sont étirées jusqu'à former des boucles et des paraboles, et ce jusque dans son crâne.

C. : Quelle est la raison d'une telle spatialisation ?

P. : La raison dernière, je ne puis hélas vous la donner, je ne la connais pas. Mais on peut avancer que dans un tel espace rien n'est seulement là où il est. Tout est là où il est et ailleurs en même temps. L'espace de Schreber n'est pas fait avec des points, ce n'est pas une géométrie, il est fait de surfaces entières, c'est une topologie. Dans son monde, tout est son propre corps, son regard, sa voix… C'est pour cela qu'on dit du psychotique qu'il n'a pas d'objet perdu. Plus lacaniennement : il garde ses objets *a* dans sa poche.

C. : J'ai du mal à le penser.

P. : Parce que en bon névrosé vous voyez l'objet perdu comme un point de fuite lié à ce fait qu'il est perdu. Schreber n'a pas de point de fuite. Il est dans un vocal visuel ayant la topologie des surfaces unilatères, qu'il plie, déplie ou replie. Tout y est partout et tous les points sont en connexion à la fois entre eux et avec ceux qui pourraient être un point de fuite chez le névrosé.

C. : Dernière question : avez-vous quelque chose de général à dire sur la cause de la psychose ?

P. : Eh bien, justement : l'absence de coupure dans la totalité. Tout ce qui a été recraché de sa bouche pour faire le monde n'est pas coupé de son corps originaire. Relisez « La négation » *(Die Verneinung)* de Freud.

C. : Mais comment le concilier avec le corps morcelé ?

P. : L'unité corporelle est une défense contre le morcellement. Le corps de Schreber forme une unité extraordinaire, avec le langage, le monde, les rayons lumineux, les planètes, les étoiles, etc. Tout cela est une unité, mais faite de nombreux points coexistants, ce qui constitue par définition une surface. Tout est espace car tout coexiste, tous les points coexistent. C'est ainsi qu'il s'unifie contre le morcellement.

Alain Manier, dans son livre *Le jour où l'espace a coupé le temps*, conclut de la même façon à propos de l'espace. Évoquant les paroles d'un psychotique, il écrit : « C'est à lui que je dois et que, peut-être, d'autres devront le : "Je n'arrive pas à penser et parler en même temps", propos par lesquels il signifiait l'état d'atemporalité où il se trouvait, coupé en "séquences" qui étaient pour lui de simples morceaux ou espaces de temps, celui-ci dépourvu de tout effet. Car ce n'est qu'au commencement de l'humain que sont le verbe et le temps effectif. Au commencement, et seuls les psychotiques peuvent vous le donner à entendre, est l'espace que verbe et temps viennent "un beau jour" marquer, plier, différencier, représenter, énoncer, écrire, etc. ou pas[3] ! » Le langage du psychotique se déploie ainsi sur

3. A. Manier, *Le jour où l'espace a coupé le temps,* Plancoët, La Tempérance, 1995, p. 170.

un espace qui n'est pas l'espace commun et qu'en général on ne perçoit pas. C'est la topologie de Lacan. Le névrosé est sur un *cross-cap* dont une partie est coupée. L'imaginaire est une partie détachée. Le sens converge vers cet objet perdu. Le psychotique, lui, est partout, même s'il ne peut tout dire en même temps. Il voyage dans toutes les dimensions de ce qui ne s'est pas détaché des trous de son corps, il voyage en même temps dans tout l'espace, dans toute l'humanité. Et pourtant, c'est là qu'il y a quelque chose qui lui est spécifique : il rappelle le père, peu importe sous quelle forme. Un délire est toujours riche du père, mais n'est pas coupé par ce père, il voyage dans le père, car là aussi c'est de l'espace. La cause la plus fondamentale de la psychose est donc bien l'absence d'un effet de coupure du père, et l'on peut mettre le délire de Schreber sur le compte de ce « meurtre d'âme » que fut l'éviction de Gotthilf Schreber. Cette expression permet de penser que Schreber a peut-être perçu en lui la forclusion du signifiant du Nom-du-Père.

Bibliographie

ALLÉGRET, M. *Carnets du Congo, Voyage avec Gide*, Paris, Presses du CNRS, 1987.

ALLOUCH, J. *Lettre pour lettre*, Toulouse, érès, 1986.

ARISTOTE. *Physique II*, chap. 3, Paris, Vrin, 1972.

ARNOUX, D. « 0 + 8 = », *Littoral*, n° 13, Toulouse, érès, 1984.

AUSSEIL, S. *Madeleine Gide ou de quel amour blessée*, Paris, Robert Laffont, 1993.

BARR, S. « Le plan projectif », *Littoral*, n° 14, Toulouse, érès, 1984.

BAUMEYER, F. « Le cas Schreber » (1956), dans *Le cas Schreber*, Paris, PUF, 1979, p. 171-200.

BERCHERIE, P. *Genèse des concepts freudiens*, Paris, Navarin, 1983.

BIRRAUX, A. *Les phobies*, Paris, PUF, coll. « Que sais-je? », 1995, n° 2946.

BORGÈS, J.-L. *L'aleph*, Paris, Gallimard, coll. « L'imaginaire », 1967.

CROUFER, F. (Anonyme à l'époque), « Une étude : la remarquable famille Schreber », *Scilicet*, n° 4, Paris, Le Seuil, coll. « Le champ freudien », 1973, p. 287-321.

DELAY, J. *La jeunesse d'André Gide*, 2 vol., Paris, Gallimard, 1956 et 1957.

DEVREESE, D. « Anatomie du meurtre d'âme », « Metamorphosis sexualis paranoica », dans *Schreber et la paranoïa. Le meurtre d'âme*, Paris, L'Harmattan, 1996, p. 79-133, 237-258.

DIDI-HUBERMANN, G. *Invention de l'hystérie*, Paris, Macula, 1982.

DREYFUSS, J.-P. « Du signifiant saussurien au signifiant lacanien », dans J.-P. Dreyfuss, J.-M. Jadin, M. Ritter, *Qu'est-ce que l'inconscient*, vol. 2, Strasbourg, Arcanes, 1999, p. 15-42.

DREYFUSS, J.-P. « Théories et pratiques freudiennes de l'inconscient », dans *Qu'est-ce que l'inconscient ? Un parcours freudien*, p. 237-256.

EY, H. ; BERNARD, P. ; BRISSET, C. *Manuel de psychiatrie,* Paris, Masson et Cie, 1967, p. 413.
FOESSEL, M. « Le mal », *Profil,* n° 788, Paris, Hatier, 1999, p. 8.
FREUD, S. « Au-delà du principe de plaisir », dans *Essais de psychanalyse,* Paris, Payot, 1987, p. 43-115.
FREUD, S. « Analyse d'une phobie chez un petit garçon de 5 ans (Le petit Hans) », dans *Cinq psychanalyses,* Paris, PUF, 1967.
FREUD, S. « Remarques sur un cas de névrose obsessionnelle (L'Homme aux rats) », dans *Cinq psychanalyses,* Paris, PUF, 1967.
FREUD, S. ; BREUER, J. *Études sur l'hystérie,* Paris, PUF, 1971.
FREUD, S. « Le fétichisme ».
FREUD, S. « L'intérêt de la psychanalyse », *Résultats, idées, problèmes I,* Paris, PUF, 1984.
FREUD, S. « L'organisation génitale infantile » et « Le fétichisme », dans *La vie sexuelle,* Paris, PUF, 1959.
FREUD, S. « Remarques psychanalytiques sur l'autobiographie d'un cas de paranoïa (Le Président Schreber) », dans *Cinq psychanalyses,* Paris, PUF, 1967, p. 263-324.
FREUD, S. *L'interprétation des rêves,* Paris, PUF, 1967.
FREUD, S. « Fragment d'une analyse d'hystérie (Dora) », dans *Cinq psychanalyses,* Paris, PUF, 1967.
FREUD, S. « Pulsions et destins des pulsions », dans *Métapsychologie,* Paris, Gallimard, 1968.
FREUD, S. *La naissance de la psychanalyse,* Paris, PUF, 1969.
FREUD, S. *Le mot d'esprit et ses rapports avec l'inconscient,* Paris, Gallimard, 1969.
FREUD, S. « Pour introduire le narcissisme », dans *La vie sexuelle,* Paris, PUF, 1969, p. 85 et 88-89.
FREUD, S. « Sur la psychogenèse d'un cas d'homosexualité féminine », dans *Névrose, psychose, perversion,* Paris, PUF, 1973.
FREUD, S. *L'Homme aux rats. Journal d'une analyse,* Paris, PUF, 1974.
FREUD, S. *Contribution à la conception des aphasies,* Paris, PUF, 1983.
FREUD, S. *Résultats, idées, problèmes, I,* Paris, PUF, 1984.
FREUD, S. « La négation » *(Die Verneinung),* dans *Résultats, idées, problèmes, II,* Paris, PUF, 1985.
FREUD, S. « La perte de la réalité dans la névrose et dans la psychose », dans *Névrose, psychose et perversion,* Paris, PUF, 1985.
FREUD, S. « Le clivage du moi dans le processus de défense », dans *Résultats, idées, problèmes, II,* Paris, PUF, 1985.
FREUD, S. « Les psychonévroses de défense » et « Nouvelles remarques sur les psychonévroses de défense », dans *Névrose, psychose, perversion,* Paris, PUF, 1985.

GALIEN DE PERGAME. « Des lieux affectés », dans *Œuvres anatomiques, physiologiques et médicales,* tome II, Paris, Baillère, 1856.

GHÉON, H. ; GIDE, A. *Correspondance,* 2 vol., Paris, Gallimard, 1976.

GIDE, A. *Corydon,* Paris, NRF, 1924.

GIDE, A. *Retour de l'URSS* suivi de *Retouches à mon retour de l'URSS,* Paris, Gallimard, 1936-1937.

GIDE, A. *« Et Nunc manet dans te »,* dans *Journal 1939-1949, Souvenirs,* Paris, Gallimard, Bibliothèque de la Pléiade, 1954.

GIDE, A. « Voyage au Congo » et « Le retour du Tchad », dans *Journal 1939-1949, Souvenirs,* Paris, Gallimard, Bibliothèque de la Pléiade, 1954.

GIDE, A. *Journal 1889-1939,* Paris, Gallimard, Bibliothèque de la Pléiade, 1951.

GIDE, A. « Le voyage d'Urien », dans *Romans,* Paris, Gallimard, Bibliothèque de la Pléiade, 1958.

GIDE, A. « La tentative amoureuse », dans *Le Retour de l'enfant prodigue,* Paris, Gallimard, 1980.

GIDE, A. *Théâtre,* Paris, Gallimard, 1981.

GIDE, A. *Thésée,* Paris, Gallimard, coll. « Folio », 1981.

GIDE, A. *Journal* 1939-1949. *Souvenirs,* Paris, Gallimard, Bibliothèque de la Pléiade, 1984, p. 1121-1160.

GIDE, A. *La porte étroite,* Paris, Mercure de France, coll. « Folio », 1984.

GIDE, A. *Isabelle,* Paris, Gallimard, coll. « Folio », 1985.

GIDE, A. *L'école des femmes,* Paris, Gallimard, coll. « Folio », 1985.

GIDE, A. *La symphonie pastorale,* Paris, Gallimard, coll. « Folio », 1985.

GIDE, A. *Les caves du Vatican,* Paris, Gallimard, coll. « Folio », 1985.

GIDE, A. *L'immoraliste,* Paris, Mercure de France, coll. « Folio », 1985.

GIDE, A. *Les cahiers et les poésies d'André Walter,* Paris, Gallimard, 1986.

GIDE, A. *Correspondance avec sa mère,* Paris, Gallimard, 1988.

GIDE, A. *Les nourritures terrestres* suivi de *Les nouvelles nourritures,* Paris, Gallimard, coll. « Folio », 1993.

GIDE, A. *Si le grain ne meurt,* Paris, Gallimard, coll. « Folio », 1993.

GIDE, A. *Journal 1887-1925,* Paris, Gallimard, Bibliothèque de la Pléiade, 1996.

GIRARD, R. « Les obsessions avant Freud », *Confrontations psychiatriques,* n° 20, 1981.

HARRUS-RÉVIDI, G. « Lange », dans *Traité des vapeurs,* Paris, Denis Nion, 1869.

HARRUS-RÉVIDI, G. *L'hystérie,* Paris, PUF, coll. « Que sais-je ? », n° 3238, 1997.

HEIDEGGER, M. *Être et temps,* Paris, Gallimard, 1986.

HERBART, P. *À la recherche d'André Gide,* Paris, Gallimard, 1952.

HIPPOCRATE. *Œuvres Complètes,* 10 vol., trad. E. Littré, Paris, Baillère, 1839-1861.

HUME, D. *Traité de la nature humaine,* Livre II, Paris, G-F, Flammarion, 1991.

ISRAËLS, H. S*chreber inédit,* Paris, Le Seuil, coll. « Le champ freudien », 1986.

ISRAËLS, H. *Schreber, père et fils,* Paris, Le Seuil, coll. « Le champ freudien », 1986.

JADIN, J.-M. *André Gide et sa perversion,* Strasbourg, Arcanes, 1995.

JADIN, J.-M. « André Gide 13, 16, 18. Un calcul du désir », dans *Le désir à l'œuvre, André Gide à Cambridge 1918, 1998*, Amsterdam-Atlanta, Éd. Naomi Segal, 2000, p. 267-281.

JADIN, J.-M. *Côté divan, côté fauteuil. Le psychanalyste à l'œuvre*, Paris, Albin Michel, 2003.

LACAN, J. *Écrits*, Paris, Le Seuil, 1966.

LACAN, J. « D'une question préliminaire à tout traitement possible de la psychose », dans *Écrits,* Paris, Le Seuil, coll. « Le champ freudien », 1966, p. 531-583.

LACAN, J. « Intervention sur le transfert », dans *Écrits,* Paris, Le Seuil, 1966, p. 217-226.

LACAN, J. *Les quatre concepts fondamentaux de la psychanalyse, Le séminaire, Livre XI,* Paris, Le Seuil, 1973.

LACAN, J. *Les psychoses. Le séminaire, Livre III*, Paris, Le Seuil, 1975.

LACAN, J. *L'éthique de la psychanalyse, Le séminaire, Livre VII,* Paris, Le Seuil, 1986.

LACAN, J. « Jeunesse de Gide ou la lettre et le désir », dans *Écrits*, Paris, Le Seuil, 1966.

LAPLANCHE, J. ; PONTALIS, J.-B. *Vocabulaire de la psychanalyse,* Paris, PUF, 1968.

LAROUSSE. *Dictionnaire de la psychanalyse,* Paris, 1995.

LEPAPE, P. *André Gide le messager,* Paris, Le Seuil, 1997.

MAHONY, P. *Freud et l'Homme aux rats*, Paris, PUF, 1991.

MAHONY, P. *Dora s'en va,* Paris, Le Seuil, coll. « Les empêcheurs de penser en rond », 2001.

MANIER, A. *Le jour où l'espace a coupé le temps,* Plancoët, La Tempérance, 1995.

MANNONI, O. *Clefs pour l'imaginaire ou l'Autre scène*, Paris, Le Seuil, 1969.

MARTIN DU GARD, R. *Œuvres complètes,* t. 2, Paris, Gallimard, Bibliothèque de la Pléiade, 1983.

MARTIN, C. « André Gide par lui-même », dans *Écrivains de toujours*, Paris, Le Seuil, 1995.

MARTIN, C. *André Gide ou la vocation du bonheur*, tome 1, Paris, Fayard, 1998.

MELMAN, C. « De l'aventure paranoïaque. Le cas Schreber », *Ornicar ? Analytica,* n° 18, Navarin, Paris, 1980, p. 3-32.

MELMAN, C. 1999. *Retour à Schreber,* Paris, Publication de l'Association freudienne internationale.

NASIO, J.-D. *Les yeux de Laure,* Paris, Aubier, 1987.

NASIO, J.-D. *Cinq leçons sur la théorie de Jacques Lacan,* Paris, Petite Bibliothèque Payot, 1994.

NASIO, J.-D. *L'hystérie ou l'enfant magnifique de la psychanalyse,* Paris, Petite Bibliothèque Payot, 1995.

NIEDERLAND, W.G. « Le "monde miraculé" de l'enfance de Schreber », « Nouvelles données et événements mémorables sur le cas Schreber », « Schreber et Flechsig : encore une contribution au "Noyau de Vérité" dans le système délirant de Schreber », dans *Le cas Schreber.*

PARMÉNIDE. *Le poème,* présenté par Jean Beaufret, Paris, PUF, 1984.

PINEL, P. *Traité médico-philosophique sur l'aliénation mentale,* 1801.

PLATON. *Parménide,* Paris, G-F Flammarion, 1994.

RACINE, J. « Athalie », dans *Œuvres complètes,* Paris, Le Seuil, 1962.

RITTER, M. « Vers un inconscient mémoire particulière », dans J.-P. Dreyfuss, J.-M. Jadin, M. Ritter, *Qu'est-ce que l'inconscient ? Un parcours freudien,* Strasbourg, Arcanes, 1996, p. 13-24.

SAFOUAN, M. *Lacaniana,* Paris, Fayard, 2001.

SAFOUAN, S. *Dix conférences de psychanalyse,* Paris, Fayard, 2001.

SCHATZMANN, M. *L'esprit assassiné,* Paris, Stock, 1974.

SCHREBER, D.P. *Mémoires d'un névropathe,* trad. de l'allemand par P. Duquenne et N. Sels, Paris, Le Seuil, coll. « Le champ freudien », 1975.

STEEL, D. « Gide à Cambridge 1918 : considérations géo-sexuelles », dans *Le désir à l'œuvre. André Gide à Cambridge 1918,* 1998, p. 17-42.

STRAUSS, G. « Cécité et aveuglement », *Revue des lettres modernes* n° 280-284, *André Gide 2,* Paris, 1971, p. 89-104.

STRAUSS, G. *La part du diable dans l'œuvre d'André Gide,* Paris, Minard, 1985.

VEITH, I. *Histoire de l'hystérie,* Seghers, Paris, 1973.

VILTARD, M. « Quelques données biographiques sur Dora », *Littoral,* n° 30, octobre, Paris, EPEL, 1990.

WALD LASOWSKI, P. ; WALD LASOWSKI, R. *André Gide. Une journée particulière,* Paris, J. C. Lattès, 1992.

WEBER, M. *L'éthique protestante et l'esprit du capitalisme,* Paris, Presses Pocket, Agora, Plon, 1990.

Table des matières

INTRODUCTION 9

LES NÉVROSES 13

Remarques sur le concept 13

Une illustration de l'inaptitude de la clinique traditionnelle 15

À la recherche d'une définition de la névrose 17

L'histoire des névroses 20

La nosographie freudienne des névroses 27

Dora et sa quête du sein maternel à travers le désir du père 30

Le petit Hans qui n'était pas assez au monde 36

L'Homme aux rats et l'argent maternel 40

La névrose comme maintien éthique de la distance par rapport à la Chose 44

La base littérale d'une névrose 47

Le message de la névrose 49

DIALOGUE SUR LA NÉVROSE 51

GIDE ET LA PERVERSION 69

Les difficultés d'un tel sujet 69

Un enfant malheureux 74

L'épisode de la rue de Lecat, la pédophilie et le mariage 77

La porte de l'Angleterre et ses suites 82

Le déni de la castration féminine 85

La prévalence métonymique, le fétiche et le rien ... 89
Pour une structure « acting out » ... 99
Le message de la perversion ... 101

DIALOGUE SUR LA PERVERSION ... 103

LA PSYCHOSE DE SCHREBER ... 123
La certitude, l'extériorité et la résorption du langage ... 124
Le début de la psychose ... 125
La chute dans la grande folie ... 127
Le crépuscule du monde ... 133
La fin du désastre ... 138
Le séjour au Lindenhof de Coswig ... 140
Ses débuts au Sonnenstein de Pirna ... 142
La coupure de novembre 1895 ... 149
Les études schrébériennes sur la nature des miracles ... 156
Les « compléments » aux *Mémoires* ... 166
Les rapports d'expertise du docteur Weber et la réponse de Schreber ... 174
Les dernières années de Schreber ... 177
Une reprise des circonstances de l'éclosion du délire ... 177
L'analyse de Freud ... 180
La famille de Schreber ... 186
Le réel surgi de l'écart entre le symbolique et l'imaginaire ... 195
Le séminaire de Lacan sur James Joyce ... 204
Une exploration du délire de Schreber avec l'outil joycien. Le début du délire ... 205
Durant son séjour chez Pierson ... 215
Au Sonnenstein ... 215
La topologie du délire de Schreber proposée par Lacan. Le schéma I ... 222
Pour essayer de conclure ... 242
Un certain *cross-cap* ... 248

DIALOGUE SUR LA PSYCHOSE ... 253

BIBLIOGRAPHIE ... 279

Achevé d'imprimer sur les presses de
l'Imprimerie France Quercy - 46001 Cahors
N° d'impression : 50705
Dépôt légal : avril 2005

Imprimé en France